누구를 위해 법은 존재하는가?

DARENOTAMENI HOUHA UMARETA
by Akira KOBA
ⓒ Akira KOBA 2018, Printed in Japan
Korean translation copyright ⓒ 2024 by Marco Polo Press
First published in Japan by Asahi Press

이 책의 한국어판 저작권은 Asahi Press와 독점계약한 마르코폴로 프레스가 소유합니다.
저작권법에 의하여 한국 내에서 보호를 받는 저작물이므로 무단전재 및 복제를 금합니다.

누구를 위해
법은 존재하는가?

고바 아키라(木庭 顕) 지음
박동섭 옮김

마르코폴로

목차

한국어판 서문 … 10
들어가며 … 14

제1회   법은 어느 쪽에 있는가
         〈치카마츠 미야기〉(近松物語) … 17

〈치카마츠 미야기〉(近松物語) … 18
이슌과 오상의 결혼 … 26
한통속이 된 관계 … 30
이슌의 재력의 원천은? … 33
이슌은 왜 오타마를 노리는 것인가? … 35
왜 이슌은 이런 짓을 하는가? … 39
포틀래치와 아이 죽이기 … 42
왜 오타마는 모헤이를 좋아하는가? … 44
모헤이는 어떤 사람? … 46
빌려주는 돈의 차이 … 48
오상이 모헤이를 의지한다는 것은? … 53
결정적인 전환점 … 56
왜 오상은 나갔던 것일까? … 60
왜 「죽지 않게 되었는가?」 … 64
사랑하는 사람을 위해서 죽는다? … 68

이 집단과 맞서는 것은 무엇? ··· 73
법은 어느 쪽에? ··· 75
그리스·로마로부터의 수입 ··· 79
문제를 느끼는 것 ··· 82

제2회   개인과 집단을 나누는 것 – 〈자전거 도둑〉 ··· 85

자전거 도둑 ··· 86
두 가지 광경 ··· 94
전당잡힘 ··· 95
돈을 빌리고 빌려주는 일을 해도 되는 건가? ··· 98
도둑이 생각하는 자전거 ··· 104
도둑의 무엇이 문제인가? ··· 105
여러 사람이 왜 나오는 걸까? ··· 114
왜 연극은 즐거운가? ··· 118
왜 바요코와 그의 친구들은 자전거를 찾을 수 없는가? ··· 121
왜 브루노는 언제나 있는 건가? ··· 122
레스토랑에서 ··· 126
왜 자전거를 훔쳤나? ··· 128
왜 용서를 받은 걸까? ··· 130
전유 원리 ··· 132
점유의 질 ··· 137
어른은 괴롭다 ··· 140
도둑맞은 노트 ··· 141
왜 노트를 보여주고 싶지 않은가? ··· 143
진짜 공부 ··· 146

제3회 도당(徒黨-패거리)해체의 매직
- 플라우투스 희극 ··· 149

카시나 ··· 151
〈치카마츠〉 이야기와의 유사점 ··· 156
아들은 어디에? ··· 158
왜 올림피오를 내세우는가? ··· 160
칼리누스는 어떤 사람인가? ··· 162
왜 칼리누스를 내세우는가? ··· 164
왜 옆집에 데리고 가는가? ··· 167
도시의 아저씨들 ··· 168
리시다무스의 야망을 좌절시킨 것은 무엇? ··· 170
극중극의 후 ··· 175
법이라는 시스템 ··· 178

루덴스 ··· 184
부자유스러운 여성의 해방 ··· 189
실력과 몸의 문제 ··· 190
왜 폭풍에 약한 걸까? ··· 192
암펠리스카와 팔라에스트라 ··· 194
라브락스의 야망을 꺾은 것은 무엇? ··· 196
이 극중극은 사람의 자유가 우선 ··· 198
재판에 의한 해방 ··· 202
알고보니 아버지였다. ··· 203
그럼에도 지구는 돈다 ··· 205
오디세우스와 페넬로페이아 ··· 207
암펠리스카를 어떻게 해서 구하는가? ··· 209

열려진 바다 ··· *213*
그리푸스의 경제 ··· *214*
로마에 있어서 새로운 생각 ··· *217*
정치와 근거 ··· *219*

제4회   버려진 한 사람을 위해서만 연대(정치 혹은 데모크라시)는 성립한다 – 소포클레스의 비극 ··· *223*

안티고네 ··· *225*
왜 매장해서는 안 되는가? ··· *229*
크레온의 모순 ··· *231*
크레온의 욕 대회 ··· *236*
피와 땅 그리고 이익사고 ··· *239*
안티고네는 혈연주의? ··· *243*
예리한 어휘꾸러미(화법) ··· *250*
죽으면 어떻게 되는가 ··· *252*
매장의 의미 ··· *254*
신화의 문예화 ··· *258*
이스메네는 왜 언니편을 들었는가? ··· *260*
하이몬은 왜 죽는가? ··· *264*
고립된 사람들의 연대 ··· *267*

필록테테스 ··· *272*
트로이 전쟁 ··· *277*
오디세우스의 작전 ··· *280*
네옵톨레모스의 전환 ··· *284*

필록테테스는 어떤 사람? ··· 289
활의 의미 ··· 292
자유로운 말의 조건 ··· 299
왜 고향으로 돌아가지 않는가? ··· 301
자연에 대한 노래 ··· 303

내막 공개를 위한 미니 강의 ··· 306

1. 정치 ··· 307
2. 도시와 영역 ··· 309
3. 데모크라시 ··· 312
4. 법 혹은 점유원리 ··· 314

제5회 일본 사회의 실상, 그런데 문제는 똑같다 – 일본의 판례 ··· 319

점유 유지 청구 본소송 및 건물수거토지명도 청구반소사건 ··· 321
사건의 발달은? ··· 326
돈이 없다 ··· 327
반대 방향을 봐라!! ··· 331
4월 18일은 맑았습니까? ··· 333
두 번째 틀 ··· 338
X가 생각하는 토지 ··· 340
Y는 토지와 어떻게 관계를 맺었는가? ··· 342

일단 제어(Block)를 할 수 없으면? … *344*
어떠한 이유가 있어도 … *348*
등기와 점유 … *350*
Y는 등기에 걸맞은가 … *351*
또 똑같은 풍경이다. … *353*

자위대 등에 의한 합사(合祀)절차의 취소등 청구사건 … *356*
'이치가오 56' … *363*
무엇이 싫은걸까? … *365*
어떤 사안이었나요? … *370*
부인 생각이 우선인가? … *370*
친족회의 … *372*
소송을 당한 것은 누구입니까? … *376*
피고적격으로 도망가고 있다, 즉? … *379*
'나라'란 무엇인가? … *381*
자위대란 무엇입니까? … *386*
헌법 9조와 홉스 … *388*
눈에 보이지 않는 점유 침해 … *394*
인권 … *398*
정교분리와 신앙의 자유 … *400*
벽은 어떻게 해서 돌파하는가? … *403*
사람의 죽음은 어디에 속하는가? … *406*

저자후기 … *410*
역자후기 … *415*

한국어판 서문

한국 독자분들이 「법은 누구를 위해 생겨났는가?」를 읽어주시게 된 점을 매우 기쁘게 생각합니다.

　이 책은 제가 〈소크라테스 문답법〉을 사용하여 고등학생과 중학생을 대상으로 한 수업을 기록한 것인데요. 책 내용은 학생들과 수업 시간에 나눈 대화를 그대로 재현한 것입니다. 이 수업은 학생들이 영화와 그리스 비극·로마 희극 그리고 일본 대법원의 판례를 보거나 읽어와서 그 내용에 관해 제가 질문하는 방식으로 진행되었습니다. 우리는 '지식'을 묻고 답하는 것이 아니라 다양한 소재 안에서 문제를 찾아내는 작업을 했습니다. 학생들과 웃음을 담뿍 담은 질문과 대답을 통해 무엇이 '문제'인가를 생각했습니다.

　제가 이 수업에 건 기대는 학생들이 아직 세상에 물들지 않은 감각으로 어떤 소재를 접하고 "그것은 좀 이상하다"라고 생각하거나 "그것은 심하다"고 느끼고 질문하는 일이었습니다. 저는 오랫동안 대학에서 가르쳐 온 경험으로, 학생들이라고 하면 이 기대에 부응해 줄 것이라고 알고 있었습니다.

실제로 그들은 훌륭하게 기대에 부응해 주었습니다. 그러므로 이 책의 진짜 저자는 그들입니다. 독자 여러분들은 이 책에서 젊은이의 신선함을 읽어주시면 고맙겠습니다. 사실 일본에서 저는 이 책을 통해 "〈법이란 무엇인가〉를 쉽게 알 것으로 생각했는데 전혀 알 수 없는 게 아닌가" 하고 불평을 말하는 사람을 많이 만났습니다.

지식을 얻으려고 하는 사람에게는 이 책을 읽어도 애당초 무슨 말을 하는지 전혀 알 수 없다는 이야기지요. 이 책은 문제만 쓰여있지 대답은 거의 쓰여있지 않으니, 어찌 보면 당연한 일입니다.

물론 일본에도 훌륭한 독자는 있었습니다. 원래 이 책은 아사히 프레스의 편집자인 오츠키 미와(大槻美和) 씨가 제안해서 실현된 책입니다. 그녀는 저의 다른 책을 읽고 "아, 그런 심한 문제가 있다면, 그것을 해결하기 위해서 법이 있는 걸까" 하고 예리하게 느꼈습니다. 그리고 그 문제를 고등학생과 중학생에게 던져 볼 것을 제안했습니다(고등학생과 중학생 다음으로 이 책의 '작가'라고 할 수 있는 사람은 바로 그녀입니다).

이 감각은 특히 30대와 40대 여성들에게 전해졌습니다. 저는 한국에서는 그것이 좀 더 생생하게 전달되지 않을까 내심 생각하고 있습니다. 당연한 말입니다만 '법'도 '민주주의'도 정말로 절실하고 심한 문제에 우리가 맞서기 위해서 거기에 있는 겁니다.

그래서 이 문제라는 것을 깊게 느끼지 못한다면 법도 민주주의도 이해할 수 없습니다. 그것 없이 '법이란 이러이러하다', '민주주의는 이렇게 되지 않으면 안 된다'고 가르쳐도 시간 낭비입니다. 그 심각한 문제를 문제라고 생각하지 않는 사람에게는 법과 민주주의를 설명해도 의미가 없습니다. 애당초 무엇이 문제인가를 발견하고 생각하는 것을 모르는 사람이라면, 자신의 전공 분야에 관해서 엄청난 지식을 갖춘 학자라고 해도 이 책을 이해할 수 없습니다. 실제로 저와 같은 연배의 어떤 훌륭한 학자가 따님에게서 이 책을 추천받았던 적이 있었는데요. 그 따님이 말하길, "그런데 선생님, 아버지가 전혀 이 책 내용을 이해하지 못한다고 하는데 어떻게 하면 좋을지요" 하고 물어왔습니다.

 이 책이 생각하는 그 문제는 모든 사회에서 가장 문제였던 것이 아닐까요? 그래서 저는, 법도 민주주의도 매우 중요한 것인데, 근대 일본 사회에서는 이 문제를 문제로 여기지 않는 관점이 지배적이었다고 생각합니다. 그 결과 일본은 이웃나라들에게 터무니없이 심한 일을 저질렀습니다. 여기에는 물론 한반도가 포함되어 있습니다. 현재 일본은 과거처럼 심한 일을 하지 않습니다만, 그럼에도 일본 사회 내부에는 똑같은 문제가 엄연히 계속 존재하고 있습니다.

 제가 한국 여러분이 이 책이 문제로 삼는 점을 한층 민감하게 받아들여 주시지 않을까 생각하는 것은 이러한 역사적 경위 때문입니다.

이 책을 읽고 "당신이 문제라고 생각하는 일이 실은 한국 사회에도 있어요. 한국이 일본보다 한층 심각할지도 모르겠군요"라는 반응을 보이는 한국 독자가 있을 거로 생각합니다. 이런 예상은 어쩌면 지나친 생각일지도 모르겠습니다만 제가 이 책에서 문제로 삼고자 하는 것은 세계 어디에도 있는 문제이니까 그렇게 받아들이는 것도 무리가 없을 것으로 생각합니다.

그리고 끝으로 번역자인 박동섭 씨와 마르코폴로 프레스의 대표님에게 깊이 감사드립니다. 이 책을 알아본 것 자체가 결코 쉬운 일이 아니었을 겁니다. 하물며 번역은 틀림없이 모험이었을 테지요.

2023년 2월

고바 아키라(木庭顯)

들어가며

　도쿄의 교외, 어느 학교에서 삼십여 명의 중고생이 모여서 영화를 보는 것 같습니다. '앞으로의 시대를 열어젖히기 위한 특별수업'이라는 광고를 보고 오신 것 같은데요. '자기계발' 세미나 비슷한 느낌을 주는 미심쩍음을 가지면서도 호기심이 발동해서 조금 엿보러 온 것 같습니다.

　광고에는 조금 무뎌진 노교수가 영화를 보거나 희곡을 읽고서 중고생과 질문과 대답을 주고받는다고 하더군요. 〈법학입문〉은 아닌 것 같습니다만 이런저런 종류의 〈법학입문〉 수업을 하는 곳도 늘어나고 있으니 그런 강좌 중 하나일지도 모르겠습니다.

　연휴임에도 다들 고생이 많습니다. 게다가 태풍이 접근해 온다고 해서 구름이 움직이는 모양새가 심상치 않습니다. 첫 시간이 이러니 앞으로 어떻게 될는지요. 수업은 전부 다섯 번으로 예정되어 있는데요. 과연 마지막까지 갈 수 있을까요. 노교수의 모습은 아직 보이지 않는데요.아, 벌써 영화 상영이 시작된 것 같군요. 그러면 좀 이따 뵙겠습니다.

앞으로의 시대를 열어젖히기 위한 특별수업

여러분은 법률과 인권이라든지 민주주의 같은 것이 무엇을 위해 존재한다고 생각합니까? 이러한 내용을 성찰하고 구체적으로 실현하기 위한 조건을 찾는, 고도의 지적 행위가 지금까지 축적됐는데요. 사람들은 도대체 무엇을 문제라고 느끼고 무엇과 맞서왔던 것일까요.

이 수업에서는 먼저 그 문제에 대해 함께 알아보도록 하겠습니다. 그것은 어떤 절실하고 절박한 우리들 가까운 이들의 문제이기도 합니다. 그런데 다른 사람의 처절한 고통에 공감할 수 없으면 문제를 이해할 수 없습니다. 공감하기 위해서는 풍부한 상상력이 필요합니다. 이 수업은 젊은 여러분의 잠재된 상상력이 질주할 수 있도록 돕습니다. 이것을 해결하지 않으면 밝아지지 않는, 그런 문제를 판타스틱한 방식으로 해결하는 그 정신을 상상력의 돛으로 힘껏 펼치게 하는 것이 이 수업입니다. 그런 과정에서 이 수업도 밝아질 겁니다.

수업을 진행하는 방식은 영화를 보거나 연극 대본을 읽거나 판례를 읽고 여러분에게 질문을 할 겁니다. 정답 같은 것은 정해져 있지 않으니 안심하세요. 그리고 여러분의 얼굴과 이름을 가능한 한 기억해서 한 명 한 명의 생각을 존중해서 물어볼 생각입니다. 그리고 무엇보다도 기상천외한 질문을 해서 여러분에게 웃음을 선사하겠습니다.

"즐겨야지", "웃어야지"라고 생각하시면 꼭 참가해주세요. "거기 거기 억지 웃음의 강요에 지친 당신". 마음 깊숙한 곳에서 웃고 싶고 지금까지 인간사회가 도달한 최고의 문화를 경험하고 싶으면 아무래도 이 수업에 참여하는 수밖에 없습니다.

　　　　　　세상에서 낙오된 법학 교사 고바 아키라(木庭顯)

제1회

법은 어느 쪽에 있는가
— 〈치카마츠 이야기〉(近松物語)[1]

영화 시청이 끝난 학생들이 도시락 먹을 시간입니다. 영화는 상당히 심각한 내용이라서 여러분들이 화면을 집어삼킬 듯 집중해서 봤는데요. 그만큼 열중해서 시청하다 보니 배가 고픈 거겠죠. 아주 왁자지껄 먹을거리를 먹고 있습니다. 바깥에서 부는 폭풍은 상관없습니다. 그들이 시청한 영화 내용은 다음과 같은 것이었습니다. 줄거리를 올려놓겠습니다.

아니 벌써 노교수가 나타났습니다. 더는 기다릴 수 없다는 듯 앞에 서 있네요. 학생들도 남은 도시락을 처리하고 차를 마시고 대기 상태로 늘어간 것 같습니다. 앗, 인시도 없이 학생들을 향해서 뭔가 질문하기 시작했습니다.

---

[1] 치카마츠 몬자에몬(近松門左衛門)(1653-1724)의 「다이쿄지무카시고요미(大経師昔暦)」(1715년)를 각색한 카와구치 마츠타로(川口松太郎)(1899-1985)의 「오상 모헤이(おさん茂兵衛)」를 영화화한 작품

치카마츠 이야기(近松物語)

감독: 미조구치 겐지-溝口健二(1954년)

원작: 치카마츠몬자에몬: 近松門左衛門 『다이쿄우지무카시고요미: 大経師昔曆』

줄거리

17세기 말, 에도시대의 일본 교토가 무대.

다이쿄지(大経師)[1]는 달력의 독점 판매권을 가진 자의 칭호이고 신도 에이타로우(進藤英太郎)가 연기하는 다이쿄지 이슌(大経師以春)씨의 가게는 활기가 넘쳐났다. 그런데 이슌의 젊은 부인 오상(카가와 쿄코: 香川京子)에게 기후야(岐阜屋)의 친정 오빠가 은밀하게 찾아왔다.

---

[1] 옛날, 조정의 명에 따라 경문·불화(佛畵) 등을 표구하던 장인의 우두머리.

기후야는 오래된 점포를 운영하고 있었다. 이 오상 집안은 가문대대로 내려온 것으로 아버지의 뒤를 잇고 있긴 하지만, 현재 적자가 쌓이고 있다. 집도 담보로 전당포에 맡겨서 대출하고 있는 처지다. 헌데 그 이자를 갚지 못하면 벌을 받게 된다. 그래서 오빠는 돈을 빌리기 위해 동생인 오상을 찾아온 것이다. 거의 동시에 오상의 어머니(나니와 치에코: 浪花 千栄子)도 다이쿄지(大経師)의 가게를 찾아와서 사위에게 돈을 좀 빌려달라고 매달린다. 오상은 시집을 올 때도 그랬고 오고 나서도 이슌에게 돈 이야기를 늘 해왔으므로 계속 주눅이 들어 있다.

한편 다이쿄지 집의 젊은 고용인, 모헤이-茂兵衛(하세가와 가스오: 長谷川一夫) 씨는 솜씨 좋은 장인으로, 주인에게 충실하고 감기에 걸려도 아랑곳하지 않은 채 밤을 새우면서까지 일을 한다. 가게에서 일하는 젊은 하녀인 오타마(미나미다 요코: 南田 洋子)는 모헤이를 사모해서 그를 간호한다.

그런데 이슌은 오타마에게 시중을 들게 하고 그것도 모자라 매일 밤 자신의 침실에 들게 한다. 또한 일가친척이 없는 오타마에게 구애하면서 "가정을 만들지 마라"고 말한다. 여기서 벗어나기 위해 오타마는 순간적으로 모헤이와 결혼 약속을 했다고 말해서 이슌의 질투심에 불을 붙인다.

때마침 가게 앞을 조리돌림 일행이 지나가서 불길한 예감이 든다. 무가(武家)에서 일하는 사람이 주인의 부인과 간통을 했다는 죄명을 받았다. 관은 그 남녀 두 명을 나무 기둥에 묶어 놓고 찔러 죽이는 형벌을 가한다.

오상은 남편에게 일단 급전을 부탁하는데, 단칼에 거절당한다. 결국 오상은 모헤이에게 부탁한다. 그렇게 이야기는 급전개된다. 모헤이는 때마침 환 수취를 위한 도장을 맡아놓은 상황이었다. 다섯 냥은 큰 액수는 아니다. 그런데 도장으로 어음을 위조한 사실을 상점 지배인인 스케에몽(助右衛門-小沢栄太郎: 오자와 에이타로)에게 들킨다. 스케에몽은 잠자코 있어 줄 테니 자신의 몫을 챙겨주면 모른 척 하겠다고 귀뜸한다. 모헤이는 거부하고 주인한테 자백한다.

카메라는 아름다운 선이 입체적으로 교차하는 다이쿄지의 가게 내부의 건축미를 만끽할 수 있게 보여주는데, 여기서부터 인물들의 격한 움직임을 포착해서 장면도 빠른 템포로 전환한다.

이슌은 격노해서 모헤이를 신고하겠다고 떠들어댄다. 그것을 부추기는 스케에몽. 그런데 공범자가 누구인지 묻자 모헤이는 결코 말할 수 없다고 한다. 모헤이의 이런 태도가 자신을 위하는 것이라고 직감한 오상은 지체하지 않고 개입을 하려 나서려 한다. 그런데 그 순간 하녀 오타마가 신원보증인인 숙부의 빚 때문에 자신이 모헤이에게 부탁했다고 말한다. 모헤이와 오타마의 깊은 관계를 눈치챈 이슌은 분노에 차서 모헤이를 집 안에 있는 감옥에 가두고 외출한다. 오상은 오타마를 찾아가 고맙다고 말하는데 오타마를 향한 남편의 연모를 알게 되어 놀란다. 이렇게 되면 이슌이 모헤이를 매장하고 오타마의 죄상을 빌미로 잡아서 그녀를 먹이로 삼을 것은 불 보듯 뻔한 일이다. 카메라는 궁지에 몰린 두 여자의 절망을—등을 돌린 모습으로—훌륭하게 포착하고 있다. 오상은 오타마 대신에 침실에 숨어들어 이슌을 현장에서 잡고 그것을 빌미로 모헤이와 오타마의 용서를 구하려고 한다.

감옥을 빠져나온 모헤이는 오타마에게 가서 고맙다고 한마디 말하고 행방을 감출 생각이었다. 그러나 거기에 있었던 것은 오상이었다. 한편 모헤이의 탈출을 눈치챈 스케에몽은 주인이 외출했으므로 그 보고를 여주인인 오상에게 하려고 찾아갔다. 그런데 오상의 침실에서 오타마를 발견한다. 그렇다면 도대체 오타마의 침실은 어떻게 되었을까? 하고 발걸음을 재촉하는 스케에몽. 꽉 미닫이문을 열자 오상과 모헤이가 바싹 붙어 있다. 난처한 표정을 짓고 있는 두 사람. 윤리에 어긋난 간통을 했다고 오해를 받고 집안에 큰 소동이 일어난다. 그러나 모헤이는 탈출에 성공한다.

조정 사람들을 접대한 후 기생과 함께 취해서 집에 돌아온 이슌은 변명을 듣지 않은 채, 단도를 오상에게 던지며 자결을 권한다. 그리고 그 자리를 피한다. 모헤이의 도망으로 큰 소동이 일어난 와중에 오상은 단도를 남겨놓고 모습을 감추었다.

집을 뛰쳐나간 오상은 밤거리에서 모헤이와 우연히 마주친다. 친정으로 돌아가라고 타이르는 모헤이에게 오상은 오사카에 데리고 가 달라고 매달린다. 그래서는 진짜 간통이 되고 만다고 거절하는 모헤이에게 오상은 어딘가 멀리 가고 싶다는 말만 되풀이한다. 어쩔 수 없이 모헤이는 오상을 데리고 오사카로 가는 배를 탈 수 있는 후시미(伏見)에서 숙소를 잡는다. 모헤이는 주종 관계를 그대로 유지하면서 오상과는 다른 방에서 쉴 것을 고집한다.

다이쿄지의 가게에서는 모헤이가 완성한 새해 달력 제작의 축하연이 한창이다. 조정의 탑인 간바쿠(関白)[2], 교토의 무가의 탑인 쇼우시다이(所司代)[3]가 초대되었다. 여기서 이슌에게 권력자들이 모두 빚을 지고 있다는 것을 알 수 있다. 같은 입장인 오사카의 어느 상인이 토리츠부시[4]를 당해서 빚을 떠안은 무가에게 도움을 주었다는 에피소드를 말한다. 업계 넘버 2의 특권을 부여받은 원의 쿄지(經師)[5] 이상(以三)도 초대를 받아서 이슌은 그들을 권력자들에게 소개한다. 그러나 이상은 이슌 집에서 일어난 사건을 몰래 듣고 다이쿄지가 신고를 게을리한 죄과로 추방당할 것을 기대한다. 그리고 자신이 다이쿄지로 출세하게 되면 '원의 쿄지'를 시켜주겠다며 스케에몽과 내통한다. 기후야에서는 오상의 오빠가 자포자기 상태가 되어서 술통에 빠져있는데, 그 와중에 오사카로부터 환이 도착한다. 오상이 모헤이의 힘을 빌려 다

---

2 칸바쿠, 중고(中古) 시대에 덴노(天皇)를 보좌하여 정무를 총괄하던 중직(重職).
3 에도(江戶) 시대에, 교토(京都)의 경비와 정무(政務)를 취급하던 자.
4 에도 시대에, 모반 등을 이유로 막부(幕府)가 다이묘(大名)나 하타모토(旗本)의 가독(家督) 상속을 금하고 영지 등을 몰수하던 일
5 경권(經卷)을 표구하는 직인.

섯 냥을 구한 것이다.

　오상과 모헤이는 오사카에서 교토로 돌아가려고 하지만 가도 연변에 '쇼우다이'의 비상선이 쳐져 있다. 이슌의 뇌물이 효력을 발휘하여 모헤이만을 환위조 혐의로 붙잡을 것인지 아니면 두 사람을 함께 간통 혐의로 붙잡아서 다이쿄지에 누를 끼치도록 할 것인지 미묘하다.

　결국 두 사람은 산을 넘고 교토를 우회하여 비와호(琵琶湖)부근에 당도한다. 그런데 그들의 인상착의를 알아챈 여관 주인이 밀고한다. 오상은 "이런 비참한 도피행은 더는 싫다"면서 단도를 꺼내서 죽으려고 하고 체념한 모헤이는 비와호에 몸을 던지려고 한다.

*

비와호에 떠 있는 작은 배 위에서 오상의 다리를 묶는 모헤이는 마지막이니까 '당신'이라고 부르면서 고백한다. 오상은 침묵을 지키고 있다. 게다가 막상 몸을 던지려고 하는 단계에서 오상은 움직이지 않게 되었다. 불손한 고백으로 오상에게 싱처를 주었다고 생각한 모헤이는 사과한다. 확 몸을 돌려서 모헤이에게 다가간 오상이 다시 한번 몸을 젖힌 채 어두운 수면에 눈길을 주면서 내뱉는 대사는 "당신의 지금 한마디로 죽지 않게 되었다. 죽는 것은 싫어. 살고 싶다"는 것이었다.

쇼우다이(所司代)로부터 그들의 소식을 듣게된 이슌은 뇌물을 써서 두 사람의 육체를 따로 회수하도록 명령하는데, 그 명령을 받은 스케에몽은 이 지시를 어기고 두 사람의 사체를 한데 묶도록 도모한다.

탄바(丹波)에 있는 모헤이의 생가로 도망가려 하는 두 사람은 험준한 고개를 넘다가 찻집에서 쉰다. 모헤이는 수배 전단지가 자신만을 가리키고 있다는 것을 알고 본인이 자수하면 오상은 문제가 없을 거라는 생각에 고개 반대편으로 내려간다. 모헤이가 없어졌다는 사실을 알게 된 오상은 반미치광이가 되어 뒤쫓는다. 그러다가 오상이 돌부리에 부딪혀 경사길에 굴러 넘어진다. 자신을 부르는 소리에 멈춰 서 있던 모헤이가 달려온다. 오상은 "왜, 왜 도망가는 거야?" 하고 질책한다. 다이쿄지에게 돌아가도록 설득하는 모헤이에게 "내가 당신 없이 살 수 있다고 생각하나요? 당신은 더는 내가 부리는 사람이 아니야. 나의 남편이라고!" 하고 외친다. 고개에서 이들을 목격한 탄바(丹波)의 밤장사가 다이쿄지의 가게를 찾아가서 얘기하는 바람에 이슌은 두 사람이 아직 살아 있고 모헤이의 생가를 향해 가고 있다는 것을 알게 된다. 모헤이의 아버지는 다이쿄지의 땅에 사는 소작인이다. 피곤함에 지쳐 당도한 두 사람이지만 여기서도 안심할 수 없다. 모헤이의 아버지는 그들을 일단 헛간에 숨겨두지만, 자신도 마을도 죄과를 묻게 됨을 두려워해서 다음 날 아침 질책을 당하자 자백할 수밖에 없다.

아직 잠이 덜 깬 그들을 사람들이 습격하여 오상은 데리고 가고 모헤이를 구속한다. 이슌은 빌려준 돈을 빌미로 공가(公家)를 매수하여 오상을 기후야에 계속 머물게 한다. 따라서 잡힌 것은 모헤이 한 사람뿐이니 사건을 조작한다. 그러나 모헤이의 아버지는 몰래 모헤이를 묶은 밧줄을 끊고 그를 도망가게 한다.

 기후야를 위해서 다이쿄지에 돌아갈 것을 재촉하는 어머니와 오빠 말을 거절하다 비탄에 잠긴 오상은 문득 인기척을 느낀다. 모헤이가 나타난 것이다. 다이쿄지로 달려가는 오빠. 어머니는 모헤이에게 혼자 떠날 것을 간원한다. 기후야를 위함이 아니라 오상을 위해서라면서. 그가 이 제안을 받아들이는 것을 두려워하는 오상은 "모헤이 혼자 보낼 수 없다"고 막아선다. 결국 어머니 앞에서 모헤이는 오상에게 "오상 님을 데려가러 왔습니다" 하고 말한다. 도망 끝에 두 사람은 잡히고 불륜을 자백한다. 고소가 없었으므로 다이쿄지의 집은 몰락하고 이슌은 추방당한다. 그리고 스케에몽까지 원의 쿄지에 배반당하여 형벌을 받는다. 영화는 조리돌림을 당하는 말 위에서 밝은 표정을 짓는 두 사람을 비추고 끝난다.

*

 자, 그러면 방금 본 영화에 관해서 이야기를 나누어 보기로 하죠. 여러분은 질문에 자유롭게 말하기만 하면 됩니다. 그다지 깊게 생각하지 말고 그냥 떠오른 것을 말해주세요. 여러분이 무엇을 말해도 "그것은 아니다"라든지 "틀렸다"든지 그런 것은 없습니다.

이슌과 오상의 결혼

영화에서 이슌 씨라는 주연급 아저씨가 나오죠. 그의 부인은 오상이라는 사람으로 카가와 교코(香川京子)라는 역사적인 여배우가 연기했는데요. 아름다웠죠?
--무척 아름다웠습니다.
그런데 왜 이슌과 오상은 결혼을 했을까요?
--오상 집은 그렇게 돈이 많은 집이 아니었지만 이슌은 부자라서 오상은 이슌에게 시집을 감으로써 돈을 마련하려고 했습니다.
그렇군요. 그 옆에 있는 S양에게 묻겠습니다. S양이 장래 만약 결혼한다고 하면 프러포즈를 받겠지요. 그런데 그때는 시부야의 '스크럼블 교차점' 한가운데서 남자가 S양을 향해 큰 소리로 "결혼해 주세요"라고 말하겠죠. 그러면 부끄러울까요?
--싫습니다.
--(일동 웃음)
아, 그렇습니까(웃음). 여하튼 그런 일은 벌어지지 않은 것 같군요. 두 사람 사이에는 아무래도 돈이 관련된 것 같죠. 오상은 아름답고, 이슌은 좀 밝히는 아저씨니까 말이에요. 그래서 이슌은 돈다발을 들고 가서 여자를 사 왔다는 느낌?

  --그게 아니라 아마도 정략결혼 같은 것이겠죠.

  정략결혼과 돈을 주고 사 온 것과는 어떻게 다른가요?

  --오상은 친정의 장래를 위해서 결혼을 한 겁니다.

  맞아요. 오상이라는 사람은 자신이 돈을 갖고 싶은 것이 아니었던 거죠. 친정을 위해서 그렇게 한 겁니다. 혹여 이슌이 단지 이쁜 여자를 하나 원했다고 하면 돈을 주고 사 왔을 수도 있었을 텐데요.

  --그렇게 되면 이슌 개인 취향의 문제로 끝나고 말았겠지요. 집안끼리 생색낼 일은 생기지 않았겠죠.

  훌륭하군요. 생색을 낸다는 느낌이군요. (칠판에 써서) 여기에 기후야라는 집이 있습니다. 이 집은 오상의 친정이지요. 여기에 다이쿄지(大経師)라는 앞에 나온 밉살스러운 아저씨인 이슌의 집이 있죠.

  우리 친구가 말한 것처럼 이 집과 저 집 사이에서 뭔가 일어났습니다. 이것이 난지 돈다발을 들고 사람을 사 오는 것과 다른 점입니다. 기후야에는 오상 어머니와 오빠가 있죠. 난봉꾼인 오빠 기억나나요? 노래도 잘 부르지 못하고 그럼에도 불러대니 듣고 있을 수밖에 없는 노릇이죠.

  오상은 결혼해서 기후야에서 다이쿄지 집에 들어왔습니다. (칠판 위에) 여성이 기후야에서 다이쿄지로 이렇게 움직였다는 거지요. 만약 사 왔다고 하면 이후에 어떻게 될까요?

--돈이 기후야에 들어가죠.

맞아요. 다이쿄지 집에서 기후야 집으로 돈이 가서 이것으로 끝이죠.

여러분 편의점에서 녹차 음료수를 사면 1200원 정도 내지요. 퉁치는 겁니다. 끝. 그런데 이것은 정략결혼이다 보니 이렇게 끝나지는 않지요. 기후야의 오빠, 뒷문으로 다이쿄지 집으로 들어가지 않았나요? 여동생에게 뭔가 부탁했지요.

--돈을 부탁했습니다.

맞아요. 다섯 냥. 좀 변통해 줄 수 없겠느냐고 말했지요. 그리고 기후야의 어머니도 와서 좀 뻔뻔스럽지만 "딱 한 번만 더" 하고 이슌에게 간청을 했죠. 그러다 보니 이 사람(이슌) 이런 아름다운 부인을 맞이한 것까지는 좋았는데 몇 번이나 돈을 내게 된 겁니다. 이것은 여러분이 편의점에서 녹차 음료수를 사는 것과는 꽤 다른 일이죠.

기후야 집안은 오상을 시집보낸 것으로 끝이었을까요. 끝이 아닌 것으로 보입니다. 다이쿄지가 돈을 내어준 이상 여러 일을 처리해주어야 할 것 같지요. 기후야의 생업이 무엇인지 모르겠지만 다이쿄지와 똑같이 '돈을 빌려주는 일'도 하고 있으니 고객을 빼앗을 수도 있을 겁니다. 영화에는 등장하지 않지만, 이런저런 이익이 두 집안 사이에서 왔다 갔다 하겠죠. 두 집안 사이에는 그런 관계가 있다고 말할 수 있어요.

　다음은 M양에게 묻겠습니다. M양은 연극부이지요. 그리고 보니 연극부 두 사람이 있습니다. 다이쿄지와 기후야가 하고 있는 일에 대해서 어떻게 생각하나요?

　--음... 뭔가 여자가 물건 취급을 받는 것 같습니다.

　그래요. A양은 어떤가요?

　--개인이 집단에 매몰되어 있어요. 그 시대 상황을 고려하면 어쩔 수 없겠지만 현대인의 눈으로 보면 어처구니없다고 해야 할까요. 이런 일이 있어서는 안 된다는 느낌이 듭니다.

　맞아요. 개인과 집단의 문제죠. 훌륭합니다. 그런데 현대를 살아가는 우리와는 관계가 없을까요? I양, 반에서는 어떤가요? 이런 일은 중학생이나 혹은 고등학생 사이에서 전혀 없을까요?

　--있어요. 그런데 집단이 모이는 장소에서는 다툼이 일어나

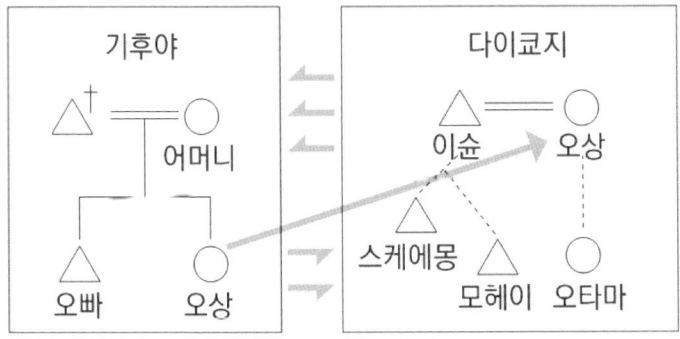

그림1 - 기후야와 다이쿄지

는 것은 어쩔 수 없다고 생각합니다. 참지 않으면 집단이 성립할 수가 없으니까요.

  그렇군요. 확실히 '집단'이 있죠. 그것은 말 그대로예요. 여러분은 아주 머리가 좋아서 결론을 미리 말해 버려서 곤란합니다(웃음). 그런데 좀 더 천천히 그 집단과 개인이라는 것의 알맹이를 살펴보기로 하죠.

  Y군, 기후야와 다이쿄지가 하는 일 말인데요. 녹차 음료수를 살 때 음료수와 돈이 왔다갔다하면 끝이 나죠. 그런데 이 경우는 계속해서 질질 이런저런 것들이 왔다갔다하지요. 이런 일을 속된 말로 뭐라고 할까요?

  --동맹을 맺는 겁니다.

  음… 동맹. 레비스트로스(1908~2009)도 이 말을 사용하고 있어요. 외국과 맺는 진짜 동맹에서는 제대로 된 규칙을 정해서 어느 때는 이쪽에서 저쪽으로 무엇이 가는지를 미리 정해두죠. 그런데 기후야와 다이쿄지 사이에서 이루어진 것은 아무래도 그런 '깔끔한' 것은 아닌 것 같습니다.

한통속이 된 관계

여러분 '한통속이 된다'(속어)라고 말하지 않나요. 이 두 집안은 한통속이 되었죠. 그리고 한통속이 되었을 때는 반드시 여러 가지 것들이 복잡하게 왔다 갔다 하는데요. 그런데 구체적으로는 정해져 있지 않습니다. 딱히 정해져 있지 않은 겁니다. 명쾌하게 "이것과 이것을 교환합시다"라고 정하고 교환하는 것이 아니라 대가가 애매하고 또 그렇게 애매하다 보니까 끊임없이 계속되는 겁니다. 그런데 사실상 광범위하게 볼 수 있는 현상이지요. 에도시대에만 있었던 일이 아닌 겁니다. 세계 곳곳에서 현재도 정말로 이것으로 사회가 움직이고 있다고 해도 좋을 정도로 말이에요.

여기서부터 공부를 해보기로 하죠. 조금만 공부를 같이해보면 이것은 뒤르켐(1858~1917)과 모스(1872~1950)와 레비스트로스 등과 같은 프랑스의 사회학 혹은 인류학을 전공한 사람들이 대략 19세기 후반부터 20세기 전반에 걸쳐 밝힌 것들이라는 것을 알게 됩니다. 집단과 집단 사이에서 중요한 물건이 대가 없이 이전하는 경우가 있어요. 그래서 그것은 '증여'로 보이지만 잘 보면 물건뿐만 아니라 다양한 서비스 같은 것이 왔다갔다하고 게다가 혼인과 양자 관계 등이 서로 복잡하게 얽혀 있습니다. 무엇보다도 그런 관계 맺기의 결과 양 집단 사이의 상하관계가 정해집니다. 집단은 내부에 작은 집단을 포함하고 있어서 중첩구조가 되죠. 그것이 몇 단계를 거치다 보면 마지막에는 개인과 개인 사이의 관계가 되고 이렇게 해서 개인도 집단 안에 포함되게 됩니다.

개인은 그러한 관계 맺기로 연결되어서 역방향으로도 생각할 수 있지요. 그 안의 관계는 매우 복잡하고 불투명해서 그것이 원인이 되어 스트레스가 되죠.

여러분 혹시 나쓰메 소세키의 〈도련님〉이라는 소설 알고 있나요? 그 소설이 이런 현상을 설명하기 위해 제일 좋은 재료죠. 그 소설에 등장하는 '도련님'이라는 주인공이 마쓰야마의 중학교에 가보니 이 한통속의 소굴이었던 겁니다. 원숭이산 같은 수상한 정글이 펼쳐지고 있었던 건데 이 원숭이산의 피크에 있던 것은 누구였었죠?

--'빨간 셔츠'요.

맞아요. 그래서 '알랑쇠'라는 미술 선생이 딱 붙어서 아첨을 하지요. 그리고 이런 집단은 반드시 한 명의 희생자를 만드는 버릇이 있죠. 이 이야기에서는 '우라나리군'이지요. '마돈나'로 불리는 아름다운 여성이 있는데, 그녀는 원래 우라나리군이 어렸을 때부터 양쪽 부모끼리 정한 혼약(婚)였는데 빨간 셔츠가 이것을 가로채려고 생각한 겁니다. 그래서 빨간 셔츠는 불쌍한 우라나리군을 음모를 이용해서 노베오카로 보내버리고 마돈나를 차지하게 되었죠.

대체로 사회는 이런 식으로 움직인다고 해도 좋을 겁니다. 〈치카마츠 이야기〉는 기후야와 다이쿄지가 한통속이 되어서 여기에 한 명, 오상이라는 희생자가 나왔죠. 이 사실을 먼저 기본으로서 이해해야 합니다.

이슌의 재력의 원천은?

다음 질문으로 넘어가도록 하죠. 이번에는 다이쿄지에 주목해 보도록 하죠. 이 다이쿄지는 부자였지요. 어떻게 이렇게 많은 돈을 갖게 된 걸까요?
 --장사가 잘되어서 그런 겁니다.
 왜 이 장사가 잘된 거죠?
 --환전상?
 그래요. 돈을 빌려주기도 하지만 그 밑천(자본)을 달력의 독점판매로 벌고 있어요. 옛날 달력은 한 장 한 장 넘겨 보면 오늘은 '좋은 날', '나쁜 날'이라고 쓰여 있었죠. 아마도 내일은 결혼식 하기에 좋은 날일 거예요.
 --대안(大安)...?
 대안이지요. 그것을 당시 누가 어떻게 정했는가 하면 조정, 즉 교토의 천황가와 아주 가까운 조정에 출사(出仕-조정의 관직에 등용된)한 사람들(=공가-公家)이 신도(神道) 사람과 긴밀히 제휴해서 그들이 계산한 일 년의 달력을 모두에게 전하는 일을 했습니다. 그리고 다이쿄지라는 칭호를 가진 가게는 조정에 출사하는 사람으로부터 "이 달력은 독점으로 인쇄해서 전국에 배부해도 된다"는 허락을 받는 거죠. 그러다 보니 일본 전역에서 사용하는 달력은 전부 여기서부터 나가게 되는 겁니다. 이것으로 O군이 왜 돈을 버는지 알 수 있는 겁니다.

--달력 같은 사회를 움직이는 중요한 물건을 주도권을 쥐고 전국에 있는 사람한테 팔 수 있으니까요.

그래요. 맞아요. 이슌은 이 독점판매의 권리를 손에 넣었는데요. 그런데 가령 이 권리를 샀다고 해보죠. 그렇게 해서 샀다고 하면 그다음은 안심해도 될까요?

--안심할 수 없어요.

어디가 불안한가요?

--음... 잘 모르겠습니다.

음... 역시 불안하겠지요. 그러면 그 옆의 H군. 독점 판매의 권리를 돈으로 사도 안심할 수 없다고 O군이 말했어요. 왜 안심이 되지 않을까요?

--그 권리가 뭔가 찰나로 끝나고 만다든지, 한 번 돈을 내긴 했지만, 그 이후에도 좀 더 돈을 요구당하는 일이 절대 없다고 단언할 수 없으니까요.

맞아요. 그것이 한 가지죠. T양, 그 증거로 이 이슌이라는 사람은 매일 안심하고 잘 수 있을까요? 아니죠.

--여러 곳에 인사를 하러 다니거나 자신 집에 사람들을 불러 대접을 한다거나 그렇게 해야 하겠지요.

훌륭합니다. 그래요. 칸바쿠(関白)에게 밤새도록 술을 대접하거나 집에 공가(公家)들을 초대해서 연회를 벌이죠. 게다가 중대한 불안의 원인이 또 하나 있죠. 이슌 말고 또 엉큼한 녀석이 없었나요?

――아, 장사의 경쟁자가 있어요.

맞아요. 라이벌이 있죠. 넘버2인 원(院)의 쿄지(経師)가 틈만 나면 이슌 자리를 빼앗으려고 기회를 엿보고 있어요. 그러고 보면 다이쿄지라는 자리도 쉬운 자리가 아닌 거죠.

잠깐 확인을 해보기로 합시다. 여기서 이슌과 공가(公家)들 사이에 맺어진 관계는 앞에서 본 한통속과 같은 겁니다. 그들에게 돈을 내는 순간 이슌은 이미 자유라고 할 수 없는 겁니다. 또한 이 공가들은 다이쿄지로부터 돈을 빌리는 것이 영화에도 등장하고 있죠. 즉 다이쿄지는 그들로부터 "돈을 융통해주지 않겠는가?"라는 말을 들으면 "예, 예" 하고 돈을 빌려줘야 하는 겁니다. 그리고 영화를 보면 알 수 있듯이 기후야와 다이쿄지 사이의 관계도 기본적으로 똑같은 성질을 갖고 있어요. 뭔가 무섭다고 생각하지 않나요? 새해가 되어 처음으로 새해 달력을 사용하는 축하 자리에서는 쇼시다이(所司代)와 같은 에도 막부로부터 온 무가의 탑들이 나와서 술잔을 돌리고 있었죠. 넘버2도 있고 넘버3도 있어서 여러 사람이 이 집단에 속해 있는 겁니다. 아주 복잡하죠.

이슌은 왜 오타마를 노리는 것인가?

다음으로 이슌과 오상 밑에 오타마라는 시녀가 있었죠. 이 역할은 미나미다 요코(南田洋子)라는 여배우가 맡았습니다. 그녀에 대해서 어떤 생각이 들었는지 좀 물어볼까요.

--이슌이 오타마에게 손을 대려고 해서 거기서부터 이야기가 점점 전개되어 나갔어요.

훌륭합니다. 그래요. 왜 이슌은 오타마에게 손을 대려고 했던 걸까요?

--좀 이쁘니까요.

맞아요. 그랬죠. 그것은 부정할 수 없죠. 그런데 이쁘다는 것 그 이유 하나만일까요. 나는 언젠가 이슌은 오타마에게 손을 대지 않을까 하고 생각했습니다만…

--영화 속에서는 이슌은 오타마에게 "집을 주겠다"와 같은 말을 했습니다.

맞아요. 잘 알고 있군요.

--기후야에 돈이 없어서 오상은 곤란을 겪고 있는데도 남편은 돈을 빌려주지 않았죠. 그런데 오타마에게는 집을 주겠다고 말하고 있으니 "뭐야, 이 아저씨는?" 하고 생각했습니다.

그래요. 이 이슌 역을 맡은 배우는 신도 에이타로(進藤英太郎)인데 이 배우에게 악역을 맡겨 놓으면 그를 능가할 사람이 없어요. 어떤 영화에 나와도 너무나도 밉살스러운 연기를 잘 해내는 훌륭한 배우죠.

자, 그러면 I군에게도 물어보기로 하죠. 이건 중요한 질문인데요. 왜 이슌은 오타마에게 손을 대었나요?

--…?

오타마는 어떤 마음이었을까요?

--오타마는 싫죠.

싫은 것은 당연하죠. 그런데 그 이외에 오타마는 조금 재미있는 이야기를 몇 가지 하지요. "부인(오상)에게 걱정을 끼치는 것이 괴로워서 잠자코 있었습니다" 하고 오타마는 말했지요. 왜 그랬을까요?

--오상과 이슌이 결혼을 했는데 그 중간에 자신이 들어가 버리면, 오상의 처지가 난처하게 되어버리니까요.

맞아요. 오상이 상처를 입게 되지요. 그것이 중요하죠. 자, 그러면 M양에게 물어보겠는데요. 예를 들면 이 불쾌한 느낌이 드는 아저씨가 어떤 여성을 집에 데리고 왔다고 해도 오상은 아주 상처를 받겠지요. 그런데 그것과 오타마에게 손을 댄 것과는 똑같을까요?

--음, 그것은 '오타마'에게 손을 대는 것은 그래도 집 안에서 해결 가능하니 세상에 대해 체면이 서는 거죠.

음... 그런데 이 아저씨 상당히 철면피인데 그런 걸 신경을 쓸까요. 게다가 그 시대는 여성이 조금이라도 '불륜'을 저지르면 사형감이거든요. 반면에 아저씨는 얼마든지 그런 일을 해도 괜찮은 시대니까 말이죠.

자, 그러면 N군에게도 똑같은 질문인데요. 오상은 이슌이 오타마와 바람을 피우는 것에 대해 바깥 여성과 바람을 피우는 것과 똑같을 만큼의 굴욕을 느낄지 그걸 묻고 싶군요.

--오상은 오타마를 예뻐했으니까... 예뻐했는데 남편이 그녀에게 손을 대면 훨씬 상처를 입죠.

그래요. 핵심입니다. 오상은 오타마를 예뻐했어요. 그리고 오타마는 오상을 존경했죠. 헌데 이슌은 뻔뻔하게도 이 사실을 이용했던 겁니다. 이 양자 사이의 관계를 저격하면 가장 타격이 클 수밖에요. 그래서 이 전략은 두 사람을 짓밟는 거죠. 오상의 인격을 전면적으로 부정하기 위해서는 그 밑에 있는 오타마에게 손을 댈 필요가 있었던 거예요. 그렇게 하면 오상은 가장 큰 데미지를 입게 되니까요. 이것은 충분히 상상할 수 있을 것입니다.

여러분은 경험이 없을 터이지만, 아주 악질적인 수법을 구사하는 녀석들은 여러분이 뭔가 소중한 물건을 가지고 있다고 하면 그것을 빼앗고 눈앞에서 팍 짓밟아 버려요. 귀여운 개를 키우고 있다고 하면 그 개를 괴롭히죠. 여러분은 아직 어리지 않습니까. 그런데 부모를 괴롭힐 때 가장 많이 쓰는 수법은 아이를 괴롭히는 거예요. 여러분 자신과 여러분 신체의 관계도 그래

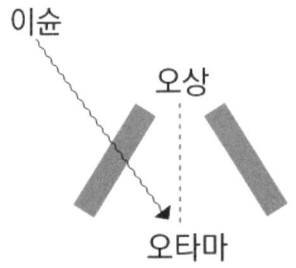

그림2 - 오타마를 노리는 의미

요. 여러분에게 신체는 둘도 없는(대체할 수 없는) 대상이잖아요. 그 소중한 신체를 짓밟아 버리면 굴욕을 느끼는 면에서는 이것이 가장 심하죠.

왜 이슌은 이런 짓을 하는가?

그런데 이 이슌이라는 사람은 왜 이런 짓을 한 것일까요. 이것은 실은 몹시 어려운 질문입니다. 저도 깊이 생각을 해봐야 할 것 같아요. 왜 이런 일을 한 걸까요?
　--이것은 의도가 있습니까?
　의도 혹은 깊은 이유 같은 것 말이죠. 왜 인간은 이런 일을 하는 걸까요. 이것은 오늘 열쇠가 되는 질문입니다. 어떤 사람이 또다른 사람에게 굴욕을 맛보게 하려고 합니다. 그 사람에게는 소중한 사람이 있습니다. 전형적으로는 아이죠. 이 아이를 인질로 삼거나 죽입니다. 왜 이런 일을 하는 걸까요. 어려운 질문이죠.
　--상대가 부러워서 그런 걸까요. 그래서 고통을 주고 싶어서...
　그래요. 카가와 쿄코(香川京子)가 매우 연기를 잘했는데요. 오상은 정말로 아름답고 전혀 결점이 없는 부인이었지요. 이 부인은 그냥 이쁜 것과는 조금 다르죠. W군, 그녀에 대해 어떻게 생각하나요?

--완벽하다고 생각합니다. 그래서... 이슌은 오타마를 괴롭혀서 오상의 약점을 빌미로 자신에게 조금 더 복종시키고 싶은 뭐 그런?

그래요. 훌륭합니다. 그런 식으로 연출이 이루어졌고 이 여배우를 고른 것도 그래서라고 생각하는데요. 오상은 매우 기품이 있어요. 이것은 기후야가 지금은 몰락했지만, 전통이 있는 가게고 상인이지만 격식이 있는 집안이라는 것을 보여주는 거죠. 그래서 오상은 어떤 의미에서는 자존심이 세고 아마도 교양도 갖고 있을 겁니다.

오상이 돈을 부탁하려고 했을 때 이슌은 "또 돈 이야기야?"라면서 "그건 안 돼" 하며 화를 냈어요. 그것은 결국 기후야와의 관계에서 이슌은 확실히 부담을 느끼고 있었다는 말이죠.

그런데 이 정략결혼에는 또 하나의 숨겨진 면이 있어요. 이 기후야의 유명한 미인 아가씨와 결혼한 것에 대한 세상의 평가가 높아져서 다이쿄지의 지위를 손에 넣기가 쉬워졌다고도 할 수 있는데요. 그것 때문에 이슌에게는 이 결혼이 경제적인 메리트가 있었을지도 모르겠습니다. 그만큼 결혼을 위해 노력을 했다는 말인 거죠. 그래서 본전을 찾고 싶은 마음이 작동하고 있었던 겁니다.

지금 식으로 말하자면 '가정 내 폭력' 같은 것으로 표현할 수 있지요. 물론 이것은 어디까지나 추측이라서 영화만 갖고 무조건 말할 수 있는 것은 아닙니다만...

그래서 말이죠. S양, 이런 일이 조금 더 큰 방면에서도 있었죠.

--공가와의 관계라든지 그런 것도 스트레스로 느끼고 있었습니다.

맞아요. 열심히 그들의 눈치를 살펴야 하지요. 이것은 틀림없이 스트레스입니다. 게다가 라이벌과의 경쟁 관계도 있죠. 이것도 스트레스입니다. 굉장한 스트레스죠. 이런 것이 배경에 있다 보니 오타마를 갖고 노는 겁니다. 그것뿐만이 아니죠. 이런 행동이 오상에게 한껏 굴욕을 주는 걸로 연결되니, '일거양득'이라고 생각한 겁니다.

포틀래치와 아이 죽이기

이런 패턴에 관해서는 앞에서 말한 프랑스의 사회인류학이 포틀래치(potlatch)[6]라는 말로 설명하고 있죠. 원래는 북미 선주민들의 말인데요. 포틀래치는 '경쟁적인 증여'를 의미하는 말로, 보답하지 못할 정도의 증여를 마구잡이로 하면 상대를 녹아웃시킬 수 있어서 완전히 복종시킬 수 있는 상태까지 몰고 가는 거죠. 그렇게 해서 부족 집단 간에 어느 쪽이 위인지 그리고 부족 집단 내에서 누가 수장인지 이것으로 결정이 나는 거예요.

---

6 potlatch, 막대한 선물을 하여 부·권력을 과시하는 북미 북서 해안 인디언들의 의례적인 행사.

그 경쟁적 증여는 '신화화'되는 경우도 있어서 그때는 그 이야기를 연기하는 의례, 축제, 혹은 연극이 만들어지죠. 그리고 이것을 통해서 신분이라든지 지위를 확인해요. 정해진 줄거리를 연기하죠. 예를 들면 임금님이 마지막에 이기지 못하면 사회가 뒤집힌다고 모두 생각합니다.

그리스 사람들은 사회의 모습(양상)을 0부터 고쳐 생각하다 보니 그런 신화도 모두 성찰의 대상으로 삼은 거죠. 물론 경쟁적 증여의 패턴에 관해서도 성찰을 했습니다. 민주주의 시대에 경쟁사회가 되어 이기고 진 사람들의 심리에 무엇이 일어나는지 생각을 한 거죠. '유아살해'라는 것이 그러한 문제를 생각할 때 정석입니다. 예를 들면 마이너 신인 탄탈로스(Tantalos)가 자신의 아이를 몰래 요리로 만들어 먹게 했죠. 나중에 그 사실을 알게 된 제우스는 격노해서 탄탈로스에게 벌을 내리게 됩니다. 아이 같은 것을 내놓는다고 해도 돌려줄 것이 없으므로 큰 위기죠. 제우스는 신 중에서 왕이어야 하는데 그 지위가 뒤집혀 버렸던 거죠.

역으로 말하자면 궁지에 몰린 자가 건곤일척의 대역전을 노릴 때 목숨과 몸과 아이를 희생으로 삼아서 상대를 받아치는 심리가 작동하는 거죠. 이것은 심각한 문제예요. 제2차 세계대전 때 일본군은 궁지에 몰리자 중국인을 비롯해서 점령지의 주민들을 죽이는 일을 엄청 많이 저질렀어요. 의미가 없는데도 그런 일을 한 거죠.

방금은 극단적인 케이스를 말했는데요. 이 패턴이 정도가 심해지면 거기까지 가는 겁니다. 이 이야기에서 보자면 이슌은 격한 경쟁에 휘둘려서 상인 신분으로 공가와 무가 속에서 지위를 확보하지 않으면 안 되는 처지였어요. 칸바쿠로부터 달력을 만들어달라는 주문이 들어와서 감기에 걸린 모헤이에게 철야를 시키죠. 이것은 그래도 이익을 계산하는 사람으로서는 어쩔 수 없다고 볼 수도 있어요. 그런데 집 안에서는 아무래도 필요 이상으로 폭군이 되는 겁니다. 오타마를 짓밟고 그럼으로써 오상을 유린하죠.

왜 오타마는 모헤이를 좋아하는가?

그러면 다음 질문입니다. 오타마는 모헤이를 좋아하지요. 왜 좋아할까요?
　--마음이 따뜻하니까요.
　앗, 허를 찔렸습니다. 왜 그런 생각이 들었는가 하면 여러분은 잘생겼기 때문이라든지 좋은 남자라서라든지 그렇게 말할 거라고 생각했거든요.
　--(웃음)
　그런데 한 방에 끝내 버렸군요. S양, 마음이 따뜻하다는 것은 어떤 의미일까요? 좀 더 해설해 보기를 바라요.

--그러니까 오타마는 하녀고 결혼도 하지 않고 좀 열등감을 느끼고 있었는데 (모헤이가) 잘 대해준 거죠. 그리고 모헤이는 밤 늦게까지 일을 하고 있어서 오타마가 뭔가 따뜻한 것을 가져다 주면 진심을 담아 고맙다는 말도 해줬습니다. 그래서 오타마는 기쁘게 생각한 겁니다.

맞아요. 거의 완벽할 정도로 정확하게 말해주었군요. 시작하는 말도 훌륭해요. 오타마는 부모도 없고 일가친척도 없죠. 신원 보증인인 아저씨가 있긴 하지만 말입니다. 그녀는 어딘가 시골(三河:미카와)에서 교토로 나와 일을 하고 있었어요. 한편 모헤이는 일정한 지위가 있어요. 그의 직업인 쿄지 장인이란 달력을 깨끗한 종이(台紙)에 붙여 족자로 만들어서 즉 표장(表裝)해서 판매하는 일입니다. 그 표장 기술은... 최고급의 기술은 모헤이밖에 갖고 있지 않죠.

그렇다고 하면, K군, '마음씨가 곱다'는 것을 말을 바꾸어 생각해 보도록 합시다. '상냥하다'고 해도 여러 종류가 있지요. 사실 우유부단도 상냥하게 보이니까요. 그런데 모헤이는 그것과는 다르죠. 오타마의 지위는 높지 않지만 그럼에도 모헤이는 어떠했나요?

--지위가 없어도 상대를 존중해 주었습니다.

맞아요. 존중해줬지요. 그러면 그 반대는?

--아랫사람을 희생으로 삼는 거죠.

그래요. 그것이 다른 거죠. 누군가를 희생으로 삼아서 뭔가를 취하지 않는 사람입니다, 모헤이씨는.

모헤이는 어떤 사람?

그러면 좀 더 모헤이 씨의 사람 됨됨이를 살펴 보도록 하죠. 모헤이는 어떤 사람인가요?
　--오상에게 돈을 빌려달라는 말을 듣고 빌려주려고 했죠.
　그때 또 한 명, 스케에몽이라는 수상한 사람이 나왔어요. 모헤이의 동료이자 상점의 지배인 같은 사람. 기억하고 있나요?
　--모헤이가 좋지 않은 일을 하는 것을 보고 자신이 시키는대로 하면 못 본 체해주겠다고 말했죠.
　잘 기억하고 있군요. 모헤이는 백지에 이슌의 인감을 찍다가 스케에몽에게 들키고 말았죠. 그래서 "피치 못할 이유로 다섯 냥을 주인 명의로 빌리고 싶다. 이 정도 돈은 언제라도 융통할 수 있는게 아니냐"며 눈감아 달라고 부탁하지만 스케에몽은 응하지 않죠. 그때 스케에몽은 어떤 제의를 했나요?
　--이익을 나누자고 했죠.
　그래요. 이익이라는 키워드가 나왔죠. 즉 스케에몽은 처음에 본 그 관계를 제의한 겁니다. 조금 자기 몫을 챙겨달라고... 그러면 잠자코 있어 주겠다고 말했죠. "우리 한통속이 되자. 그러면 서로 이득을 볼 수 있을 테니." 자, 그러면 모헤이는 그 이야기에 응했는가요?

　--응하지 않았지요.

　그래요. 응하면 좋았을 텐데... 그랬다면 이 극은 없었을지도 모르죠. 그런데 모헤이는 한통속이 될 바에야 차라리 주인한테 가서 자수하겠다고 말했지요. 좀 놀랐습니다. 스케에몽의 입장에서 보면 "이 녀석 바보구나"란 생각이 들었겠지요. 자기 몫을 챙겨주면 모든 일이 잘될 텐데 말이죠. 그런데 모헤이는 "아니오"라고 말했어요. 이것은 극의 전개를 어떤 의미에서 결정짓는 큰 사건이었죠.

　도대체 왜 모헤이 씨는 이런 사람인 걸까? "그런 식으로 태어났다", "그런 성격이었다"고 하면 그뿐이겠지만. 그러나 문학이라든지 연극의 경우는 등장인물의 이런 성격은 반드시 뭔가 의미가 있지요. A양, 이것은 어려운 질문이긴 한데요. 모헤이 씨가 이런 성격이라는 것은 무엇과 관계가 있을까요.

　--그것은 작가적 시점입니다.

　음. 작가적 시점이군요. 기본적으로는 이 영화의 원안이 되었던 치카마츠몬자에몬(近松門左衛門)이지요. 그런데 치카마츠몬사에몬은 현실에서 일어난 사건을 취재했죠. 즉 실제로 당시 이런 사람이 있었던 겁니다.

　--이슌과 모헤이를 대조적으로 그림으로 인해. 요컨대 현대의 나쁜 점을 상징하는 이슌과 그것에 정면으로 대항하는 모헤이를 등상시킴으로써 현대사회를 풍자한 것이 아닌가 생각합니다. 그

래야 극적인 대비가 되니까요.

  음, 그래요. 치카마쓰에게는 현대사회이니까요. 훌륭합니다. 그래요, 그 양극이지요. 이 양극에 뭐가 있는지 한 걸음 더 들어가 보기로 합시다.

빌려주는 돈의 차이

다이쿄지 이슌은 공가들에게 돈을 빌려주고 있었죠. 지금 모헤이는 오상에게 돈을 융통해주려고 하고 있습니다. 이 두 가지 어디가 어떻게 다를까요. 사실 로스쿨 학생들도 대답하기 어려운 문제인데요. 가만히 생각해 봅시다. 지금의 경제학이라고 하면 양쪽 모두 똑같다고 말합니다.

  먼저 다이쿄지가 공가에게 빌려주는 돈, 이것은 다이쿄지의 돈이죠. 몇 년 후에는 이자가 붙어서 돌아옵니다. 한편 모헤이가 융통하려고 하는 이 돈, 이것은 모헤이의 것인가요?

  --아니요. 다이쿄지의 돈이죠.

  맞아요. 그런데도 왜 모헤이는 자기 혼자만의 판단으로 누군가에게 빌려줄 수 있다고 생각하는 건가요? 어렵죠.

  --에도의 환의 수취를 하고자 해서 이슌으로부터 인감을 맡아놓고 있었어요.

  그래요. 다이쿄지 가게에서는 상품을 판매합니다. 재료를 들여놓는 일을 하죠. 즉 물건이 왔다갔다 해요. 그러면 반대 방향으로 돈이 가고 오고 하죠. 이런 일은 매우 빈번해서 핑핑 왔다 갔다 합니다.

  예를 들면 다이쿄지가 달력을 대량으로 에도의 도매상에 판 대금이 있지요. 이 대금은 현금을 보내는 것이 아니라 도매상이 에도의 금융업자에게 환을 보내고 지불하는 것이죠. 그게 무엇인가 하면 "여러분이 반드시 지불해 줄 것이라고 신뢰하는 은행이 대신해서 처리합니다"라는 의미예요. 그것을 또 다른 은행이 체당하지요(대신 치르지요). 만약 여러분이 "그렇게 하도록 되어 있습니다" 하고 증명서를 보내면 상대는 다른 장소에 있는 은행에 그 종이를 갖고 가서 돈을 받지요. 환을 받은 다이쿄지는 에도의 금융업자에게 이 환을 가져가면 현금화할 수도 있습니다. 여기서 포인트는 에도에서 달력이 팔린 대금을 모아 다시 교토로 보내는 등의 번거로운 일을 하지 않아도 된다는 것입니다. 틀림없이 돈이 올 것이라고 믿고서 그 신용으로 지불하는 거죠. 금융업자도 도매상도 다이쿄지도 서로를 신용해서 체당하는 것이지요. 그렇게 하면 에도의 도매상이 한 환발행과 같은 일을 다이쿄지도 할 수 있는 거죠. 인감이 있으면 모헤이노 가능합니다. 이것을 오상에게 건네면 되는 겁니다.

  애당초 다이쿄지가 뭔가를 사들인 것도 아닌데도 이런 일을 하면 들키는 것이 아닐까?

  --모헤이는 이 정도 일은 언제나 하고 있다고 말했습니다. 반

복해서 하고 있으니 세세한 일까지 이슌은 알 수 없다고 생각한 거지요.

그래요. 조금 더 정확하게 말하자면 들어온 돈은 당연히 나가죠. 달력을 판 돈은 재료비가 됩니다. 이런 식으로 돈은 언제나 흐르고 있어요. 그런데 거기에는 가끔 여유가 생기는 경우가 있어요. 다이쿄지처럼 장사가 잘되는 곳은 여유가 더 많겠죠. 이것을 조금 옆으로 돌리는 겁니다. 물론 상대적으로 단기로 순환해서 돌아와야 하죠. 그래서 급한 불을 끈 기후야는 몰래 돈을 돌려줘야 합니다.

돈은 이처럼 계속해서 점점 순환해야 하니까요. 이때 돈이라는 것은 아무리 그 순간은 다이쿄지의 것이라고 해도 "오, 이게 내 것인가" 하고 넋을 잃고 바라보고 잠시 혀로 핥든가 그 돈을 칸바쿠에게 빌려줄까, 오타마 집을 사줄까 그럴 수는 없는 노릇입니다. 왜?

--흘러가야 하기 때문에?(융통되어야 하기 때문에?)

바로 그거죠. 정답을 말해주었군요. 다이쿄지도 에도의 도매상으로부터 돈이 온다는 것을 신뢰해서 거래를 하는 겁니다. 그것을 예상하고 발행할 환으로 재료를 구입해요. 그렇다고 한다면 이런 유형의 돈에는 함부로 손을 대서는 안 되는 거죠. 고속도로를 달리는 차를 붙잡는 것은 어려운 일입니다.

자, 그러면 이런 경우 주인이라는 사람은 상대적으로 다른 사람과 관계를 맺죠. 최근의 경제학 말로 하자면 에이전트라고 말해요. 이 경우는 모헤이지요. 그런 일을 맡는 사람은 어떤 사람일까요?

--신뢰를 받는 사람요.

맞아요. 신용할 수 없는 사람이면 이런 일은 맡을 수가 없죠. 그렇다고 하면 모헤이는 주인에게 신뢰를 받는 사람입니다. 그런데 주인에게 신뢰받는 것만으로도 된 것일까요?

--상대방이라든지?

훌륭합니다. 그것은 영화 안에 확실히 표현되어 있죠. 어딘지 기억하나요? 모헤이는 여러 일을 경험하고 결국 다이쿄지 집과 관계를 끊고 도망가요. 그러다가 결국은 어떻게 되죠?

--숨을 수 있게 되었습니다.

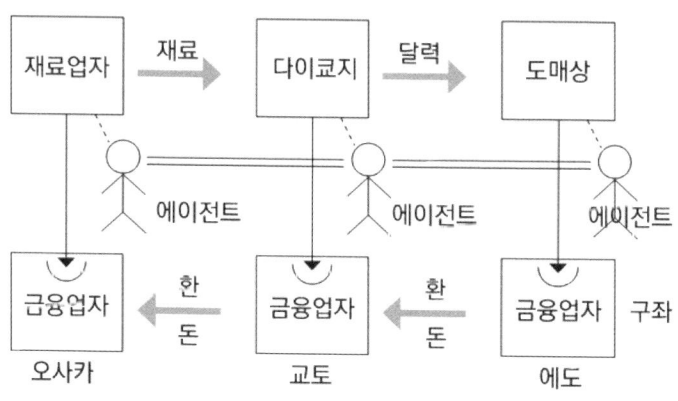

그림 3 - 환의 구조

음... 숨을 수 있게 되었고 그다음에는? 여기가 좀 놓치기 쉬운 점인데요. 일의 발단은 기후야에 돈이 없다는 것이었죠. 여기에 돈을 공급하지 않으면 기후야가 파산하게 됩니다. 그 돈, 마지막에는 어떻게 되었나요?

--아, 돈을 마련하려고 오사카에 가게 되었고 거기서 돈을 마련했죠.

맞아요. 그래서 기후야에 돈을 전달했어요. 그런데 이미 수배자가 되었는데 어떻게 이런 일을 할 수 있었던 걸까요?

--그때까지 쌓아 온 신뢰관계가 있었죠.

맞아요. 그때까지의 신뢰도 있고 오사카의 동료가 있어서 가능했습니다. 거래 상대에도 에이전트가 있죠. 이런저런 상인의 대리인이라든지 모헤이 씨 같은 사람 말입니다. 그리고 환업자, 금융업자죠. 거기에도 있거든요. 이들은 대체로 서로 연결되어 있어요. 이런 사람들이 어떤지 아니까 지금 융통해주면 틀림없이 돌아올 거로 믿고 있는 거죠. 이런 신뢰는 서로가 서로에게 가진 것으로 그리고 상대방을 잘 알지 못하면 애초에 안 되는 겁니다. 게다가 독특한 기질이라고 해야 할까. '무슨 무슨 기질'과 같은 것으로 연결되어 있죠.

그 말인즉슨 모헤이는 이런 신뢰로 연결된 세계에서 살고 있다는 말입니다. 그에 비해서 주인인 이슌은 좀 다른 세계, 예를 들면 편의를 도모하기 위해서 슬쩍 돈을 건네고 생색을 낸다고 해야 하나. 신뢰라기보다는 어둠(암흑) 속에 있다 보니 예측하기 힘들죠. 곧 배반하거나 앞지르거나 빼돌리거나 합니다.

주인이라는 존재는 자기 마음대로 뭔가 할 수 있는 사람이니까 오히려 신뢰를 받기가 힘들죠. 그런데 신뢰할 수 있는 에이전트에 맡겨두면 신뢰도가 올라가요. 적어도 두 사람이 되면 자기 마음대로 할 수 있는 게 아니죠. 에이전트가 상대적으로 독립하지 않으면 안 되지만 말입니다. 상호 독립해서 상호 체크할 수 있다면 더할 나위 없죠.

나중에도 소개할 쿠사노 아사코(桑野朝子) 씨 연구에도 나오는 이야긴데요. 치카마츠는 사실 경제에 관해서 깊은 통찰을 가진 듯 합니다.

오상이 모헤이를 의지한다는 것은?

그런데 오상은 왜 모헤이에게 의지한 것일까요?

--신뢰가 있으므로 모헤이를 선택했습니다.

그래요. 모헤이는 오상이 이야기를 꺼냈을 때 "뭐야, 그 정도의 돈이란 말인가. 나는 오십냥 이니면 백냥이라고 생각했는데" 하고 말해요. 즉 모헤이는 평소에 액수가 큰 돈을 다루고 있죠. 그런데 오상 입장은 어떠한가요? 오상에게 모헤이는 의지할 수 있는 친구 같은 존재일까요? 좀 더 말하자면 두 사람 사이에는 어떤 관계가 있을까요?

--두 사람은 주종관계에 있었죠.

맞아요. 그렇다고 하면 오상이 모헤이에게 돈을 내게 한 것은?

--음... 그러니까 위 사람이 아래 사람에게 "돈을 빌려주세요" 부탁하니까 입장이 역전되어 버린 걸까요?

그래요. 그런데 모헤이는 "돈을 변통해 줄 테니 내 말을 들어라"라고는 말하지 않아요. 그래서 실제로는 두 사람 사이의 입장은 별로 뒤바뀌지 않죠. 역전은 하지 않지만, 잠재적으로는 친구가 말한 것처럼 아주 위험한 행위를 하는 거지요. "주인에게 들키면 큰일난다는 것"만이 이유가 아닙니다. 한편으로는 누구도 손을 댈 수 없는 돈이 있고, 또 한편으로는 기후야와 다이쿄지 사이에 진흙투성이의 이익의 주고받음이 있어요. 한쪽에서 다른 한쪽으로 돈을 이동시키는 일이죠. 그것은 결국 수평적인 동료끼리의 세계에 속해 있던 모헤이가 진흙탕 세계에 발을 들여놓았다는 의미입니다. 혹은 모헤이가 희생양이 되었다고 해야 할까요.

그렇게 보면 매우 중요한 포인트가 보입니다. 그 후의 장면을 확인해보도록 하죠. 감추면 될 것을 "나쁜 짓을 했습니다" 하고 모헤이는 자수를 해요. 그러자 주인이 노해서 모헤이를 집 안의 감옥에 가두어 버리죠. 이때 무슨 일이 일어났나요?

--자수한 모헤이가 이슌에게 큰 소리로 야단을 맞고 그것을 들은 오상이 구해주러 갔죠. 그런데 거기에 나타난 오타마가 '모헤이 씨가 나쁜 것이 아니라 제가 부탁했습니다' 하고 말합니다.

그래서 사태가 커지죠.

그래요. 오타마가 "제 잘못입니다" 하고 자신의 몸을 던졌죠. 그때 오상은?

--나 때문이다, 나에게 원인이 있다고 생각했죠.

생각해요. 당연히. 그런데 그때 오상의 태도는 어떠했나요?

--음...그러니까 확실히 오상이 "제 탓입니다"라고 말하려고 했을 때 오타마가 나타났죠. 그 후 오상은 모헤이를 용서해 달라고 필사적으로 남편에게 매달렸어요.

맞아요, 그러나?

--자기 탓이라고 말하지 않았죠.

그래요. 이것은 "좀 그렇지 않나" 하고 생각하지 않았나요? 오상은 조금만 있으면 말할 상황이었죠. 그런데 오타마가 들어오자 말하는 것을 그만두었어요. 자, 그러면 앞에서 모헤이 씨의 성향을 확인했습니다만 오상은 어떠했나요?

--모헤이와 오타마를 희생으로 삼았죠.

맞아요. 즉 오상은 기후야에 돈을 융통시키기 위해서 '결과적으로는', 아랫사람 두 명을 희생으로 삼았다는 거죠. 서로 물고 물리는 잔혹한 논리 안에서 말입니다. 그럼에도 오상도 희생자이긴 마찬가지죠. 그런데 누구의 희생자였나요?

--남편요.

남편도 그렇지만 이 상황이라고 하면?

--기후야.

그래요. 여기에 아주 명확한 사실이 부각됩니다. 오상도 친정인 기후야를 위해서 밑의 두 사람을 희생으로 삼죠. 또 나온 그 패턴입니다. 윗사람을 위해서 밑에 있는 사람을 희생으로 삼는 전략 말이죠. 이것이 쭉 이 극에서 나오고 있어요.

결정적인 전환점

그런데 오상은 이 생각에 완전히 매몰되어 있어서 기후야를 위해서라고 하면 무엇이든지 희생해도 된다고 계속 생각했던 것은 아니죠. 그 증거로 이다음에 오상은 무엇을 했는가요? 결정적인 대전환이 일어났어요.
  --오타마와 바꿔치기를 했죠.
  맞아요. 바꿔치기했습니다. 즉 이순이 오타마에게 다가올 것을 간파하고 오타마 대신에 오상이 그 침상에 들어가요. 오타마는 오상이 고용인이다보니 거절할 수가 없고요. 그리고 이순이 와서 이불을 들추어 보니 자신의 부인이 있는 거죠. 그때를 놓치지 않고 오상은 설교하려고 마음먹었어요. 오상은 그렇게 하면 이순이 반성해서 행실을 고치지 않을까 생각한 거예요. 이 바꿔치기가 사태를 급전시키게 되지요.
  그런데 이것은 무엇을 한 것일까요? 오상은 왜 이런 일을 했나요? 이렇게 함으로써 이순은 반성을 할까요?

--하지 않습니다.

하지 않지요. 그런데도 왜 이런 일을 할까요? 여느 때처럼 조금 깊게 파고들어 가보면? S군, 어떤가요?

--음...?

어렵죠. 그래요. 남편이 바람피운다는 정보를 얻은 오상이 오늘도 저녁을 먹고 남편인 이슌에게 설교를 시작했다고 해봅시다. "당신, 바람을 피우다니 너무 심한 것 아닌가요" 하고 이러쿵저러쿵 말을 하겠죠. 그러면 이슌은 어떤 태도를 취할것 같나요?

--방귀 뀐 놈이 되려 성낸다고 화를 낼 겁니다.

--음, 그럴 테지요. 그런 일을 해도 별로 의미가 없는 거죠. 그것과 비교해서 오상의 생각과 행동은 어떤가요? 어떻게 다른가요? F군, 한번 말해볼까요.

--현행범.

훌륭합니다. 그런데 현행범이 뭐죠?

--그 장소에서 바로 그 짓을 하는 것입니다.

그래요. 그 '장소'라는 것은 거기에는 무엇이 있나요?

--확증?

확증, 어떤 확증 말인가요? 확증이라고 해도 여러 가지가 있죠. 힌트는 침상에 들어 있는 오상에게 무엇이 왔나요? 슈우웅 하면서 혼이라도 왔나요?

--인간 자체가 온 게 아닌가요?

무슨 말이죠?

--신체요.

신체! 신체라는 것은 무엇인가요. 그것은 정신인가요?

--물체요.

맞아요. 물체. 그러니까 또 하나의 키워드는 물체죠. 잘 들어 보세요. 만약 법학부에 갈 사람이 있으면 '형사소송법'이라는 수업에서 '물증'이라는 것은 왜 결정적인가에 대해서 철저하게 배우게 됩니다. '물증'과 "사람이 이러했어요"라고 증언하는 것은 격이 다르거든요.

육체는 물리적으로 만들어져 있지요. 그래서 여기에 친구가 있으면 몸도 있으므로 나와 친구와는 부딪히는 겁니다. 이것이 영혼이라고 하면 쑥 빠져나가죠.

말로 출석을 부르면 대리출석을 해서 똑같은 한 명의 사람이 동시에 다른 곳에 있는 일이 일어날 수 있죠. 그런데 육체는 어떤가요. 몸은 한 곳밖에 있을 수 없어요. 명백하고 거짓이 없는 거죠.

오상과 오타마의 바꿔치기는 몸을 바꿔치기했다는 겁니다. 왜 그것을 했는가 하면 몸이라는 것은 명백하니까 그래요. 움직일 수가 없는 겁니다. 그래서 육체를 던져서, 몸을 던져서 신체로 부딪치는 거예요. 거기에는 서로의 육신이 있습니다. 몸이 있는 장소에 몸으로 다가선 겁니다. 오상은 윗사람이니까 위에서 밑으로 내려선 거죠.

Y군, 거기에 또 하나의 신체가 왔어요. 이것은 자명하죠.

--모헤이가 오두막집에서 도망쳐서 오타마를 만나러 왔는데 거기에 오상이 있었죠.

맞아요. 모헤이는 도움을 받았으니 오타마에게 마지막 인사를 하고 나서 헤어지려고 생각했던 겁니다. 지금 같으면 문자로 삑삑삑 눌러서 "지금부터 도망갈 테니. 좀 전에는 고마웠어"라고 메시지를 보내면 됩니다만(웃음) 그럴 수는 없는 노릇이죠. 몸과 몸으로 만난 겁니다.

오상은 그런 곳까지 즉 오타마가 있을 것 같은 곳, 그래서 모헤이가 올 것 같은 곳에 자신의 몸으로 간 거죠.

자, 그러면 S양, 앞의 질문인데요. 오상은 왜 이런 생각을 하게 된 걸까요. 물론 물증을 얻기 위함이죠. 그런데 그 장소에 가면 물증을 얻을 수 있다고 어떻게 안 걸까요? 여인의 본능으로 알았을까요?

--그러니 이슌은 오타마의 신체 때문에 온다는 것을 알았으니까요.

맞아요. 훌륭합니다.

--여자라면 누구나 그렇게 판단할 것으로 생각합니다.

--(웃음)

그렇군요(웃음). 실은 굉장한 것을 말했다고 생각해요. 왜 그런가 하면 이슌은 오타마에게 러브레터를 쓰고 "네 마음이 필요해"라고 말하지 않았어요. 그 사실을 S양은 알아차린 거죠. 그것이 아니라 몸을 노리고 있던 겁니다. 그리고 보면 신뢰관계 안에서 사는 모헤이와는 정반대죠. 이슌은 돈이 움직이는 세계에 살고 있어요. 경제적으로 말이죠. 그래서 무조건 이슌은 여기에 온다는 것을 알았어요. 그래서 오상은 거기서 기다리고 있었던 거죠.

자, 여기까지는 괜찮죠? 이슌은 무조건 올 거야. 자, 그러면 나도 가야지. 자신도 몸으로 부딪혀 보자. 굉장한 결심이죠. 여기서 충돌이 일어나요.

그런데 오상에게는 그렇게까지라도 해야 하는 중요한 동기가 있었어요.

--좀 전에는 오상이 도움을 받았으니까 이번에는 오상이 도움을 주는 것이죠.

맞아요. 역시 뭐라고 해야 할까요. 원래대로 돌리자는 의식이 작동한 거죠. 지금까지 다른 사람들의 희생이 있었어요. 아니 그렇다기보다는 오타마가 스스로 희생을 했죠. 그러자 오상도 뭔가 느끼는 점이 있었어요. 그래서 바꿔치기해서 오타마가 공격을 받는 것에 대해서 자신의 몸으로 막으려고 행동을 한 겁니다. 오상은 그런 사람입니다.

왜 오상은 나갔던 것일까?

오상은 결국 다이쿄지 집을 나가게 됩니다. 이것은 가벼운 질문이긴 한데요. 왜 그녀는 집을 나갔을까요?

--모헤이가 오는 타이밍이 나빠서 모헤이와 오상이 오타마의 침상에 함께 있는 것을 스케에몽에게 들키고 말았어요.

그렇습니다. 다름 아닌 현행범이 되고 만 거죠.

--그래서 집안의 수치가 될 수 있으니 자결하라고 이슌이 단검을 건넸죠. 그래서 그게 싫어서 가출했습니다.

맞아요. 그래요. 설정으로서는 간통을 한 두 사람은 사형을 받게 되어 있습니다. 그것뿐만이 아니라 간통자를 배출한 집은 스스로 '처벌 신고서'를 내지 않으면 망하는 거죠. 이렇게 번성하고 있는 가문이 해체되고 말아요. 그래서 '뭔가 집을 위해서 생각해라, 빨리 스스로 죽어라'라고… 뭐 그렇게 이야기가 된 겁니다.

그런데 그렇다고 해도, I양, 집을 나간 이유는 무엇인가요? 뭐가 싫어서 나간 걸까요?

--모헤이를 대우하는 것에 대해서 화가 났어요. 그다음은 자신이 죽고 싶지 않은 것도 있었겠죠. 단순한 사실이지만.

오상은 남편에게 순종하는 부인이었고 집이 망할 수도 있으니 자신이 숙어서 다이쿄지 가문을 살릴수도 있다고 생각해도 좋지 않았을까요?

--남편에게 사랑이 식어서 집안 같은 건 어떻게 되든 상관없다고 느낀 게 아니었을까요.

왜 사랑이 식었을까요? 한 가지 결정적인 것이 있지 않았나요? K군.

--한마디로 하자면 수지가 안 맞는 거죠(타산이 안 맞는 거죠).

그럴까요?

--수지가 안 맞는다고 해야 하나요. 칼이 손에 쥐어지고 죽으라는 말을 들었지만 모헤이하고 밀통하고 있어서 그런 말을 들은 건데... 그런데 그것은 거짓이니까요.

그래요. 그건 사실이 아니니까요. 억울한 죄이긴 합니다만 그렇다고 어떻게 밝힐 수 있는 것도 아니니까요. 오상이 아니라고 말해도 믿어주지 않고. 그리고 갑자기 (이순이) '칼'을 꺼내니 나갈 수밖에요.

여기서 이순이라는 사람의 '희생 강요'는 극에 달했습니다. 아무리 해도 희생 강요 방식은 폭력적으로 될 수밖에 없죠. 그리고 이순은 몸을 요구했어요. 그래서 오상은 위험을 무릅쓰고 오타마가 있는 곳에 왔죠. 그 말은 오상은 이순의 희생 강요의 가장 생명선인 곳에 나타난 겁니다. 물론 오상은 거기까지 의식을 하지 않았어요. 뭐랄까. 좀 우발적이었죠. 앨리스가 시계 토끼를 쫓아가다 보니 구멍에 빠진 것처럼 어쩌다보니 여기까지 온 겁니다.

그런데 원작자인 치카마츠는 의식하고 있었죠. 마찬가지로 감독인 미조구치(溝口)도 의식하고 있었습니다. 이순의 치명적인 부분을 틀어쥘 수 있는 곳에 오상을 등장시키자고 말이죠. 그리고 모헤이도 여기서 부딪혔어요. 그래서 억울한 거죠. 그런데도 이순은 간통이라고 못을 박은 겁니다. 진짜 간통이었을 경우보다도 훨씬 오상을 "그런데…"와 같은 항변을 할 수 없는 상황에 놓은 거예요.

이것은 예삿일이 아니죠. 간통보다도 더 큰 일입니다. 간통은 권력을 몰래 찬탈하는 것이므로 가장을 중요하게 여기는 체재가 두려워하는 것입니다. 그런데 오상과 모헤이의 조우는 탈취 같은 뉘앙스가 전혀 없어요. 물론 그런 뉘앙스가 없는 두 사람의 순애도 있었지만, 여기에는 그것조차도 없어요.

치카마츠의 원작에는 두 사람 사이에는 연애 관계가 없었고 마지막까지 억울하다고 나오죠. 이것이 바로 (똑같은 사건을 취재해서 두 사람 사이의 사랑을 강조한 작품을 쓴) 이하라 사이카쿠(井原西鶴)와의 큰 차이입니다. 치카마츠의 관점에 따르자면 강력하게 권력에 대해 '노'라고 외치는 것이죠. 이 원작에는 오타마를 구하려는 동기가 확실히 부각되어 있어요. 오상은 자신의 연애감정의 에고조차 추구하고 있지 않으니까요. 오타마를 구하려다가 보니 죽음에 몰린 거죠. 그리고 쿠사노 아사코(桑野朝子) 씨에 의하면 그 연구는 치카마츠의 이 의도를 부각시킨 큰 공적을 갖고 있습니다. 그 치카마츠의 의도를 토대로 해서 미조구치는 그 위에 한 설음 더 나아가서 두 사람의 사랑을 꽃피우려고 생각했던 걸 거예요.

왜「죽지 않게 되었는가?」

그러면 오늘 가장 큰 질문으로 가겠습니다. 오상과 모헤이는 도망을 가다가 실패하지요. 관객들의 심장이 두근두근합니다. 그래서 비와호수에 몸을 던질 결심으로 둘이서 배에 탑니다. 그런데 그들은 호수에서 자살을 시도하지 않습니다. 왜 자살하지 않았나요? O군.

--모헤이가 죽기 전이라고 말하고 오상에게 고백을 했으니까요.

--(큰 웃음으로 잠시 중단)

그래요. "지금에서야 말한다고 벌이 내리지는 않겠지요. 당신을 사모하고 있었습니다" 하고 고백했습니다. 이에 대한 대답으로 오상은 뭐라고 했죠. "저도 좋아했어요"라고 말하지 않았어요. "죽지 않으려고 생각했다"고 말했어요. 이것은 유명한 대사입니다. "죽지 않으려고 생각했다", 왜 "죽지 않으려고 생각했던" 걸까요?

--사는 힘을 얻었기 때문이라고 해야 할까요.

그것도 있겠지만 좀 더 깊이가 있을 것 같군요. 한순간의 사랑을 확인하고 좋아하는 사람과 함께 죽는 길도 있을 수 있지 않았을까요? (손을 든) K군, 말해보세요.

--모헤이는 멋져서 마지막에 고백하고 가뿐한 마음으로 죽으려고 생각했지만...

그 생각은 예리하군요. 좀 멋졌죠.

--오상은 모헤이에게 고백을 받고 좀 더 오래 살아서 그와 함께 여행하고 싶은 마음으로 설렜죠.

그래요. 그 의견에 100% 찬성이라서 여기서 손뼉을 치고 끝내도 좋겠지만 그럴 수는 없는 노릇이죠. 오상은 죽고 싶지 않아졌다고 말했어요. 그렇다고 살고 싶다고는 말하지 않았죠. 죽고 싶어도 죽을 수 없게 된 겁니다. 왜 그렇게 말한 것일까요.

--...?

어렵죠. 저도 사실 잘 모르겠어요. 그리고 제가 준비한 대답이 옳은지 아닌지도 잘 모르겠습니다. 자, 그러면 K군.

--오상은 남편에게서도 기후야의 친정으로부터도 사랑을 받지 못했죠. 순수하게 연애하고 사랑받는 일을 해본 적이 없었는데요. 그런데 인생의 끝에 와서 마지막에 한 번 사랑을 받은 거죠.

맞아요. 그것이 중요해요. 오상은 마지막에 뭔가를 발견한 겁니다. 그 마지막에 발견한 것이 정말로 순수한 연애라는 사실만큼은 확실했죠. I양, 말해보세요.

--오상은 모헤이에게 고백을 받음으로써 좋아하는 마음이 싹텄습니다. 지금까지 모헤이로부터 사랑을 받고 있긴 했지만 사랑은 하지 않았으므로 자신이 무헤이를 사랑할 시간이 필요했습니다.

굉장하군요. 이런 이야기는 역시 중고생다운 구석이 있군요. 어디가 굉장한가 하는 것은 마지막에 밝히겠는데요. (이 시점에서 학생들의 발언이 점점 격해져서 많은 손이 올라갔다) 그러면 K군.

--저의 이야기는 별로 대단하지 않습니다만 오상은 억울한

누명을 쓰고 도망을 갔는데요. 이대로 죽으면 죄를 뒤집어쓴 채로 죽게 되는 것이니까 스스로 용서가 되지 않았던 것이 아닐까요. 그런데 그렇다고 하면 짧은 시간 동안 두 사람이 서로 사랑하는 일을 하지 않지요. 왜냐하면 혐의는 진실이 되고 마니까요.

--거짓의 본의는 밀통이 아니라 정말로 서로 사랑하고 있다는 사실을 세상에 알리는 것이 아니었을까요. 결과로부터 생각을 해보았는데요. 결과적으로 두 사람이 형벌을 받는 것을 선택하지 않았습니까. 스스로 죽는 것이 아니라 진짜 사랑을 모두에게 보여주고 죽임을 당하는 길을 골랐던 거죠.

그 관점도 중요하다고 생각하는데요. A양 말해보세요.

--지금까지 이야기가 중심이었으니까요. 좀 바깥에서 보려고 하면 치카마쓰몬자에몬(近松門左衛門) 작품은 의리와 인정 사이에서 자살하고 마는 거라고 생각합니다. 소네자키 신쥬(曾根崎心中)도 그렇습니다만...

잘 알고 있군요.

--오상도 그렇고 모헤이도 그렇지만 에도시대 사회의 희생이라는 공통점이 있어요. 그런데 모헤이로부터 "좋아합니다"라는 말을 듣고서 오상은 희망을 발견했죠. 살아있어서 다행이라고 생각하는 순간이었다고 생각합니다. 그래서 집단의식에 묶여 있던 사고에서 개인의 행복을 찾고 싶다는 쪽으로 방향 전환을 한 거죠. 그래서 그러니까 이대로 "집단 사회에서 자신의 존재를 내팽개치고 죽어서는 안 된다"고 하는 치카마츠(近松)의 사상

적인 의도를 오상을 통해서 드러내고 싶었던 게 아닌가 하고....

그렇군요. 그것은 아마도 그럴 것으로 생각합니다. 그런데 조금 다른 것은 연인끼리 막다른 사랑으로 궁지에 몰려서 마지막에 자살하는 치카마츠의 작품과는 순서가 거꾸로죠. 왜 그런가 하면 일단 먼저 죽으려고 하다가 나중에 죽을 수 없게 된 이야기니까요.

--그럴까요. 저는 잘 모르겠습니다. 그런데 거기서 죽지 않았기 때문에 마지막 결말에 이른 것이죠. 마지막의 '조리돌림'[7] 신에서 두 사람이 환한 얼굴을 하고 있어서 "이 사람들이 진짜로 죽으러 가는 사람이 맞는가"와 같은 이야기를 사람들이 하지 않습니까. 거기에 뭔가 말하고 싶은 것이 응축되어 있는 게 아닐까요? 사회의 부조리와 개인이라는 관계가 응축되어 있는 게 아닌가 하구요.

그것은 틀리지 않았다고 생각합니다만 조금 더 내용을 보면 어떨까 싶네요. 사회의 부조리라는 것이 도대체 무엇인가? 대체로 사회는 부조리해서 에도시대는 특히 그러하다와 같은 이야기에 그치는 것은 아니라고 생각합니다. 그리고 부조리함에 대해서 보통은 연애를 계속 믿고 나가서 자살해버립니다만 이 극만큼은 치카마츠의 다른 작품과는 조금 달라서 앞에서 말한 것

---

[7] 에도(江戶) 시대에, 참수형(斬首刑) 이상의 죄인을 처형 전에 끌고 돌아다니면서 망신을 주던 일. 회시(回示).

처럼 두 사람의 연애관계는 마지막까지 생기지 않죠. 게다가 작가도 죽음으로써 세상에 복수하는 것이 아니라 "죽을 수 없게 되었다"고 배우를 통해서 말하고 있지요. 결국은 죽지만 그럼에도 오상은 죽을 수 없다고 말하고 있는 이 지점이 훌륭하다고 생각합니다.

사랑하는 사람을 위해서 죽는다?

자, 그러면 S군.
　--모헤이는 신분이 미천하고 오상을 모시고 있으니까...그런데 그래서 함께 죽는 것이 아니라 오상을 좋아하니까 동반자살할 수 있다고 말했죠. 그래서 오상은 이렇게 자신을 생각해주는 사람과 함께라면 ... 일말의 기회가 있지 않을까 하고?
　--(폭소로 중단)
　그건 말이지(웃음), 일말의 가능성이 있죠. 거의 다 온 것 같은데요. 자, 그러면 여기서 힌트. 두 사람은 모헤이의 생가를 향해 도망을 쳐서 고개를 넘으려고 하지요. 그 도중에 오상이 거의 강박관념에 휘둘리는 것처럼 "그것만큼은 싫다"고 생각한 것은 무엇일까요?
　--모헤이는 자신이 희생을 하면 오상은 구원을 받을 수 있으니 자신을 희생해서 오상만을 구하려고 했죠.

맞아요. 쭉 계속 그랬죠. 두 개의 피크 장면이 있었죠. 그중 하나는?

--고개에서 모헤이가 없어진 장면요.

또 하나는?

--오상의 친정에서요.

맞아요. 두 사람은 발각되어서 강제로 떨어지게 됩니다. 오상만 가마에 태워져서 기후야에 맡겨지게 되죠. 모헤이는 잡히지만, 아버지가 도망가게 해줘요. 그리고 기적적으로 기후야에 모헤이가 나타나죠. 그 장면에서 마지막으로 매달리듯이 오상의 어머니가 말합니다. "제발 당신만 붙잡혀라"라고, 그러면 오상은 무사할 거라고. 그것뿐만 아니라 기후야는 안이해요. '당신만 희생하면 우리 아이는 무사하지 않겠느냐. 당신이 정말 오상을 사랑하고 있다면 사랑하는 사람을 위해 희생을 해달라'고.

사랑하는 사람을 위해서 희생되어 죽는 것은 멋지지 않아요? 고귀하지 않아요? 어떤 의미에서 보면 궁극의 형태가 아닌가요? 어떻게 생각하나요? 그런 종류의 연애는?

--그런 종류의 연애라는 것은... 그... 아직 이르죠.

아, 그런가요(웃음).

--그래서 전혀 모르겠습니다만 그렇게 생각하는 것도 이해할 수 있어요.

그래요. 인간이니까 그럴 수 있는 거죠. 그래서 여기서부터는 치카마츠에는 나오지 않는 내용입니다. 이 영화가 훌륭한 것은 이것을 부정한다는 점이죠. 자, 그러면 S양.

--아마도 사랑하는 사람을 위해서 죽으면 남겨진 사람은 자신이 죽었다는 감각이 들지 않을까요?

맞아요.

--그래서 죄책감을 계속 지고 살아가야 하죠.

음…"사랑하는 사람을 위해서 죽겠습니다"라는 말을 들은 남겨진 사람은 '비참'하다는 거지요. 문제는 왜 비참한가입니다.

--자신은 벌을 받지 않으니까요.

그래요. 자, 그러면 누구와 똑같아지는가요?

--이슌.

이슌과 똑같아지죠. 그 희생을 강요하는 남자, 그와 똑같아지는 겁니다. 오상은 그런식으로 되어버렸죠. 오타마와 모헤이가 희생해서 자신만이 안전하게 되었어요. 이것이 싫으니까 오상은 몸을 던졌던 거예요. 모헤이는 좀 상황파악이 안 되어서 그런 오상의 마음을 몰랐고 자신이 희생하면 오상만큼은 무사할 것이라는 생각으로 간 거죠. 뭐 그런 세계이니까요. 모두가 이 편서풍을 타고 날아갔던 겁니다.

그런데 오상만이 "노"라고 말하고 다른 방향으로 향한 겁니다. 그것도 모르고 모헤이는 자신이 익숙한 패턴에 매몰되고 휘말려서… 앞에서 말한 그 고개 장면이었죠. 거기가 피크였어요. 고개의 찻집에서 모헤이가 사라진 거죠. 오상은 극도의 공포를 느꼈어요. 당연히 필사적으로 그를 따라갔습니다. 그리고 "왜

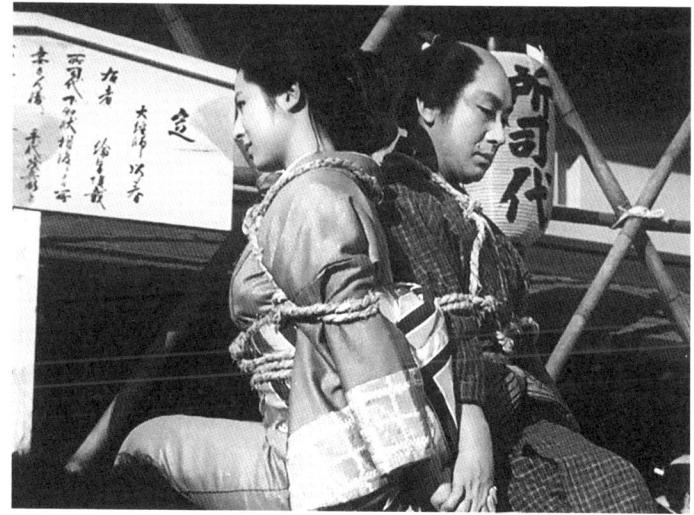

도망가는 거야. 당신 없이 내가 살아갈 수 있다고 생각한 거야. 당신은 이미 심부름꾼이 아니야. 나의 남편이야"라고 말했어요. 그래서 모헤이는 곧 그것을 알아차리고 "제가 나빴습니다"하고 사과를 하죠. 여기서 모헤이는 이해를 했습니다. 그래서 기후야 장면에서는 확실히 생각이 정해진 겁니다. 일부러 기후야까지 가서 "오상을 데리고 가겠습니다" 하고 말했죠.

그래서 그럴듯한 말로 모헤이를 구워 삶으려고 하는 어머니가 뭐라고 해도 미동도 하지 않았죠. 여기가 포인트입니다. 모헤이가 희생이 되면 이슌과 똑같아지는 셈이니 그것은 "안 된다"고 말한 거죠.

그런데 이것은 모헤이를 살리는 겁니다. 자신이 죽을 수 없게 된 것과는 조금 거리가 있습니다. 마지막 한 수를 찾아보도록 하죠. S양.

--자신이 죽으면 모헤이도 똑같으니까요.

맞아요. 바꿔치기가 여기서도 등장했습니다. 자신이 죽으면 모헤이는 어떻게 되나요? 오상이 희생되고 모헤이가 목숨을 구하는 패턴은 현실적이지 않으니까. 이것은 이론상의 이야긴데요. 그것은 시메트리(symmetry), 즉 대칭적이죠. 그래서 "죽을 수 없게 되었다"고 말한 것이죠. 즉 두 사람은 살아야 하는 거지요. 이것이 스포일러.

이 집단과 맞서는 것은 무엇?

첫 번째, 호수에서 자살을 했으면 어떻게 되었을까. 이순은 만약 자살한 두 사람의 사체를 발견하면 몰래 분리해 두라고 조사대에 명령을 했겠죠. 그런데 반대로 두 사람이 서로 끌어안고 죽었으면 하고 바란 사람이 있었습니다.

 --라이벌인 원(院)의 쿄지죠.

 맞아요. 그래서 스케에몽이 원(院)의 쿄지 측에 붙어서 두 사람 사체를 보면 붙여 놓으라고 작전을 짠 거죠. 만약 오상과 모헤이가 이 사실을 알고 있었다고 하면 바보같이 죽을 수 없을 거로 생각했을 겁니다. 거꾸로 말하자면 두 사람은 순수하게 죽었다고 해도 누군가의 이익을 위해 희생물이 되면서 이야기가 끝나버리죠. 모헤이에게 고백을 받고 오상은 문득 자각했겠지요. 그때까지도 큰(사회의) 바람을 거스르는 마음이 조금은 있었지만, 그러나 거기까지 내다보지는 못하고 그냥 죽으려고 했습니다. 그런데 세상이 싫어지고 모든 것이 싫어져서 죽었다면 "와, 이건 횡재" 하고 희생 강요 경향인 A와 B형이 기뻐하면서 이야기가 끝날 뿐, 아무것도 바뀌지 않을 거라고 그 순간에 알았을 것입니다. 그래서 죽지 않겠다, 즉 같이 희생을 거부하자고 결심한 거죠.

 이 집단에 맞서는 것은 무엇일까요? 이 극에서는 오상과 모헤이의 관계가 여기에 정면으로 부딪쳤지요. 이 두 사람의 관계는 희생강요형의 집단과는 대조적이죠.

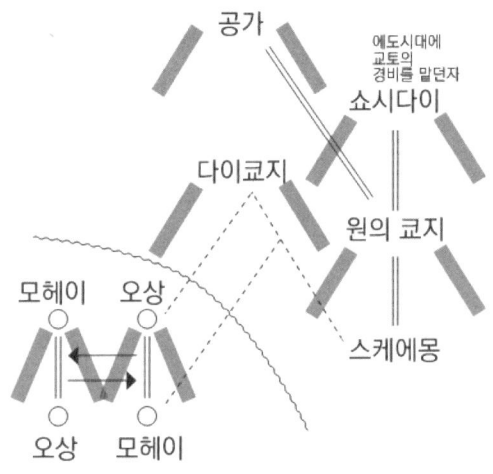

그림 4 - 패거리(도당) vs 상호 없어서는 안되는 두 사람

　이 두 사람은 서로를 소중히 여겨 상대방을 희생으로 삼지 않아요. 그 대신에 서로 둘도 없는 관계를 맺었죠. 인간은 이런 식으로 자신에게 둘도 없는 것, 여기에는 절대로 손을 대서는 안 되는 존재가 있습니다. 전형적으로는 그것은 바로 아이인데요. 이것에 관해서는 다음 기회에 상세하게 다루어 보기로 합시다. 〈치카마츠 이야기〉 극에서 이 대립은 이론적인 것으로 두 사람의 관계가 해피엔딩이 될 기회는 열려 있지 않지만, 이 관계가 중요하다는 것은 그려져 있어요. "그런가. 산다는 것은 그런 것인가"에 관해서만큼은 알 수 있죠. 그리고 "사랑하는 사람을 위해서 죽을 수 있습니까?"라는 말을 듣고 쉽게 죽을 수 없다는 것

도 알 수 있습니다. 이런 말을 하는 사람이 있으면 먼저 그 사람을 조심할 필요가 있다고 말해야겠죠. '집안을 위해서 죽겠습니까', '회사를 위해 죽겠습니까', 나아가 '나라를 위해 죽겠습니까'와 같은 말은 처음부터 수상하다는 것은 여러분도 잘 알고 있을 겁니다. 그런 사람은 대체로 이 다이쿄지의 넘버2 같은 사람이므로 조심할 필요가 있습니다.

법은 어느 쪽에?

자, 그러면 아무래도 고바 선생님은 대학에서 법을 가르쳐 왔던 것 같습니다. 그런데 전혀 법 이야기를 하고 있지 않다고 생각했나요? 그러나 비록 (지금의) 꼴은 이럴망정 법학 수업이므로 마지막 질문을 하겠습니다. 이 영화는 마지막에 두 사람을 연행해서 재판 같은 것을 해서, 그리고 책형(옛날, 죄인을 나무 기둥에 묶어 놓고 찔러 죽이던 형벌)을 가해서 죽이죠. 그 전제로서 "간통을 하면 사형에 처합니다"라는 룰이 있어요. 또 한편으로 그 룰에 고통을 받는 오상과 모헤이 같은 사람이 있죠. 그렇다고 하면 법이라는 것은 어느 쪽에 있는 건가요?
　--약한 사람 쪽이요.
　그래요. 답이 뻔히 보이는 질문이라서 미안합니다. 그런데 약한 사람이라고 하면 좀 뉘앙스가 다르지 않을까요. 그들은 실은 강한 사람이니까요. 저는 자주 '궁지에 몰린 마지막 한 사람'이라는 말을 쓰는데요. 법은 이런 사람을 위해서 있는 겁니다. 역으로 말하자면 이순과 같은 기질을 가진, 한통속이 된 이런 집단에 저항하기 위해서 법은 존재하죠. 좀 더 말하자면 이런 집단을 완벽하게 해체하기 위해서 있는 겁니다.

　이것은 여러분이 가진 이미지와 꽤 다르다고 생각합니다. 간통을 하면 벌을 준다, 그것이 형법이라고 생각하지 않았나요? 여러분들이니까 그렇게 생각하지 않은 건가요?

　--지금 시대에 간통죄 같은 것은 있을 수 없는 거니까요. 그런데 법률이라는 것은 사회 질서를 지키기 위해서 나라가 정한, 국민을 통제하는 규칙이라고 생각했습니다. 아니군요.

　음... 옳고 그름을 확실히 하고 한통속이 된 집단을 철저하게 해체해서 궁지에 몰린 한 사람을 살리는 것이 본래의 법이지요. 현재 일본의 법도 원리라는 이념상에서는 이것을 추구하고 있어요. 그런데 세세한 곳에 들어가 보면 점점 조금씩 부식해서 거의 말라비틀어지게 된 것도 확실하죠. 그래서 여러분들 법학부에 가서 조심해야 할 것은 첫째, 굉장한 졸음이 일어난다는 사실. 둘째, 말로는 할 수 없는 허무함이 떠돈다는 사실.

　--(웃음)

　법률가도 대학 선생도 애당초 법이 무엇을 해체할 작정으로 만들어졌는지를 알지 못하니까요. 그 사실을 잊고 있으니까요. "문제는 무엇입니까"를 이해하지 못한 채 어떤 경우에 어떤 식으로 어느 쪽을 이기게 할 것인가와 같은 공부만 하게 되죠. 대학까지 와서 고등학교 때 했던 이유도 모르는 규칙을 통째로 암기하는 일만 하고 있으니 하품이 나올 수밖에요. 재미없으니까 당연한 거죠.

한통속이 된 집단을 해체하는 것이 중요합니다. "그것이 법입니다" 하고 입으로 말하기는 쉬워요. 그런데 도대체 어떻게 해체할 것인가? "현실에서 해체하는 거야", 하지만 "어려운 일이죠". 이를 위해서는 사회구조에 대해서 상당한 지식을 갖고 있어야 해요. 예를 들어 암세포에 대해서 잘 알지 못하면 암 치료 같은 것은 할 수 없으니까요. 그래서 이런 희생강요형의 집단이 있고 이것이 어떻게 증식하는가, 어디서부터 먹이가 오는가 등을 제대로 연구해야 하는 거죠.

저는 그리스·로마 사회는 어떠했는가를 계속 공부해 왔는데요. 다른 시대 다른 지역에서는 이 집단이 어떻게 기능했는지도 연구를 해야 했습니다. 사회구조를 제대로 알지 못하면 법 공부를 할 수 없어요.

영화의 원안이었던 〈치카마츠〉의 텍스트에는 17세기 후반 교토의 사회구조가 좀 더 상세하게 나와 있는데요, 그것은 쿠와노 아사코 선생님의 논문을 읽으면 아주 꼼꼼하게 쓰여 있습니다. 현실에서는 한 개의 형사사건(1683년)의 기록, 우타자이몬(歌

祭文)[8]―민간예능의 일종―이 되어 전해져 온 버전, 단파에 남은 전승, 그리고 이하라 사이카쿠(井原西鶴)의 작품과 치카마츠(近松)의 작품을 상세하게 비교해서 사람들이 어디에서 대립하고 무엇을 문제로 생각했는지를 밝히는 거죠. 나아가 당시의 달력 제작을 둘러싸고 어떠한 이권 구조가 있었는지, 그 안에서 어떤 음모로 다이쿄지가 몰락했는지, 당시 교토 사람들의 신용구조는 어떠했는지를 조사해서 텍스트 분석의 결과를 뒷받침하는 것, 특히 치카마츠 버전에서 '오타마'의 중요성을 발굴한 공적은 큽니다.

--저는 영화에서 오타마가 마지막에 어떻게 되는지, 오타마의 입장이 별로 그려져 있지 않아서 그것이 불만이었습니다.

쿠와노 선생님께 물어보면 틀림없이 기뻐할 겁니다. 중점이 다르니 어쩔 수 없습니다만 이 영화가 불만을 남긴 점이죠(치카마츠 작품에서는 오타마는 오상의 억울한 누명을 증언할 수 있는 중요한 존재이면서 후견인인 숙부가 모든 것을 오타마가 잘못한 것으로 몰아갑니다. 그래서 오타마를 처벌함으로써 오상을 구하려고 엉뚱한(얼토당토 않은) 짓을 하는 바람에 유일한 증언자를 말살하는 의미밖에 없는 형태로 죽임을 당하게 됩니다).

마지막으로 만약을 위해 말해 두자면, 법은 지금 말한 것처럼 대개의 책에는 쓰여 있긴 합니다. 그러나 어느 사회에도 질서는 있고 룰은 있어서 이를 통해 분쟁거리를 해결하니까 어떤 사회

---

8 에도(江戶) 시대에 유행한 속곡의 한 가지

에도 법은 있다고 말하는 것은 틀렸습니다. 반복해서 말하겠는데요. 간통하면 처형한다는 것은 법이 아니죠. 사실상 간통죄가 있으면 오히려 그 사회에는 법이 존재하지 않는다는 증거가 됩니다. 물론 그렇다고 해서 "에도시대의 법은 간통=책형이고 반면에 근대의 법은 인권이다"는 식의 이야기가 아닙니다. 그러니 헷갈리지 않도록 주의하기를 바랍니다.

그리스·로마로부터의 수입

--선생님은 로마법을 연구하고 계신다고 들었습니다. 왜 로마법을 전공했습니까?

우와, 이야기하자면 엄청나게 길어질 텐데요. 일본 법률의 기본은 유럽으로부터 빌려온 것이죠. 일본은 메이지 시대가 되어 빨리 공부하지 않으면 국제경쟁에 뒤처진다고 생각하고 다급하게 '법'이라는 것을 수입했습니다.

그러다 보니 이것을 조잡한 수준에서밖에 이해하지 못한 거지요. 훌륭한 조문은 있는데도 써먹지 못하는 일이 많이 있었어요. 여러분들도 PC를 구입하면 한 번도 사용해 본 적이 없는 앱이 있기도 할 거예요. 그런 것과 비슷해서, 무엇 때문에 있는지 이해하지 못하니까 사용도 할 수 없는 겁니다.

자, 그러면 그들, 즉 영국과 프랑스 사람들은 어떠했는가 하면 그 사람들도 밖에서 받아들였어요. 고대 로마로부터 수입한 거죠. 사실 그리스·로마와 근대 유럽 사이의 연속성은 생각보다 별로 없어요. 일단 끊어졌죠. 그들도 천년 정도 잊고 있었던 겁니다. 근대의 문화는 대체로 그리스에서 유래하고 르네상스 이후에 유럽 사람들이 텍스트를 재발견해서 발전시켰다는 사실은 여러분도 알고 있을 것으로 생각합니다. 법에 관해서는 조금 빨라서 11세기에 로마 법에서 유래하는 중요한 텍스트가 갑자기(홀연히) 나타나서 "우와" 하고 공부를 시작한 거죠. 그러니 일본에 비하면 좀 빨랐다고는 하지만 그들도 꽤나 서툴었다고생각합니다. 좀 건방지죠? 그리고 법의 전제에는 정치라든지 민주주의 같은 것이 있죠. 이것도 그리스로부터 빌려온 것입니다.

--그것에 관심이 갔다는 말씀인가요?

네, 그렇습니다. 무엇이든지 여하튼 고등학교 시절부터 뭔가 '근본적'인 것을 하고 싶었어요. 그런데 어쩌다보니 법학부에 가게 되었는데요. 거기서 가장 근본적인 것은 아무래도 로마 법률 같다고 생각했습니다. 그리고 그 전제에는 그리스 정치 시스템이 있는 것 같아서 이 길을 선택하게 되었습니다.

그러면 그리스·로마는 오리지널일까요. 어떤 의미에서는 오리지널입니다만 그것도 역시 이집트라든지 메소포타미아로부터 많이 영향을 받고 그것에 반발하는 형태로 그런 것을 만들어 낸 겁니다. 많은 재료를 가져와서 (이해하지 않고) 그대로 받아들인 것이 아니라 철저하게 음미한 거죠. 그런데 이것은 그들이 아주 오픈마인드였기 때문에 만들어 낼 수 있었던 겁니다. 자신들의 방식을 그대로 답습하려고 하는 것과 정반대니까요.

바깥으로부터 많은 자극을 받고 그럼에도 그대로 따라 하지 않고 창조적으로 발전을 시킨 거죠. 그래서 오픈마인드를 갖는다는 것은 매우 중요합니다. "우리에게는 우리의 방식이 있다. 불평 같은 것 말하지 마." 이런 생각이 득세하면 패거리가 생기게 마련이라서 누군가를 희생으로 삼지요.

어찌하여 법과 정치와 민주주의와 같은 것이 발생했는지는 유럽 사람들에게도 수수께끼인 거죠. 그리스인의 기적이라든지 로마인은 법의 천재라고 쓰는 사람도 있습니다. 그러나 틀린 생각입니다. 그런 일은 있을 수 없어요. 뭔가 특별한 것이 자연스럽게 갖추어져 있었던 것이 아닙니다. 그들의 악전고투에 경의를 표하지 않으면 실례입니다.

진짜 요리 달인은 소재를 가리지 않습니다. 냉장고에 있는 일상적인 재료에서 최고의 요리를 만들어내는 것이 진짜 요리사인 것처럼 그리스인은 어디에서나 볼 수 있는 평범한 소재를 재료로 삼아 민주주의 같은 것을 만들어 낸 거죠. 두드러진 예를 하나 들어보면 선거는 정치이 근간인데요. 그것은 앞에서 본 포틀래치(potlatch)의 의례, 왕의 지위를 의례적으로 재확인하는 의례를 조금 스포츠 마인드에 기초해서 실제로 다투어 본 것이 다니까요. 그래서 반복하는 말입니다만 충분히 공을 들인(손이 많이 가는) 요리를 하는 겁니다. 당연히 '날 것'은 안 되겠지요. '유아살해' 같은 엄청난 일이 일어나고 말지요. 요컨대 우리는 비관할 필요가 없습니다. 조건은 '보편적'이니까요.

문제를 느끼는 것

그리스·로마에서 어떤 정치 시스템이 만들어졌는지, 그 근간이 되는 것에 관해서는 네 번째 시간에서 다루겠는데요. 어떤 방식으로 한통속이 된 집단을 해체하는가 하는 것은 여기서는 조금밖에 다루지 않을 겁니다. 대체로 세상 일은 문제를 알지 못하면 빵점이니까요. 그래서 이 수업은 주로 문제를 다룰 겁니다. 무엇이 문제입니까? 무엇을 해결합니까? 그때 오늘 여러분들이 한 것처럼 세상 일에 대해서 느끼고 상상해야 합니다.

저의 수업에서는 머리를 쓰는 것은 그다지 중요한 일이 아닙니다. 그것보다 중요한 것은 느끼는 것, 직감하는 것입니다. 왜 이렇게 된 것일까. 여기서 몸을 던진다는 것은 무엇을 의미하는가... 뭐 그런 거죠. 그리고 이런 것은 아프겠구나, 싫겠구나 하고 그 사람의 고통에 공감하는 상상력이 없으면 무엇이 문제인지 알 수가 없는 거죠. 이것을 프로 법률가는 점점 못하게 되었습니다. '대답증후군'에 오염된 것일까요.

그래서 그런 문제를 느끼기 위해서는 고전이 가장 훌륭한 수단입니다. "뭐야, 에도시대 이야기라고. 이상한 나라의 요상한 시대 이야기이겠지 뭐. 간통죄라고? 바보같이"와 같은 생각을 여러분은 하지 않겠죠. 이 영화를 만든 감독이 근본적인 문제를 매우 첨예한 곳까지 쫓고 있으니까요. 여러분도 그것을 굉장하다고 느끼고 있을 테니까요.

오늘 A양이 개인과 패거리라든지 일종의 대립 관계 속에서 사고하려고 한 것이 인상에 남아있는데요. 요컨대 뭔가 원심분리기에 넣는 것처럼 양극을 밝히고 그 사이에 대립축을 그었죠. 이 슌은 희생 강요 패턴으로 달리고 있었고. 거기에 정면으로 오상이 "노"라고 말하고 부딪혔습니다. 이 영화를 만든 감독은 치카마츠 작품 안에 이런 양극성을 생각해서 그것을 더욱 증폭시켰지요. 증폭한다는 것은 매우 중요합니다. 치카마츠 몬자에몬(近松門左衛門)이 썼을 때도 그 작품을 뒷받침한 현실이 있어서 거기서부터 "이 사건은 이런 특성이 있구나" 하고 원심분리기에 넣은 거죠.

그 전에 이하라 사이카쿠(井原西鶴)도 똑같은 사건에 기초해서 〈호색 다섯 명의 여자〉를 썼습니다. 권력에 저항해서 색정을 추구하는 것도 대단합니다만 치카마츠는 사이카쿠가 만든 원심분리기조차도 "한참 한참 멀었어"라고 보고 좀 더 꽉 짜면 이렇게 된다는 것을 보여주었지요.

--흑백 영화를 본 것은 처음이라서 지금 시대와는 동떨어져 있음을 느꼈습니다. 그런데 시나브로 오상과 모헤이 씨의 마음에 빠져들어 갔습니다. 이렇게 복잡한 인간관계가 교착해서 그

것이 법의 핵으로 연결된다는 것을 알고 놀랐습니다.

  이야기의 원래 버전을 중고생용으로 굳이 줄이거나 손대지 않아도 문제없이 전달된다는 사실을 아는 것이 중요해요. 죽을 때까지 오상이 가장 신경 쓰고 있었던 것은 무엇인가 하는 문제는 모두에게 제대로 전달된 거죠. 마지막으로 오상이 신경을 쓴 것은 모헤이가 사랑하는 사람을 위해서 "죽겠습니다"와 같은 뻔한 패턴을 거부한 거죠. 이것은 모두 절실히 느꼈을 겁니다. 자, 그러면 다음 수업에는 역시 명작으로 유명한 〈자전거 도둑〉이라는 영화를 보겠습니다. 그리고 그때 오늘처럼 똑같은 이야기를 하도록 합시다.

제2회

개인과 집단을 나누는 것
— 〈자전거 도둑〉

 태풍이 지나가고 쾌청합니다. 벌써 가을인데도 오늘 날씨는 한여름 더위입니다. 학생들은 영화 관람을 끝내고 또 도시락을 먹고 있습니다. 어제 수업 후 허심탄회하게 이야기를 해서 웃음소리가 끊이지 않는 매우 활기찬 분위기군요. 이 수업에 재미를 붙여서 또 뭔가 즐거운 일이 일어날 것 같다고 느끼고 있는 분위기가 감돌고 있습니다.
 오늘 영화의 줄거리도 다음과 같이 올려두겠는데요. 꽤 오래된 이탈리아 영화인데도 학생들은 별로 거리감을 느끼지 않는 것 같습니다. 그 증거로 그들의 표정에는 조금 마음이 들뜬 듯한 흔적이 있습니다.
 앗, 노 노교수가 앞에 섰습니다. 그가 처음부터 릴랙스한 것은 어제와 똑같습니다만 오늘은 학생들도 미소로 기다리고 있군요. 질문을 받지 않아도 이야기를 시작할 것 같은 표정을 하고 있습니다.

자전거 도둑

비토리오 데 시카(Vittorio De Sica) 영화감독(1948년)

줄거리

전쟁 후 얼마 지나지 않은 로마의 교외. 가난한 사람들을 위한 교외 단지가 드문드문 막 생기고 있을 무렵. 시청에서 사람을 모집한다며 담당 직원이 나타나자 실업자들이 우르르 모여든다. 안토니오는 다행이 지명을 받는데 거리에 포스터를 붙이는 일이다. 다만 이 일을 하기 위해서는 자전거를 가지고 있는 것이 조건이다. 그런데 안토니오는 자전거를 전당포에 맡겨 놓은 상태다.

  일을 마치고 집으로 돌아가는 아내 마리아와 함께 안토니오는 주택 단지의 좁은 방으로 귀가한다. 마리아는 곧 시트를 벗겨 세탁한다. 공영 전당포에 가서 이것을 내미는데 중고라는 이유로 7,500리라밖에 받지 못한다. 그래도 6,100리라로 자전거를 되찾을 수 있었다. 안토니오는 자전거를 안은 채 등록사무소 안에 들어갈 정도로 잠시도 소중한 자전거를 몸에서 놓지 않는다. 자전거를 타고 집으로 돌아가는 안토니오와 마리아. 봉급이 얼마고 수당이 얼마라는 것을 계산하는 그들의 얼굴에 미소가 번진다.

마리아는 금방 들를 곳이 있다고 말하고 한 건물에 들어간다. 어떤 남자아이에게 자전거를 잠시 봐달라고 부탁하고 안토니오도 건물 내부로 향하고 있는데, 그 끝에 여자 점쟁이의 사무실이 있어서 순서를 기다리는 사람들이 많이 둘러싸고 있다. 그 줄 끝에 서 있는 마리아를 본 안토니오는 "이런 사기에 속아서…." 하고 야단친다. 마리아는 일을 찾을 수 있다는 예언이 맞았으므로 성의를 표하기 위해 왔을 뿐이라고 대답한다.

두 사람은 자전거를 타고 귀가한다. 집에 돌아오자 아들인 브루노(10세 정도의 아이)가 자전거를 닦는다. 자그마한 흠집을 발견하고 "원래부터 있었을 거야"라고 말하는 안토니오에게 "전당포에 들어가 있었을 때 생긴 흠집이야. 아빠는 왜 물어달라고 하지 않은 거야" 하고 비난한다.

다음 날 아침, 제복과 모자를 쓴 안토니오는 주유소에서 일하는 브루노와 함께 집을 나간다. 그들의 발밑에 구걸하는 아이들이 왔다 갔다 하고 있다. 안토니오는 커다란 포스터를 벽에 붙이는 방법을 배우고 드디어 본격적으로 일을 하기 시작한다. 그러나 좀처럼 일에 익숙해지지 못하고 오늘 작업량을 끝내기 위해서 열심히 악전고투하는 사이 옆에 세워둔 자전거 앞을 코가 큰 남자가 아무렇지 않은 듯 지나간다. 그런데 이 남자는 가던 길을 되돌아와서 주차장 그늘에 숨어 있던 모자를 쓴 소년에게 신호를 보낸다. 소년은 뛰쳐나오자마자 자전거에 뛰어올라 전속력으로 도망간다. 큰 소리로 "도둑이야!" 외치면서 뒤쫓으려고 하는데 불현듯 코가 큰 남자가 "무슨 일이죠"라면서 그를 방해한다. 안토니오는 그걸 뿌리치고 달려서 자전거 도둑을 쫓는다. 그러나 터널 안에서 따라잡은 자전거를 타고 있었던 이는 다른 사람이었다.

   안토니오는 먼저 경찰서에 갔다. 고소장은 접수할 수 있었지만, 경찰은 조사를 의뢰하는 안토니오에게 "그러면, 기동대를 총동원해서 자전거를 한 대 찾으란 말인가?" 하고 쏘아붙여서 더는 말을 할 수가 없다. 브루노를 데려다준 안토니오는 해가 완전히 저물자 노동자 정당의 집회 장소에 간다. 거기서는 뮤지컬 연습을 하고 있었는데 시의 청소노동자 조합 리더인 바요코가 연출을 맡고 있다. 뮤지컬 연습을 잠시 중단하자 안토니오는 바요코에게 의논한다. 자전거를 도둑맞은 사실을 간파한 마리아도 찾아온다. 바요코는 "걱정하지 마라. 내일 함께 찾아보자. 틀림없이 찾을 수 있을 거야" 하고 격려한다.

   내일은 일요일이다. 바요코는 모인 청소 노동자의 동료 중 두 명을 차출해서 안토니와 브루노를 포함한 다섯 명으로 비토리오(Vittorio) 광장으로 향한다. 거기에 벼룩시장이 서기 때문이다. 중고 자전거와 이런저런 물건들이 대량으로 나온다. 자전거 모양을 바요코가 묻자 바로 "피데스(Fides) 1935년제"라고 대답하는 브루노. 각자 분담해서 자전거를 찾다가 결국 다시 모이게 된다. 브루노만이 떨어져서 세세한 부품을 보는데 몸집이 좋은 수상한 남자가 다가와서 날치기를 당할 뻔한다.

 결국 자전거는 찾지 못하고 다른 벼룩시장이 서는 포르테세(Portese)문에 가보는 것이 낫다고 다들 생각했지만 아직 근무중이므로 청소 노동자들의 도움은 여기까지였다. 다행히 바요코가 청소차로 안토니오와 브루노를 포르테세문까지 태워준다. 그런데 로마의 세찬 소나기 때문에 벼룩시장에 물건을 팔러 나온 사람들은 다들 비에 흠뻑 젖어 꼴이 말이 아니게 된다. 처마 밑에서 겨우 비를 피하고 있을 때 브루노는 자빠지지만, 안토니오는 그 사실을 모른다. 지나가던 독일 신학생들이 같은 처마 밑에서 그들을 둘러싸서 그들은 완전히 모르는 독일어 소리 속에 남겨진다.

 비가 그쳐서 처마 밑에서 나왔을 바로 그때 모자를 쓴 소년이 두 사람의 시야에 들어온다. 자전거를 탄 소년은 거지 차림을 한 아저씨에게 돈을 건네고 나서 강 쪽으로 사라진다. 두 사람은 "도둑이야!" 소리치며 쫓아 가지만 소년은 두 사람을 따돌린다. 그러나 안토니오는 거지 차림의 아저씨를 추궁하면 단서를 얻을 수 있을 거로 생각해서 가던 길을 되돌아와서 이 사람을 쫓는다.

결국 따라잡아서 소년을 추궁하지만, 아저씨는 강 저쪽에 있는 교회에 들어간다. 일요 미사 전이긴 하지만 미사 후에 무료 식사가 제공되어서 많은 가난한 사람들이 모여 있다. 어느덧 미사가 시작된다. 아저씨 옆에 끼어든 안토니오는 추궁을 계속하고 함께 바깥으로 나가게 되는데, 일단 식사하고 나서 이야기하자는 아저씨의 말을 곧이곧대로 들었다. 그러다가 브루노와 안토니오는 소란을 피우고 있는 남자가 있다는 신고를 받은 신학생에게 붙잡혀서 아저씨를 놓치고 만다. 신학생을 뿌리치면서 두 사람은 교회 안에서 아저씨를 찾아 돌아다닌다. 재단 앞을 지나갈 때는 쫓는 쪽도 쫓기는 쪽도 무릎을 꿇는다. 브루노는 여기가 아닐까 생각하고 커텐을 열었는데 참회를 듣는 성직자 자리였다. 브루노를 안에 있었던 성직자가 맞이했다.

  코 큰 아저씨가 밖으로 나오는 것을 본 안토니오는 아들을 데리고 나가는데, 브루노는 "나 같으면 그 아저씨가 밥을 먹도록 놔두지 않았을 거야"라고 말한다. 안토니오는 브루노가 건방진 말을 한다고 생각하고 반사적으로 브루노를 때린다. 놀라서 안토니오의 눈을 쳐다보는 브루노. 안토니오 자신도 당황한 표정을 짓는다. 브루노는 안토니오로부터 떨어져서 나무 그늘에 숨는다. "여기로 와라. 집으로"라고 말하는 안토니오에게 "이제는 따라가지 않을 거야. 아빠나 혼자 쪽으로 가." 겨우 그늘에서 나와도 "집에 가면 엄마에게 다 말할 거야"라고 말하는 브루노.

  결국 혼자서 테베레(Tevere)강의 강변에 내려서 코 큰 아저씨를 찾는 안토니오에게 "아이가 빠졌다"는 목소리가 들린다. "혹시 브루노가?" 하고 걱정이 되어 달려가 보지만 다른 사람이었다. 그러다 다행히 아들을 발견한 안토니오는 여기서 브루노에게 밥이라도 먹자고 말해서 브루노를 기쁘게 한다. 강 저쪽의 레스토랑은 서민적인 공간으로 생각하고 피자를 주문해봤지만 피자는 없다는 말을 듣는다. 나폴리의 칸초네를 부르는 악단이 들어온다. 옆에선 소시민의 대가족이 일요일의 프란초(Pranzo)[1]를 하고 있다.

브루노와 등을 대고 있는 의자에 앉아 같은 나이 또래의 남자아이가 정장 차림으로 식사를 하고 있다. 안토니오는 음식을 시키기는 했지만 고기가 아니라 모짜렐라 요리를 한 접시 주문한 것에 지나지 않는다.

겨우 안정을 찾은 안토니오는 "자전거를 잃어도 죽는 것보다는 낫다. 즐겨야지" 하고 말하다가 어느새 봉급이 얼마고 수당이 얼마인지, 허황된 계산을 하고 있다. 이 광경을 본 브루노는 입맛을 잃어버리고 만다. 안토니오가 먹으라고 재촉하자 브루노는 안심하고 다시 먹기 시작하지만, 그 계산을 받아쓰라는 말을 듣고 또다시 먹지 않게 된다.

이 계산 결과 안토니오는 자전거 찾기에 돌진한다. 자신이 사기라고 외친 그 여자 점쟁이가 있는 곳으로 향한다. 강 저편에

---

[1] 남이탈리아에서 두 시쯤부터 저녁까지 계속되는, 온 가족이 모이는 신성한 정찬을 뜻한다.

그 가게가 있다. 여자 점쟁이의 수상쩍음과 기다리는 사람들의 어리석음이 웃음을 자아낸다. 그러다 무심코 한 일이 뜻밖에 좋은 결과를 낳게 되어 그 모자를 쓴 소년과 마주치게 되었다. 어린 자전거 도둑은 창녀촌으로 들어갔다. 때마침 많은 여자가 식사하고 있다. "여기는 로마에서 가장 고급 가게인데 무슨 짓을 하는 거야. 어린 남자아이까지 데리고 와서..." 하고 항의하는 여주인을 흘긋 보기만 하고 무시하는 태도를 보이다가 안토니오도 소년도 모두 쫓겨난다. 이렇게 해서 안토니오는 소년에게 강 저편에 있는 녀석의 집까지 안내하도록 하는 데 성공한다. 헌데 그 집 앞에 도착하자 적의로 가득한 많은 사람들에게 둘러싸인다. 보스로 보이는 사내는 자전거를 도둑맞았을 때 망을 본 남자였다. 소년 집 이층에서 어머니가 "귀여운 우리 착한 아이를 어떻게 하겠다는 거야?" 하고 외친다. 여기에 호응하듯 소년은 발작을 일으키고 그 순간 엄마가 뛰어나온다. 시비를 건다고 린치를 당하게 되는 안토니오. 그러나 기지를 발휘해서 브루노가 경관을 데리고 오고 남자들은 물러난다. 소년의 어머니는 집안을 조사하는 것에 마지못해 동의한다.

  안토니오와 경관은 가난하고 좁은 그 집을 뒤져보지만, 자전거가 있을 리 없다. 경관은 더 이상 증인이 없는 이상 증거가 없으면 어떻게 할 수 없다고 안토니오를 설득한다. 결국 쫓겨나는 안토니오. 망연자실해서 브루노를 데리고 가는 것도 잊을 정도다. 어슬렁어슬렁 강 이쪽으로 돌아와서 자택이 있는 북쪽을 향해 걷는다. 그 방향에는 축구 경기장이 있다. 때마침 일요일 오후다. 이탈리아 전체가 축구에 정신이 팔릴 시간이다. 일요일의 정찬과 축구로 거리에는 사람이 한 명도 없다.

경기장 바깥에는 많은 자전거가 세워져 있다. 외따로 어떤 건물 앞에 자전거 한 대가 딱 세워져 있는데 문득 안토니오 눈에 들어온다. 여기까지 와서 두 사람은 지쳐서 쪼그려 앉아 있는데, 그때 막 시합이 끝나고 사람들이 쏟아져 나왔다. 별안간 안토니오는 브루노에게 "노면전차로 먼저 집에 가라"고 말한다.

브루노는 노면전차의 정류소에 가지만 축구경기를 보고 나온 사람들로 붐벼서 타지 못한다. 전차 타기를 포기하고 문득 돌아보니 안토니오가 외따로 세워져 있던 그 자전거를 훔쳐 도망가고 주인이 쫓아가고 있는 것이 아닌가. 결국 때 마침 축구를 보고 나오는 인파에 둘러싸여 안토니오는 현장에서 잡히고 만다. "아빠, 아빠" 하고 울부짖으면서 남자들의 다리 밑을 통과해서 다가오는 브루노. 사람들이 이런 도둑놈은 콩밥을 먹여야 한다며 안토니오를 경찰서로 데려가려 한다. 그때 필사적으로 따라오는 브루노를 본 자전거 주인은 "자전거가 돌아왔으면 됐습니다. 놓아주세요. 여러분 수고 많았습니다"라고 말하면서 떠난다. 사람들은 안토니오에게 욕을 퍼붓고 그를 놓아준다. 비참한 마음으로 걷기 시작하는 두 사람. 주운 제모(制帽)를 울면서 안토니오에게 내미는 브루노. 이 두 사람의 모습을 비추고 영화는 막을 내린다.

두 가지 광경

이번 작품은 어제 영화보다 알기 쉽고 재미있을 거로 생각합니다.

그러면 A군. 아버지는 안토니오라는 이름을 가진 사람이데요. 그는 자전거를 타고 일하러 갑니다. 어떤 일이었나요?

--육체노동으로 포스터를 붙이는 일입니다.

그래요. 자전거로 효율적으로 장소를 돌고 포스터를 붙이는 일이죠. 그런데 포스터 작업을 하는 와중에 자전거를 도둑맞고 말았어요. 훔친 자전거를 타고 소년이 도망을 가버렸습니다.

자, 그러면 자전거를 타고 달리는 광경이 두 가지가 보였습니다. 안토니오가 일하러 나갈 때는 자전거를 타고 있었죠. 그리고 도망갈 때 이 소년이 자전거를 타고 있었어요. 이 두 가지 어떤 차이가 있을까요. 어떤 의미에서는 어렵다고도 할 수 있고 또 어떤 의미에서는 간단한 질문입니다. 여러분에게 물어보도록 합시다.

--음... 똑같은 게 아닌가요.

--안토니오는 자신이 구입한 자전거를 타고 있었지만, 소년은 다른 사람의 것을 훔친 자전거를 탔죠.

--안토니오는 소유권이 있나요?

--안토니오는 일하기 위해 자전거를 탔고 도둑은 도망가기 위해 탔습니다.

음... 일단 여러분이 방금 해주었던 그런 이야기죠. 또 다른 것도 있을까요? 오늘은 여기를 목표로 정하고 이것을 철저하게 따져봅시다. 영상으로만 얼핏 보면 똑같으니까요. "사람이 자전거를 타고 있다", 이걸로 이야기가 끝나 버리는 겁니다. 그런데 이 두 가지 자전거 타기는 전혀 다른 거죠. 차이의 포인트는 도대체 무엇인가를 뒤쫓아 볼 테니 염두에 두길 바라요. 의외의 방향에서 거기에 접근해 갈 테니까 말입니다.

전당잡힘

안토니오의 일에는 자전거가 필수죠. 놀고 있는 안토니오에게 일할 기회가 찾아왔는데 자전거가 없으면 일을 할수가 없는 상황입니다. 그런데 처음에 안토니오는 자전거를 갖고 있지 않았죠. 왜?

　--아마도 생활에 곤란을 겪어서 팔았겠죠?

　아, 아깝다. 여러분들은 익숙하지 않죠. 그 자전거는 전당포에 맡겨두었지요.

　K군, 예를 들면 우리 친구가 은행에 가서 돈이 필요하니까 천만엔 빌려달라고 말하면 은행은 빌려줄까요?

　--빌려주지 않죠.

　왜 은행은 빌려주지 않을까. K군은 신용할 수 있는 사람이지요?

--돈을 돌려줄 보증이 없으니까요.

그런데 저는 보증이 있다고 생각하거든요. K군은 성실하고 많이 벌어서 틀림없이 돈을 갚을 것으로 생각하니까요. 은행은 바보라고 생각해요.

--(웃음)

--명확한 증거가 없으면…

명확한 증거는 저번에 나왔죠. 은행은 뭐가 필요하다고 말할까요?

--물건?

담보가 필요하다고 말하지요. 막상 돌려주지 못하게 되면 "그것을 우리가 가져 버리겠어"라고 말합니다. 그 말은 안토니오가 돈을 갚으면 자전거는 돌아오지만, 돈을 갚지 못하면 자전거를 뺏기고 마는 겁니다.

이 자전거를 전당포에 맡겼을 때 전당포 주인은 상당히 안심했겠죠. 왜 그랬을까요?

--자전거가 좋은 자전거였으니까요.

--아, 그걸 필요로 하는 사람이 따로 있으니까요.

음… 그것도 그렇지만 이 경우는… 이 돈은 무조건 돌아올 것이라고 전당포 주인은 생각했겠죠.

--?

어려운가요? 자, 옆에서 공략해 보기로 하죠. 결국 안토니오는 돈을 돌려줄 수 있게 되어 전당포 주인으로부터 자전거가 돌아온 거죠. 왜 그것이 가능했을까요?

--부인인 마리아가 시트를 전당포에 줬으니까요.

맞아요. 왜 그런 물건을 전당포는 받아줬을까요? 비싸게 팔 수 있어서?

--혼수품으로 꽤 물건이 좋았어요.

음... 부인이 그렇게 말했죠. 그런데 물건의 좋고 나쁨만 갖고는... 예를 들면 S양에게 중요한 고등학교 앨범 같은 것을 전당포에 맡기면 어떻게 될까요? 전당포 주인은 받아주지 않을 거로 생각하는데(웃음)... 그런데 S양은 그것을 찾으려고 필사적으로 노력하지 않을까요?

--아, 시트는 소중한 물건이니까요.

맞아요. 그 시트는 안토니오 부부에게는 결정적으로 중요한 물건이죠. 자신들한테는 결혼의 상징 같은 것이니까요. 이 점은 좀 해설이 필요한데요. 이탈리아에는 그런 풍습이 있어요. 신부가 아마포 한 세트를 갖고 결혼을 합니다. 침구란 그 나라에서는 아주 중요한 것이니까요. 소중하게 보관해 두고 일상 생활에서도 그것을 사용하지 않을 정도이니까요. 그런데 그 영화에서는 몇 장인가 사용하고 있어서 침대에서 벗겨내긴 했지만 말이죠.

자, 그러면 이야기를 원래대로 돌리면 자전거는?

--생활에 꼭 필요한 물건이니까 전당포 주인은 안심하고 돈을 빌려줄 수 있죠.

맞아요. 드디어 "마지막 생명줄 같은 자전거를 맡기러 온 거구나" 하고 전당포 주인은 채무자가 죽기살기로 갚을 것으로 생각해서 돈을 빌려줄 마음이 생기는 거겠지요.

그런데 반대 측에서 말해보자면 그런 소중한 물건까지 전당포에 맡겼다. 그리하여 실업에서 벗어날 기회를 잃을 처지였다. 일해서 돈을 벌기 위해서는 종잣돈이 필요한데, 누군가가 그돈을 빌려주지 않으면 안 된다. 어려운 말로 '신용'이라고 하지요. 그런데 융통해 줄 만한 곳도 없는 바람에 마리아가 시트를 벗겼지요. 혼인의 증거인 시트가 희생이 된 셈이지요. 이것이 이 영화의 주제를 암시하는 장면이라는 것을 알 수 있지요.

돈을 빌리고 빌려주는 일을 해도 되는 건가?

여기서 좀 중요한 것을 칠판에 쓰겠습니다. 이것은 법을 공부할 때 반드시 나오는 기본 같은 패턴입니다. 어떤 사람, A가 뭔가 소중한 물건을 가지고 있습니다. 여기서 B가 이 소중한 물건을 일단 맡죠. 즉 저당을 잡습니다. 그 대신에 B에서 A에게로 돈이 갑니다.

그리고 A가 돈을 갚을 수 있으면 물건을 잡은 이 선은 사라집니다. 그러나 갚지 못하면 계속 잡혀 있는 거죠. 어떤 사람에게는 이것 없이는 살아갈 수 없는, "이것 없이는 절망이다"라고 하는 것을 딱 잡는 겁니다.

이 관계는 지난 번에 본 기후야와 다이쿄지와의 관계와 똑같습니다. 그 최소 단위 같은 것이 여기에도 고스란히 있지요. 이런 것이 쌓이고 쌓여서 사회, 특히 경제의 사회가 만들어지는 것이지요. 사실 일본의 경우는 대기업도 모두 담보장사를 하고 있습니다. 은행은 담보가 없으면 돈을 빌려주지 않아요. 유럽과 미국 은행도 그렇기는 하지만 일본 사회는 무조건 담보로 잡는 것을 선호합니다. 그런데 이 저당 관계는 일본의 법도 아주 경계하고 있습니다. 왜 경계하는지 그것은 알 수 있겠지요? F군. 우리 친구가 심술궂은 S군에게 목숨과도 바꿀 수 없는 소중한 것, 이 필통을 저당 잡혔다고 해봅시다.

--(웃음)

이럴 때는 F군과 S군은 어떤 관계가 될까요?

--험악하게 되지요.

그리고? 그 필통을 가진 S군에게 여기서 물구나무서서 교실을 한 바퀴 돌지 않으면 이 필통을 부숴버리겠다는 말을 들으면 어떨까요? "무슨 그런 말도 안 되는…" 하고 생각하겠죠. 그럼에도 필통이 부서지는 건 바라지 않겠죠. 혹여 교실을 한 바퀴 놀지도 모를 일이죠. 그렇게 되면?

--상하관계가 만들어집니다.

훌륭합니다. 말 그대로. 여기에 상하관계, 지배복종관계가 만들어지고 말지요. 물건과 돈을, 주거나 빼앗는 것에서 생기는 지배복종관계, 이것을 법은 경계합니다. 이 관계는 돈을 빌려주는 사람이 돈을 빌리는 사람의 소중한 물건을 압류함으로써 생깁니다. 그리고서 돈을 돌려주지 않으면 폭력적으로 빼앗습니다. 먼저 이 메커니즘을 기억해 두기로 합시다. 그리고 거기에는 꼭 어떤 사람과 그 사람의 소중한 물건이 만들어내는 단위가 나타납니다. 이 영화의 주역은 먼저 이 단위(자전거)입니다. 이것이 위기에 빠져서 스릴이 넘칩니다. 독수리가 노리고 있는 산토끼 새끼처럼 말이죠.

그럼에도 종잣돈이 없으면 일할 수조차 없으므로 돈을 빌려야 합니다. 은행이라든지 전당포는 엄격하게 관리되고 있으므로 어느 정도 안전해요. 안토니오가 간 곳은 지방자치단체가 운영하는 공영전당포이므로 그런 문제는 없겠지만 말입니다. S군, 저당을 잡히지 않아도 돈을 빌리는 것만으로 위험하다는 것 알고 있었나요?

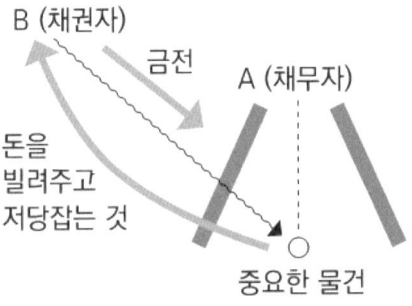

그림 5 - 전당포에 맡긴다는 것

--친구한테 빌리면 안심이 됩니다만.

　아, 그런가요? 왜 친구한테 빌리면 안심인가요?

　--아주 믿고 있으니까요.

　빌려도 괜찮을 것 같은가요? 그 친구를 대신해서 자신이 돈을 지불하는 것도 괜찮을 것 같네요. 그런데... 음, 나 같으면 정반대인데. 친구라고 하면 돈을 빌리지 않는 게 낫다고 말하거든요. 왜 그런지 알아요? "1만엔 좀 빌려줄래?"라고 하면 어떤가요?

　--아, 그건 싫습니다.

　싫죠. 왜 안 될까요? 절친이라면 괜찮지 않은가요? N군은 어떤가요?

　--음... 빌리지 않습니다. 사이가 나빠지니까요.

　말 그대로죠. 만약 N군에게 소중한 친구라고 하면 하지 않는 게 낫지요. 반드시 사이가 틀어집니다. 나빠지죠.

　A군은 역 앞에서 광고 전단지를 뿌리고 있는 아저씨로부터 "10만엔 빌리지 않을래?"라는 말을 듣고 아, 최신 아이폰 사고 싶으니까 얼떨결에 돈을 빌려버리죠.

　--아뇨, 아뇨(웃음)

　그런데 A군은 돈을 갚을 수가 없죠. 그러면 어떻게 될까요? 보통 돈을 빌리면 뭔가 시한폭탄에 불이 붙은 느낌이 듭니다.

　--뭔가 뺏기는 것 아닌가요?

　응, 뺏기죠. 뺏길 때 뭐가 나올까요?

　--뒷배로 보이는 폭력단 같은 것입니다.

맞아요. 무서운 사람이 많이 나오죠. 그들은 무엇과 연결되어 있는지 알 수 없어요. 뭐가 튀어나올지도 모르고... 이것은 공포입니다. 그리고 현실적인 이야기를 하자면 돈을 빌려주고 빌리는 것은 종종 폭력을 부릅니다. 그런데도 빌리고 말았으면 어떻게 할 건가요? A군.

--일단 경찰서에 가서...

"무섭습니다. 도와주세요" 하고 경찰서에 가면, H군, 경찰은 뭐라고 할까?

--뭐라고 할까요. 빌린 사람이 나쁘다든지.

그래요. 그다음에는 뭐라고 할까요?

--돌려줘야 한다고.

앗, 지금 목소리는 어디서 들린 거죠? 지금 말한 사람은?

--(견학온 선생님) 접니다...

--(폭소로 중단)

견학 오신 U선생님이 딱 말했습니다. 들렸나요?

--(견학오신 선생님) 미안해요. 마음속에서 중얼거린다는 게 그만.

--(웃음)

아닙니다. 이런 해프닝은 환영하니까요. 연극부가 있으니 말하는데요. 메타-연극적(meta-theatrical) 효과라고 말합니다. 관객이 갑자기 무대 위에 올라온다든지 배우가 객석으로 내려간다든지. 그래서 혼선이 일어나는 것은 아주 즐거운 일이죠. 제 수업에서도 많이 이용합니다. 그러면 수업 효과가 올라갑니다.

K군, 형제라면 돈을 빌려도 괜찮을까요?

--아뇨, 안 됩니다.

안 되죠. 핏줄이 개입되면 이야기가 더욱 복잡해져요. 형제 관계라면 일이 커집니다. 이것은 판례를 읽어보면 알 수 있는데, 돈 문제의 많은 경우가 친족간에서 일어납니다. 친족 사이라고 하면 분쟁이 멈추지 않습니다. 끝까지 싸우죠. 그래서 대법원까지 가게 됩니다.

지난번 〈치카마츠 이야기〉에 이어서 돈을 빌려주고 빌리는 문제가 이 영화에도 나왔습니다. 아주 위험하죠. 실제로 자전거를 저당 잡히는 것은 뼈아픈 일입니다. 그런데 여기는 공영 전당포였으므로 그래도 나은 편이었죠. 그렇다고는 하지만 돈을 치르고 자전거를 되찾지 않으면 실업에서 벗어날 수 없다는 사실은 본질적으로 똑같습니다. 돈은 다른 곳에서 빌려야 했어요. 그런데 그러면 위험합니다. 여기는 위험했어요. 가장 소중한 물건을 전당포에 맡겨야 해서 일하지 못하고 가난의 악순환이 계속되어 탈출하려고 하면 나쁜 조직을 낀 사금융을 만나게 되니까 말이죠. 그런데 안토니오는 기적적으로 마리아의 기지와 희생으로 위기를 넘겼습니다. 일단 시금융과 고리내금업자로부터 돈을 빌리지 않아서 다행이었습니다.

도둑이 생각하는 자전거

이번에는 반대쪽, 즉 도둑맞은 쪽이 아닌 도둑질을 한 쪽을 보기로 합시다. 자전거를 도둑맞고 안토니오는 필사적으로 찾으러 다닙니다. 이때 벼룩시장이라고, 광장에서 골동품이라든지 사람들이 필요 없게 된 것을 파는 곳이 나오죠. 모두 거기서 일용품 같은 것을 사는 곳, 그런 시장이 있어요. 거기에 자전거가 나와 있지 않을까 하고 안토니오와 친구들이 찾으러 가요. 이 벼룩시장에서 자전거는 어떤 상태로 있었나요?

--부품 상태로요.

맞아요. 그런데 왜 분해해서 팔고 있을까요? 자전거가 불쌍하지 않나요. 이상하다고 생각하지 않았나요?

--각각의 부품마다 가치가 있어서?

--그 상태로 그대로 팔면 등록번호로 잡힐 수 있으니까요?

아마 그렇겠죠. 자, 그러면 파는 사람 머릿속을 좀 들여다보기로 해요. 이 사람에게는 자전거는 어떤 것일까요?

--훔친 것이니까 들키지 않도록 분해해서 팔겠죠. 그걸 팔아서 돈을 마련하는 겁니다.

맞아요. 그렇게 되면 도둑 맞은 자전거를 알아보기가 어렵게 됩니다. 앞에서 훔친 소년이 자전거를 타고 간 것은 그냥 도망가기 위해서였죠. 그런데 그다음은? E양.

--그 사람한테는 필요 없는 거죠.

맞아요. 더는 도움이 될 구석이 없으니까. 그래서 이 부품과 저 부품은 좀 높은 가격이 매겨질 것 같다든지. 그리되면 자전거는 분해되고 말겁니다. 따라서 안토니오에게 자전거와 도둑에게 자전거는 의미가 전혀 달라지는 겁니다.

도둑의 무엇이 문제인가?

안토니오 가족은 몹시 가난해요. 아버지와 아들이 도시락을 갖고 일터로 갑니다. 그 도시락은 여러분이 본 영화에는 오믈렛이라고 번역이 되었습니다만, 사실 이탈리아어로는 프리타타(Frittata)라고 빵에 가지와 치즈를 끼워서 기름에 튀긴 것입니다. 아주 진해서 듬뿍 칼로리를 섭취할 수 있지요. 그런 음식을 점심으로 먹을 정도로 가난한 집이죠.
 그러면 도둑 쪽은 어떨까요. 안토니오가 쫓아서 겨우 도둑 집을 찾았지요. E양. 그 집은 어떠했는가요?
 --일이 없는데도 사람들이 너무 많아서 가난할 거로 생각했습니다.
 훌륭한 관찰이군요. 길에서 들어가면 좁은 방이 있고 거기에 침대가 몇 개 놓여있는데 거기서 꽤 많은 식구가 잠을 자는 그런 곳이었죠. 그런 광경은 로마에서는 지금은 잘 볼 수 없지만, 로마의 남쪽 즉 나폴리 같은 곳에서는 아직 볼 수 있는 광경입

니다.

그 소년의 집이 있는 데는 트라스테베레(Trastevere)라는 로마에서도 가난한 동네입니다. 로마라는 도시에는 테베레강(Tevere)이 흐르고 있어서 강의 동쪽에 중심이 있는데요. 소년 집이 있는 쪽은 트라스테베레, '강 저쪽'이라는 의미로 테베레강의 서쪽이지요. 이 영화에는 다리를 건너는 장면이 몇 번 나오는데요. 그것은 테베레강의 이쪽과 저쪽을 왔다 갔다 하고 있다는 것을 보여주는 거죠.

자, 그러면 N양, 안토니오도 가난하지만, 도둑 집도 상당히 가난하지요. 양쪽 모두 차이가 없습니다. 도둑도 그 자전거를 빼앗아서 생활할 수밖에 없지 않나요?

--양쪽 모두 가난한 점에서는 차이가 없다고 생각합니다. 그런데 안토니오는 '도둑질' 같은 나쁜 짓을 하지 않고 자신의 돈으로 자전거를 샀지만, 도둑은 도둑질해서 돈을 얻었기 때문에 좀 다르죠.

그래요. 그 내용을 좀 더 확실히 해두기로 합시다. M양. 안토니오는 일하려고 했고 상대는 도둑질을 했어요. 그런데 열심히 뭔가 활동하고 있다는 점에서는 똑같죠. 어디가 다를까요. 보통의 일과 도둑 일은?

--보통 일은 다른 사람에게 피해를 주지 않아요.

음. 여러 사람에게 피해를 주는 일도 있긴 있는데?

--(웃음)

제가 지금 하는 일 같은 것도 피해를 막 줍니다. 지금도 여러분들에게 피해를 주고 있는 것 같은데요. 이것은 일은 아니지만 말입니다. 어떤 일이라도 크건작건 간에 누군가에게 피해를 주지요. 물론 도둑은 심하게 피해를 끼치기는 하지만 말이죠.

자, 그러면 이렇게 물어봅시다. 뭔가 도둑맞은 적이 있는 사람, 없나요? (손이 올라가고) S양.

--지갑을 게임 센터에서 그냥 뒀더니 1분 만에 없어져 버려서 도둑맞았습니다.

그때는 어떠했나요?

음...뭔가 불쌍하다고 해야 할까요. 그걸 가져간 사람이 불쌍하다고 생각했고 저 자신도 불쌍하다고 생각했습니다.

굉장하군요. 그걸 가져간 사람과 자신도 불쌍하다. 음... 다른 사람도 누군가 손을 들었나요?

--일단 필통을 몇 번이나 도둑맞은 적이 있고... 그리고 우산도 도둑맞은 적이 있고... 가방 그리고 지갑입니다.

그렇군요. 그것은 좀 많군요. 그때 기분은 좋지 않죠. 어떻게 기분이 안 좋았나요?

--아무것도 안 했는데 도둑맞았으니 화가 나지요.

화가 난다. 그때 감정을 조금 더 말하면? 화에도 여러 가지가 있으니까요.

--용서할 수 없어요.

용서할 수 없다는 것은 일종의 윤리관으로 그 감각도 작동하지만 왜 용서할 수 없는 거지요?

--뭐라고 해야 할까요. 도둑맞을 거라고는 생각지 못했으니까요. 기습적으로 당하면 열받는 거죠.

자, 그러면 그 필통을 "지금부터 훔칠 테니"라고 말하고 접근해 온 것과 S양 같이 한눈파는 사이 당하고 말았을 때 어느 쪽이 나은가요?

--음... 어느 쪽이 더 나을지 물어보셔도... 만약 "훔칠 테니까"라는 말을 들으면 필통을 감출 겁니다.

--(웃음)

그래요(웃음). 그것을 듣고 싶었어요. 즉 친구는 무엇을 할 수 있을까요?

--도둑맞지 않도록 할 수 있어요.

맞아요. 절도, 즉 훔치는 일은 눈치를 채지 못하는 곳에서 발생하기 마련입니다. 우리 친구의 소중한 물건은 사라져 버리죠. 그런데 왜 사라져 버리는 걸까요?

자전거를 도둑맞고 안토니오가 소년을 쫓아갑니다. 그때 안토니오는 어째서 곤란을 겪었던 거죠? 조금 영화에 대한 묘사를 거슬러 올라가 보기로 해요.

--안토니오는 처음에 달려서 쫓긴 하지만 자전거를 탄 소년을 따라잡지는 못했습니다. 그래서 도중에 자동차 문 쪽에 올라타서 "아, 저쪽이다" 하고 뛰어갔는데 잡아서 확인해보니 다른 사람이었죠.

그 말은 "자, 그러면 내 자전거를 찾아야지" 하고 그것에 성공했나요?

--성공 못 했습니다. 자전거를 놓치고 말았죠. 그래서 증거가 없어요.

음... 그 말은, K군, 안토니오는 무엇에 곤란을 겪었나요?

--누구에게서 자전거를 찾으면 되는지 알 수 없는 상태가 되어버렸죠. 범인을 잡을 준비가 되어 있지 않았어요.

그래요. 활을 쏘고 싶은데 목표가 없죠. 어디를 쏘면 좋을지 모르는 상태인 겁니다. 게다가... 여기는 좀 미묘한 부분입니다. 여러분들이 제대로 보지 못했을 수도 있을 건데요. 좀 깊이 생각해 보도록 합시다. F군, 절도 장면에서 소년이 자전거를 훔치는 장면을 떠올려 보세요. 떠올렸나요? 자전거로 휙 도망가죠. 그 범행이 일어나기 직전의 장면은 기억나나요?

--두 명이 한 조가 된...

오, 훌륭합니다. 잘 포착했군요. 모두 기억하고 있나요? 두 명이 한 팀으로 움직이고 있었죠. 그런데 각자 어떤 역할을 맡고 있었던 걸까요?

--훔치는 역할과 망을 보는 역할요.

어느 쪽이 보스라고 생각하나요?

--소년 말고 아저씨요.

맞아요. 아저씨가 주범입니다. 소년은 명령을 받는 쪽이죠. 안토니오가 일하고 거리를 지나가다가 "앗, 요거 좋은 먹잇감"이라고 생각해서 그 소년에게 신호를 보내죠. 그리고 소년이 자전거를 훔치고 휙 도망가려고 할 때 아저씨는 안토니오에게 일부러 부딪혀서 시간을 벌려고 했지요.

그 아저씨, 매부리코를 하고 있어서 여러분들 인상에 남지 않았을까 생각하는데요. 그 사람 영화에서 또 한 번 나왔었는데 누가 기억나나요?

--아, 소년 집 앞에서요.

맞아요. 겨우 찾아낸 도둑 소년의 집, 거기서 안토니오와 소년이 말다툼을 합니다. 그래서 많은 사람이 모여듭니다. 그런데 그 인파를 헤치고 두 남자가 나오죠. 가난한 동네치고는 깔끔한 차림을 하고 있었어요. 그러고 보면 조폭은 그래요. 반드시 상식을 벗어난 차림을 하고 있거든요. 여기까지 이야기를 정리하고 난 상태에서 S군! 앞에 나온 질문으로 돌아가 보기로 하죠. 도둑질은 왜 나쁜 걸까요?

--훔치는 것은 법에 저촉되기 때문에?

그래요. 그런데 법에 저촉된다고 해서 무조건 전부 나쁘다고는 할 수 없죠.

--희생자가 있으니까요.

맞아요. 희생자를 내는 것은 뭐죠? 그러고 보면 저번 수업과 연결됩니다. 저번 수업은 오상이 희생되었죠. 희생을 내는 것은 뭐였나요?

--?

음… 거의 나왔는데요. 마지막 한 방이 어려운 법이죠. 그런데 이 자그마한 한 방이 역시 중요합니다. 제가 지금 대답을 말하면 여러분은 "뭐야" 하고 실망할 거에요. 그렇지만 일단 한번 뛰어보자고요.

자 이렇게 해보죠. 축구부의 A군, A군이 축구를 하고 있는데 상대 선수가 볼을 숨겨서 보이지 않아요. 필사적으로 집중 견제를 해보지만 상대팀 선수는 툭툭 볼을 자기 편에게 패스하면서 계속 A군을 따돌리고 말아요. 어떻게 해서 이런 일이 가능할까요?

--나쁜 짓을 하는 한패니까요.

맞아요. A군은 결정적인 말을 한 거예요. 절도는 언제나 한패가 되어서 하는 일이니까요. 그래서 A군의 소중한 물건은 반드시 사라지게 되어 있죠. 판다고 해도 혼자서는 팔 수가 없거든요. 한패가 되지 않으면 성공할 가능성이 작아져요. 위험한 일을 잘 수습하기 위해서는 조직이 필요한 법이죠. 조직이 있으면 이리저리 돌릴 수가 있거든요. 그래서 가능하면 부품으로 분해하는 거죠. 그렇게 하는 것은 동시에 쫓을 수 없도록 하기 위함입니다. 그래서 도난품을 다른 걸로 바꾸어 버려요.

돈도 이것이 가능한데요. 예컨대 돈을 자금세탁이라고 해서 스위스 은행 같은 곳에서 그 모습을 바꾸어 버리는 거죠. 그래서 절도 저편에는 대개 한패가 있습니다. 여러분 같은 10대의 범행도 절도 배후에는 불량 그룹 같은 것이 있는 경우가 매우 많죠.

그래서 절도와 이지메는 아주 밀접한 관계가 있어요. 서로 어울려서 한패가 되어 어떤 사람의 물건을 뺏는 일이 많이 있습니다.

여하튼 물건이 어디론가 사라져서 찾으려고 해도 찾을 수가 없어요. 저쪽은 한패고 나는 혼자. 빙빙 돌면서 이 손 저 손으로 감추어 버리니 열 받죠. 패거리 앞에서 힘없는 개인이 당하는 겁니다. 이 영화는 이것을 잘 그려내고 있어요. 필사적으로 자전거를 찾습니다. 그러다가 소년의 집에 당도합니다. 하지만 거기에는 이미 자전거가 없어요. 왜 없는 것일까요. 당연하죠. 자전거는 그 조직 라인을 타고 멀리 사라지고 만 거죠. 아마도 별도의 조직 손에 들어갔을 겁니다.

그런데 역으로 상대가 패거리라서 오히려 행운이 찾아오는 일도 있죠.

--?

K군, 말해볼래요.

--거기, 비가 오는 시장에서 소년과 이야기를 나누었던 교회가 있는 곳.

맞아요(웃음).

--앗, 알겠어요. 그 아저씨, 그 사람 주소를 말해버렸어요.

말해버렸죠(웃음). 맞아요. 그 사람도 한패입니다. 역으로 그런 허점을 이용하는 경우도 있어요. 상대가 집단이라면 말입니다. 하수인을 제대로 잡으면 즉 고구마 뿌리처럼 연결된 것을 찾다 보면 보스까지 가게 될지도 모를 일이죠. 그럼에도 자전거를 훔친 소년은 어떤 의미에서 안토니오와 똑같아요. 어디가?

--가난하다는 점요.

그래요. 그래서 밑천이 없어 일할 수 없는 겁니다. 안토니오의 경우는 마리아가 혼인할 때 가져온 시트를 벗겨냈죠. 그래서 수상한 고리대금업자에 걸리지 않고 돈을 빌릴 수 있었던 겁니다. 그러나 소년의 경우는?

--도둑이 되고 말았죠.

그 말은?

--패거리에 들어가고 말았습니다.

맞아요. 조직이 소년에게 돈을 빌려주게 되죠. 돈을 벌 기회를 주고 돈을 벌게 합니다. 이런 식으로 밑천이 없는 사람에게 신용이 제공되지 않으면 패거리가 번창하게 됩니다.

여러 사람이 왜 나오는 걸까?

안토니오가 자전거를 쫓아가는 과정에서 로드 무비처럼 여러 가지 것들이 나왔죠. 안토니오가 도움을 청하는 사람들, 역으로 방해를 하는 사람들이 있어요. 이것을 좀 확인해보기로 하죠. 먼저 그는 어디에 갔었던가요?

--경찰요. 그런데 전혀 도움이 되지 않았습니다.

그랬었죠. 큰 데모 행진을 대비해야 하는 시점에 경찰은 일일이 자전거를 찾고 있을 수는 없는 노릇이죠. 지금 그럴 때가 아닙니다. 국가가 가난한 사람의 본전까지 생각할 여력이 없다는 문제가 제기되었어요.

그 밖에도 뭐가 있었죠?.

--교회요. 도둑과 연결되는 아저씨를 따라 들어갔어요.

그래요. 이탈리아는 역시 교회가 매우 강해요. 여기는 제대로 자선사업을 하고 있었죠. 파스타·에·파타타라는 가난한 음식을 사람들에게 제공하는데 이를 통해 안토니오의 밑천, 즉 경제 문제는 해결할 수 없다는 것이 암시됩니다. 나온 김에 말하자면 갑작스러운 뇌우로 비를 피하는 장면에서 독일 신학생들에게 둘러싸이죠. 잘 알아듣지 못하는 독일어에 포위당했습니다. 관념적이고 그냥 염불과 같은 것이죠. 그래서 이 장면도 경제 문제를 구체적으로 해결할 수 없다는 비꼼을 엿볼 수 있어요.

그리고 또 여러 가지 것들이 나왔습니다.

--점쟁이요. 처음에는 부인인 마리아가 점을 쳤어요. 안토니오는 모두 사기니까 그만두라고 말했어요. 두 번째는 자전거 행방을 알 수 없어서 우습게도 점쟁이에게 의지해 보려고 가보았지만 좋은 대답은 얻을 수 없었어요.

맞아요. "곧 찾을 수 있는지 아니면 전혀 찾을 수 없는지 어느 쪽인가"라고 말했는데요. 그런 대답은 여러분도 할 수 있는 겁니다. 절도라는 것의 본질을 제대로 꿰뚫고 있긴 합니다만 요컨대 수상한 권위로 돈을 벌고 있습니다. 거기에 사람들이 모여들고 말이죠.

이것 이외에도 있었죠. 도둑 소년을 발견하고 쫓다가 보니 소년은 어디로 들어갔나요?

--뭔가 가게 같은 곳요.

그것은 무슨 가게였나요? 이 문제는 여러분에게 어려울 수도 있을 것 같군요.

--뭔가 여성이 많이 있고 춤을 추는 곳일지도 모르겠네요.

나쁜 곳이에요.

--아, 나쁜 곳인가요(웃음).

매춘산업, 즉 매춘하는 곳이지요. "여기는 로마에서 제일가는 가게야", "고급스러운 곳이지"와 같은 말을 하고 있었죠. 이런 아슬아슬한(음란한) 장사는 확실한 뒷배가 없으면 할 수가 습니다.

이러한 장면 전체에서 뭔가 느꼈던(자각한) 점은 없었나요?

--안토니오의 같은 편이라고 해야 할까요. 도움을 주는 사람이 없어요.

맞아요. 매우 확실하게 볼 수 있는데요. 이러한 것들은 무엇을 위해 나오는가 하면 안토니오와 대비시키기 위해서 나오고 있죠. 안토니오의 무력감을 강조하는 겁니다. 의지할 곳이기는 커녕 오히려 방해를 한다든지. 안토니오는 거기에 혼자서 들어가요. 혼자서 들어가지만, 대부분은 방해꾼인 셈이죠. 그렇게 되면 반드시 조직이라든지 집단이 한쪽에 있고 다른 한쪽에는 그냥 한 사람 안토니오가 있어요.

I양은 이러한 장면을 보고 무엇을 느꼈나요?

--?

예를 들면 안토니오는 아저씨를 찾아서 교회를 막 헤집고 다니죠. 교회 사람들이 그를 쫓아가서 그만두게 하려고 해요. 그러다가 마침 제단 앞을 지나가게 됩니다. 그때 안토니오를 쫓는 신학생 두 명이 갑자기 멈춰서서 십자를 그었죠. 그걸 보고 어린 브루노도 그렇게 합니다.

--(학생 일동 웃음)

맞아요, I양, 지금 웃었죠. 몸짓을 흉내내는 것은 비꼼의 황금 패턴인데요. 여기서는 소년이 무심코 하다 보니 따뜻한 웃음이 되는 거죠. 여기서 웃을 수 있었다는 것은 영화를 정말로 즐겼다는 겁니다. 그리고 매춘하는 곳에서 소란을 피운 것. 그때도 웃었나요?

--웃는 상태까지는 가지 않았습니다.

음… 그래도 웃겼죠. 그리고 여기도 웃지 않았을지 모르겠습니다만 점쟁이가 등장하는 장면, 그것도 진짜 웃겼어요. 이러한 장면은 희극적으로 그려져 있어요. 즉 코믹하게 그려져 있습니다. 말을 바꾸면 풍자인데요. 이 영화는 강렬한 풍자를 곳곳에서 볼 수 있죠. 오늘은 거기까지는 가지 않을 생각입니다만 이탈리아 사회의 성립, 구조, 역사, 이러한 것들을 생각하면서 감독은 일종의 거대한 벽화를 그렸습니다. 국가가 있고 교회가 있다. 그리고 지하경제 같은 것이 있고 그 밖에도 여러 가지가 있습니다. 정말이지 통렬하게 풍자하고 있죠. 무엇을 말하고 싶은가 하면 〈치카마츠 이야기〉처럼 이 영화도 사회라는 곳을 꽤 정밀하게 분석하고 있다고 해야 할까요. 달리 말하자면 사회구조를 간파하고 있는 겁니다. 궁지에 몰린 안토니오라는 개인 앞에 가로막혀 있는 것은 복잡하게 얽힌 집단과 조직과 패거리죠. 딱 정착한 사회구조와 고립무원의 개인, 이런 대조를 계속 그려내고 있어요.

왜 연극은 즐거운가?

그렇게 나오는 집단 중에서도 방금은 다루지 않았지만 매우 빠르게 사라져간 사람들이 있었지요. 그건 뭐였죠?
  --벼룩시장에서 자전거를 함께 찾아준 친구들, 바요코와 그의 친구들요.
  그래요. 어디가 달랐을까요?
  --바요코와 그의 친구들은 안토니오를 환영하고 도와주었습니다.
  그래요. 연대해서 도와주려고 했죠. 안토니오가 바요코에게 도움을 청하려고 갔을 때 모두 무엇을 하고 있었나요?
  --연극요.
  맞아요. 연극 연습을 하고 있었어요. 음악이 등장하는 뮤지컬 같은 것이었죠. 왜 그 장면에서 그 그룹은 연극 연습을 하고 있었던 걸까요? 좀 이상하다고 생각하지 않았나요?

--대중에게 호소하려고?

그렇군요. 그런 면이 있을지도 모르겠군요. 그럼 이렇게 물어보기로 하죠. M양, M양은 연극부죠. 왜 연극 같은 걸 한다고 생각하나요? 이 학교에서는 축제 같은 것이 있는데 왜 이런 행사를 하는 걸까요?

--즐기기 위해서요.

즐긴다. 무엇을 위해 즐기는 걸까요 하고 물으면 좀 어리석은 질문이지요. "그거야 즐기기 위해서 즐기는 거지 뭐."

--(웃음)

그런데 왜 즐거움인가요?

--유쾌하니까요.

유쾌는 왜 유쾌할까요?

--음... 그건 평소에 하지 않는 일을 하니까요.

맞아요. 훌륭합니다. 평소에는 하지 않는 일을 하는 거죠.

S양, 연극이 끝나고 모두 박수를 치고 커텐 콜로 나오는 그 장면을 매우 좋아하는데요. S양도 좋아하나요?

--좋아합니다.

왜 그 장면은 기분이 좋은 걸까요?

--연기하는 사람이 모두를 행복하게 해주니까요. 모두가 행복해져서 자신도 행복해지는 거죠.

맞아요. 좋은 대답이군요. 모두가 행복해진다는 것은 연극을 하는 사람과 그것을 보는 사람 사이에 무엇이 성립하고 있는 건가요?

--똑같은 마음?

그래요. 연결되어 있는 겁니다. 연대가 생겨요. 연기를 하는 사람들과 보는 사람들 사이도 그렇습니다. 연극 막간에 로비 같은 곳에 나가서 "어땠어?", "이랬으면 좋았을 텐데", "아주 좋았어" 등등과 같은 이야기를 나누는 것은 행복한 일이지요. 공연이 끝나도 즐겁습니다. 다들 모여서 레스토랑에 간다든지... 연극 후에는 왜인지 행복한 기분이 들지요. 그런데 이것은 왜 그런 걸까요?

--새로운 생각을 얻었으니까요.

그래요. 그런데 새로운 생각이란 어떤 것일까요?

--지금까지 자신에게 없었던 생각요.

맞아요. 자신에게는 없었던, 역으로 말하자면 자신에게 지금까지 있었던 것은 무엇인가요?

--자신의 지금까지의 생각...?

음. 생각도 있고 또?

--경우?

훌륭합니다. 경우죠. 자신이 놓인 경우. 지금까지 봐 온 것처럼 정작 사회에 나가면 살기 위해서 어떤 관계에 말려들고 돈을 빌리게 되는 경우도 있고 여러 일이 있는 겁니다. 그런데 연극은 그런 것들을 딱 잘라요. 물론 그럴수 밖에 없는 거죠. 연극 무대 위에서는 모두 전부 벗어던지니까 자유로워서 연대할 수 있어요. 수평의 연대가 성립하는 거죠. 그래서 연기자는 대개 손을 옆으로 잡고 일렬로 서서 커튼콜을 하고 무대 뒤로 돌아가요. 그런데 계속 박수가 멈추지 않으므로 다시 나오게 되면 그때 즐거워요. 왜 이런 쾌감이 나오는가 하면 여러 현실 관계를 끊기 때문이죠. 물론 한순간이긴 합니다만.

왜 바요코와 친구들은 자전거를 찾을 수 없는가?

그러면 연극을 하는 바요코와 친구들, 정확하게는 시의 청소노동조합인데요. 그들은 연대를 해서 여러 패거리로부터 자유로워요. 그 대여섯 명은 안토니오를 도와주려고 "자, 그러면 함께 자전거를 찾으러 가자"고 움직이기 시작했지요.

그런데 K군, 이 사람들은 성공하지 못했죠. 감독이 그들에게 공감하고 있다는 것은 의심할 여지가 없어요. 그들이 안토니오를 도와서 무사히 자전거를 찾았습니다. '박수박수'와 같은 이야기로 만들어도 좋지 않았을까요?

--그렇게 되어버리면 자전거를 훔친 그룹을 나쁘게 그리는 것에 비해서 좋은 그룹이 만들어지기 때문입니다.

굉장하군요. 이 문제는 답이 나올 때까지 15분 정도 걸릴 거로 계산했는데… 1분만에 나왔군요(웃음). 맞아요. 이 감독은 도둑 문제를 그룹과 그룹의 문제라고 생각하지 않았던 거죠. "이쪽 그룹이 옳고 저쪽 그룹이 나쁘다 양자가 격돌했다"… "그래서 이쪽의 승리" 같은 식으로 그리고 싶지 않았던 겁니다. 확실히 포인트는 다른 쪽에 있어요. 사실 감독은 한술 더 떠서 이 좋은 쪽의 그룹도 비판하고 있습니다. 시장을 나누어서 찾으려고 정했음에도 왜인지 전부 모여서 뭔가를 해요. 좀처럼 혼자서 움직이려고 하지 않아요. 그러니 자전거를 찾을 수 없죠.

왜 브루노는 언제나 있는 건가?

S양, 저는 지금까지 뭔가 중요한 것을 감추고 있었지요? 무엇을 감추고 있었나요?

--예?

여러분들은 아까부터 의문을 품고 있지 않았나요? 왜 나오지 않을까? 왜 그 문제로 가지 않을까 하고 말이죠. "감질난다"고 생각하지 않았나요? 제가 이렇게 말하는 것은 말이죠. 지금까지 '주역'은 나왔나요? 주역은 누구죠?

--안토니오?

자, 그러면 여러분이 가장 감동한 사람은 누구인가요?

--브루노.

브루노죠. 당연한 말이죠.

--(웃음)

--귀여워요. 정말 귀여운 브루노(모두 떠들썩하게 말한다).

그래요. 정말로 귀엽습니다. 이것은 브루노의 영화죠. 그래서 세계적인 명화가 된 겁니다. 그런데 지금까지 브루노에 관해서는 상세하게 묻지 않았죠. 왜일까요? 당연한 말이지만 이것이 얼마큼 중요한가를 강조하기 위해서 그렇게 한 거예요.

브루노는 계속 안토니오를 따라다녀요. 왜 따라다니는 건가요? 앞에서 말한 것처럼 집단과 고립된 개인이 있어요. 한쪽 그룹은 도둑뿐만 아니라 교회, 점쟁이, 급기야는 매춘업소까지 나왔죠. 다른 한쪽은 불쌍한 안토니오라는 이름의 아버지가 있는데 얼빠진 사람입니다. 전혀 도움이 되지 않는 사람이죠. 그런데 여기에 계속 브루노가 있었어요. 매춘업소에서는 "도련님까지 데리고 오고..."라는 말을 들었죠. 왜 그랬을까요?

--브루노가 작가를 대신하고 있는 느낌?

음. 브루노의 시점에서 보면 어른들이 하는 일이 이상하다는 것이 잘 보이죠. 사실 브루노에게 감독은 뭔가 말하게 하고 싶은 것이 있었습니다. 그 자전거 말인데요. 정말로 안토니오 것인가요. 물론 소유권은 안토니오에게 있어요. 그런데 정말로 그의 것인가요? 브루노와 자전거의 관계를 생각해 보기로 하죠.

--브루노는 자전거에 대해 잘 알아요.

맞아요. 부품 하나하나 완벽하게 외우고 있어서 벼룩시장 장면에서 브루노는 "네가 부품을 봐라"라는 말을 들을 정도죠. 게다가 브루노는 혼자 떨어져서 다닙니다. 바요코가 자전거의 행방을 물어보자 아버지는 멀뚱멀뚱 눈알만 굴리고 브루노가 "피데스(FIDES) 1939년제"라고 대답하죠. 이 피데스는 라틴어로 '신뢰'라든지 '신용' '신의'라는 의미입니다. "참 뭔가 역설적이다"고 생각하면서 나는 이 장면을 봤어요. 그리고 브루노와 자전거의 에피소드가 있습니다. 자전거가 전당포로부터 돌아왔을 때.

--아, 맞아요. 자전거에 난 흠집을 걱정하고 있었죠.

맞아요. 아주 소중하게 다루고 있었습니다. 브루노는 제대로 알고 있으니까 "이것은 전당포가 낸 흠집인데 왜 아버지는 변상받지 않는가요?" 하고 말하죠. 그런데 아버지는 둔하니까요. 그런 흠집 정도는 원래 있었던 거라고 말합니다. 바보인 거죠.

--(웃음)

사실 자전거와 더 밀접한 관계를 맺은 사람은 브루노입니다. 그래서 브루노가 쭉 계속 붙어 있는 것은 당연한 일인 겁니다. 게다가 필사적으로 자전거를 찾고 있었죠.

그러니까 이것이 포인트 장면인데요. 브루노와 관계해서 S군, 이 영화에서 가장 인상에 남은 장면은 무엇이었나요?

--아버지인 안토니오에게 맞은 장면요.

그래요. 그걸 보고 어떻게 생각했나요?

--뭐라구? 이 아버지 참 이상한 사람이네...

--(모두 크게 웃어서 중단)

하하하. 훌륭합니다. 말한 대로입니다. 아버지 정말 바보죠. 완전히. '때린다'는 것은 이탈리아 말로 'picchiare'라고 해서 아이를 때리는 것은 이탈리아에서는 정말 안 좋은 일입니다. 절대로 해서는 안 되는 일인 거죠. 일본에선 아이를 때리는 사람에 대해 '멍청이'라고 말하는 경우도 있겠지만 그럼에도 30% 정도의 사람은 긍정적으로 봅니다.

그런데 이탈리아는 '100 대 0'입니다. 이탈리아에서는 때리는 것뿐만 아니라 아이를 야단치는 것도 안 되는 일입니다.

--와…

저는 두 살짜리 아이와 함께 유학 생활을 했는데요. 길거리에서 조금 야단을 치니까 울었던 일이 있었거든요. 길거리에서 아이를 야단쳤었거든요. 그러자 이탈리아 사람들이 심각한 얼굴로 우리를 바라보고 있더라고요.

--(웃음)

"앗, 이 사람은 자식을 학대하고 있는 게 아닐까" 그런 얼굴로 우리를 바라보고 있었죠. 아이가 슬픈 얼굴을 하는 것만으로 부모는 "당신 틀려먹은 부모 아니에요?"라는 시선을 받는 겁니다.

--설마요.

그들은 확신이 있어요. 아이는 언제나 즐겁고 방긋방긋 웃어야 하는 존재인 거죠. 아이가 슬픈 것은 나쁜 것이고 있을 수 없는 일인 겁니다. 그런데도, N군, 왜 아버지는 그런 멍청한 짓을 한 건가요?

--음...?

　브루노는 조금 건방져 보이는 말을 해서 아버지한테 맞았죠. 그런데 깊은 이유가 있어 보입니다. 여기에 대해 생각해 봤는데요. 이것은 결국 아버지가 좀 바보스러운 짓을 한 겁니다.

　브루노도 S군과 똑같은 생각이었어요. 토라져서 재빨리 아버지에게서 떨어졌어요.

레스토랑에서

테베레강에서 누군가가 빠졌다는 소식에 아버지는 브루노일지 모르겠다고 생각하고 달려갑니다. 안토니오는 아주 허둥지둥 댔죠. 그래서 마음은 브루노를 생각하고 있었던 겁니다. 다시 만난 아버지는 아들의 기분을 풀어주기 위해서 큰 마음 먹고 고급 레스토랑에 데리고 가요. 그 레스토랑 장면에서 아버지는 어떠했나요?

　--처음에는 "마, 잊어버리자"고 전향적인 모습을 보이다가 갑자기 월급 생각이 나서 미련이 돌아왔습니다.

　그래서 브루노에게 무엇을 시켰나요?

　--돈 계산을 시켰어요.

　그래요. 모처럼 맛있게 먹고 있는데 계산을 시켰죠. 그때 옆좌석에는 어떤 사람이 있었나요?

--유복한 가족이 있었습니다.

맞아요. 조금 전에 이 영화에 등장하는 여러 집단을 확인했는데, 그때 감추고 있었던 마지막 퍼즐 조각이 가족입니다. 이탈리아에서 일요일은 대가족끼리 진수성찬을 먹는 습관이 있어요. 낮 2시 정도부터 시작해서 밤 10시 정도까지 계속 먹는 거죠. 결혼한 자식들과 손자들도 모두 와요. 그 장면에 나왔던 것도 그런 가족이에요. 그런데 7 대 3 머리를 한, 게다가 포마드를 바른 그 조숙한 아이가 맛있게 디저트까지 먹었죠.

--(웃음)

브루노 눈으로 보면 부러울 따름인 거죠. 그리고 음악을 하는 사람들이 있었는데요. 칸초네 나폴레타라고 해서 나폴리의 음악입니다. 이것도 가족이라는 것과 관계가 없지 않죠. 즉 이 음악은 이탈리아의 오랜 사회를 대변하고 있는 거예요. 거기에 오래된 사회, 대가족이라는 것이 있어 안토니오와 브루노의 관계와 대비되어 있죠. 물론 대가족은 끈끈하게 연결되어 있습니다. 그러나 그 안은 상하관계이고 혈연으로 뭉쳐다 보니 공정하지 않고 불투명해요. 한마디로 말하자면 그 관계는 끈적끈적한데 음악은 그 분위기를 전하고 있습니다. 그런네 브루노에게 계산만 시키다 보면 "당신네도 그렇게 되고 말거든", "그래도 좋아? 음, 좋겠지" 하고 악단 가수가 클로즈업되어서 달콤하게 유혹하고 있죠.

왜 자전거를 훔쳤나?

여기까지 준비가 되었으면 마지막 포인트까지 갈 수 있습니다. 안토니오는 왜 마지막 장면에서 자전거를 훔치게 되었을까요? 여러분 모두에게 물어보고 싶어요.

　--"왜 나 혼자만 당해야 하는 거야", "저 녀석도 했으니까 나도 해도 되는 거 아냐" 하고 생각했어요.

　맞아요. 그런 마음이 작동했죠.

　--일하지 않으면 살아갈 수가 없어요. 그런데 자전거가 없으면 일을 할 수 없으니... 그래서 자전거가 없으면 살아갈 수 없다고 생각했어요.

　그래요. 궁지에 몰린 거죠.

　--축구장에서 시합하고 있고 모두 자전거를 갖고 있는데 나만 없으니까요.

　이것도 이탈리아에서 거의 신앙이라고 해도 좋을 정도인데요. 일요일에는 세리에 A의 시합을 라디오로 들으면서(이때는 TV의 실황중계는 하지 않았어요) 식사를 해요. 이날은 로마 대 모데나 시합이었습니다. 마지막 장면은 스타디움에서 사람들이 막 밀려 나왔죠. 그 혼잡한 틈을 탄 면도 있었어요. 경기의 고양감은 축제와 같아서 모든 것을 해소하는 힘이 있습니다. 그 분위기 속에서 '잡은 자가 이긴다'는 심리가 작동하는 거죠. S양.

　--안토니오는 패거리의 일원으로 그 일을 한 것이 아니라서요.

사실 브루노에게 망을 보라고 부탁했으면 좋았을 텐데... 혼자서 하다보니 실패하고 말았죠. 자신을 힘들게 만든 사람들과는 다른 방식으로 훔쳤으므로 괜찮지 않은가 생각했습니다.

--와, 이 이야기는 굉장하군요. 음... 아주 쇼킹한 대답이에요. 왜냐하면 마지막 물음이 최후의 대답이니까요. 그런데 이렇게 수업이 끝나버려서는 곤란하거든요(웃음). 그런데 여러분은 지금은 이 말이 무슨 의미인지 모르니까 그나마 다행입니다. 그래서 순서를 정해서 가도록 해봅시다.

일단은 "왜 안토니오는 자전거를 훔쳤을까"죠. 모두 각자 틀린 대답은 아니지만 말입니다. 결정적인 한 방이 필요해요. 힌트는 '훔치기 전에 무엇을 했는가'죠.

--브루노에게 먼저 가라고 말했어요.

음... 브루노를 먼저 가게 했죠. 그 말은 뭔가 삐삐삐삐 연상이 오지 않나요?

--음. 계속해서 붙어 다니던 브루노가 없어져 버림으로써 타인의 눈을 의식하지 않게 되었다고 해야 할까요. 브루노의 눈을 의식하지 않게 되었죠.

사실 브루노에게 제일 보여주고 싶지 않은 겁니다. 음... 조금 더 생각해 보도록 하죠. 앞에서 한순간 브루노는 안토니오로부터 멀어졌어요. 안토니오에게 맞았던 장면이죠. "이것은 바보스러운 짓이다"라는 데 모두 의견이 일치했습니다. S군, 안토니오가 자전거를 훔쳤죠. 이 행위는 어떤가요?

──멍청이 이하죠.

그런가요(웃음), 자, 그러면 공통점이 있지 않나요. 게다가 재미있게도 양쪽 모두 브루노로부터 떨어졌죠. 안토니오는 브루노가 있으면 괜찮은데... 브루노가 어딘가 가버리면 멍청이가 됩니다.

──브루노는 안토니오의 '양심'과 같은 존재...

맞아요. 그래요. 양심이라는 것은 마음을 의미하죠. 브루노는 안토니오의 마음이다. 그래서 안토니오는 브루노를 때리거나 나쁜 짓을 할 때는 양심을 버리고 그 일에 달려드는 겁니다. 이것은 안토니오에게는 매우 나쁜 징후죠. 브루노가 어딘가 가면 안토니오는 파멸을 향합니다. 왜 그런 걸까요? 마지막 물음에서는 확실해요.

왜 용서를 받은 걸까?

자전거를 훔친 안토니오는 곧 군중에게 제압을 당하게 되죠. 그런데 자전거 주인이 용서해 줍니다. 다른 사람도 "당신이 그렇게 말한다고 하면 어쩔 수 없지" 하고 그 이상 추궁하지 않았어요. 그런데 왜 용서해 준 걸까요?

──브루노가 마지막에 돌아와서 아이에게 그런 험한 꼴을 보일 수 없다고 생각해서 주인이 용서해 준 거죠.

그래요. 브루노가 없었다면 용서받지 못했을 겁니다. 브루노의 키는 어른의 키 반밖에 되지 않아요. 그런 아이가 전력을 다해 군중을 헤치고 나타난 것입니다. 그리고 "아빠, 아빠" 하고 매달렸어요. 그래서 용서를 받은 겁니다. 그럼에도 왜 용서받았는지 아직 조금 더 파고들 여지는 있어 보이는데요.

--브루노가 돌아와서 양심 같은 것이 되살아나서 진짜 악인이 아니게 되었으니까요.

그래요. 브루노가 나타남으로써 "이 사람은 진짜 악인은 아니구나" 하고 주위 사람이 알게 된 겁니다. 잠시 그림으로 그려보기로 하죠. (칠판을 향해서) 이런 식으로 안토니오가 있고 작은 그룹이 있고 자전거가 있어요. 브루노와 자전거 사이가 훨씬 가깝죠. 이런 형태로 자전거를 갖고 있습니다. 이에 비해서 브루노가 없어지면 안토니오가 자전거를 가진, 단순한 형태가 되죠.

--아, 제일 처음 도둑과 똑같아져 버리는데요.

맞아요. 여기서 처음 질문이 살아나는데요. 인트로에 안토니오가 자전거를 타고 있는 광경과 도둑 소년이 자전거를 타고 있는 광경 두 가지를 보았죠. 그림으로만 봐서는 양쪽 모두 나쁜 조직과 연관이 있을지 모릅니다. 실제로 도둑 소년이 연결되어 있었어요. 그런데 안토니오 도 브루노가 없어져 버리면 구별이 안 되죠. 그런데 여기에 브루노가 있는 게 아닌가요.

자전거를 훔쳤을 때 안토니오는 도둑에 가까웠죠. 그런데 딱 보니 저기서 브루노가 돌아왔기 때문에 "아 그런 거였어"하고 알게 되었어요. 즉 한쪽은(도둑 소년은) 패거리와 연결되어 있고,

다른 한쪽은 어린아이가 있어요. 즉 다른 한쪽은 도둑 소년이 속해 있는 패거리와는 반대 측에 서 있는 작은 단위라는 것을 알수 있습니다.

그렇다고 하면 "이번만은 용서해 주겠다"가 된 거죠. 기회를 주려고 하는 마음이 들게 된 겁니다.

--안토니오는 패거리의 한 멤버로서 그 짓을 한게 아니니까?

그래요. 앞에서 S양이 앞질러 갔죠.

점유 원리

자, 그러면 이 수업 전체 포인트인 법 이야기를 해보고자 합니다. 법은 반드시 주체를 개념화합니다. 무엇을 하든 하나의 주체라는 것이 있어요. 우리는 한 명 한 명이 주체입니다. 이 주체가 자전거를 갖습니다. 그리고 자전거는 객체죠.

그런데 이 주체(칠판을 가리킨다)는 복합적인 구조를 갖고 있어요. 안토니오, 브루노, 그리고 자전거라는 형태를 하고 있습니다. 그렇게 되면 주체와 거기에 속하는 물건과의 관계는 아주 부드러워지죠. 주체측이 안토니오와 브루노와 같이 그것 자체로 복합적이 되어서 브루노는 안토니오에게 아주 중요한 존재입니다. 그리고 안토니오는 그 브루노를 통해서 자전거와 관계를 맺고 있어요. 예를 들면 별로 안 좋은 일이 있어서 자전거에 분풀이 같은 일은 할 수 없는 거죠. 그리되면 브루노가 상처를 입으니까요. 그래서 "브루노를 때리다니…" 하고 다들 화가 난 거죠. 그런 심리가 되면 아무래도 자전거를 뺏거나 빼앗기거나 뭐 그렇게 되고 맙니다.

이 영화의 포인트는 뭐니 뭐니 해도 안토니오와 브루노의 관계죠. 우리는 설령 혼자 있다고 해도 말입니다. 조금 전에 K군이 '양심'이라고 말해주었는데요. 역시 그러한 것을 하나씩 갖고 있습니다.

그런데 '브루노가 없어진 안토니오', '브루노를 때린 안토니오', 이것은 자신에게 가장 소중한 사람을 함부로 한 거죠. 물론 한순간이긴 했지만 말입니다. 그런 주체가 되고 만 겁니다. 즉 자전거를 분해한 사람과 똑같은 거죠. 주체와 객체와의 관계가 단순해진 겁니다. 이를테면 황색 신호가 되고 마는 거예요. 이 사실을 영화는 말하고 싶었던 겁니다. 그리고 그것은 성공했고 따라서 이렇게 평이 좋은 거죠.

그래서 앞에서 정확하게 말해준 것처럼 좋은 그룹과 나쁜 그룹이 있는데 그래서 좋은 그룹이 이겼다는 식으로 말하고 싶지 않아요. 그렇다고 뭐 그런 것을 완전히 부정하는 것은 아니지만 말입니다. 이 영화는 그런 이야기를 하려는 게 아니거든요. 안토니오가 때렸을 때 브루노의 그 표정은 잊을 수 없다고 생각합니다. 아버지에게 맞았을 때 아이의 표정을 떠올려 보세요. 매우 슬퍼 보였죠.

다시 법 이야기로 돌아오면 특히 민사법, 민법에서는 주체가 물건을 갖고 있고 그것을 취하고 빼앗기는 것을 규율합니다. 이 관계가 폭력적으로 되지 않도록 하는 겁니다. 그때 매우 중요한 것이 '점유'라는 개념입니다. '소유'가 아니라 '점유'죠. 이것은 여러분들은 아마 모를 걸로 생각합니다. 제가 생각하기엔 일본의 대다수 법률가도 이것의 진짜 의미를 몰라요. 그러나 이것은 로마로부터 온 전통적인 개념으로 유럽에서는 상식적 개념입니다.

현재라는 한순간을 포착해서 "어떤 사람이 어떤 물건을 아주 좋은 상태로 갖고 있다." 이것이 점유입니다. 이것을 먼저 존중해서 일을 진행합니다. 존중시키는 거죠. "그것은 내 것이다"고 무조건 주장하는 것에 대해서는 그런 폭력적인 행위는 "점유의 반대입니다". "자 여기서 당신은 실격"이라고 말하고 물리치는 겁니다. 그런 폭력적인 쪽은 패거리를 형성해서 그 물건을 소유

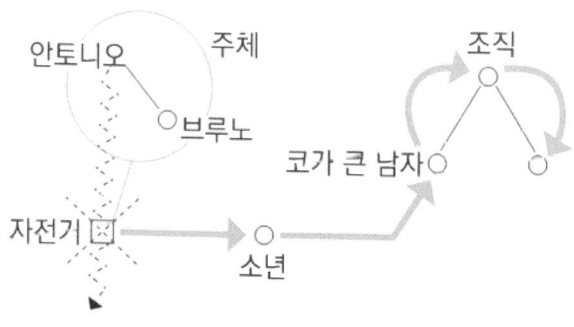

그림 6 – 주체와 객체의 관계

하려고 해요. 그 조직의 말단에 있는 양아치 같은 사람이 "이건 내 것이야, 불만 있어?" 하고 뻗대죠. 태도가 점잖지 못하니까 금방 알 수 있어요.

그래서 법이라는 것은 혹은 재판이라는 것은 "그것은 내 것이야"라고 말하는 두 사람의 주장을 대등하게 듣고 어느 쪽을 이기게 하는 것이 아니라 그보다 이 점유를 존중하죠. 축구 토너먼트에서는 원정경기를 간 팀에서 넣은 골이 두 배로 계산되는 것 알고 있나요? 그것처럼 점유가 있는 쪽이 어웨이에서 먼저 3대 0으로 이겼으니 홈에서 벌어진 두 번째 경기에서는 3점이 아니라 4점 뺏기지 않으면 지지 않는 계산법인 겁니다. 양자를 대등한 조건으로 두는 것이 절차적 정의라고 하는데요. 그런 보통의 해결법과는 전혀 다릅니다.

점유가 있는 쪽이 일견 그 대상을 소중하게 여기는 것처럼 보이지만 알고 보니 사기였다든지, 혹은 소중하게 여기는 것처럼 보이지만 날치기를 했다는 사실을 상대방이 증명하지 않으면 역전할 수 없습니다. 그리고 이 작은 원칙을 첫 모델로서 점점 발전시켜 나가는 거예요. 장대한 관념체계가 만들어지는 겁니다. 그런데 그 법 전체의 핵에 이 점유라는 아주 심플한 원리가 있는 셈이죠.

오늘은 정말로 예측하지 못했지만 '양심'이라는 말을 누가 해주었습니다. 처음에 나온 문제로 돌아가면 누군가가 자전거를 타고 있어요. 즉 사람이 뭔가 물건을 가지고 있는 광경이 두 개

있었어요. 그것을 잘 보면 이 두 가지는 전혀 달라요. 한쪽은 브루노가 있고 즉 '마음'이 있어서 자전거를 소중하게 여기는 관계, 또 한쪽은 자전거를 훔쳐서 분해해서 팔아버리는 관계, 이 두 가지는 전혀 다르죠?

점유의 질

--점유라는 사고방식을 듣다 보니 뭔가 다르다는 것은 알았는데요. 그런데 그 무엇이라는 것이 아직 확실하지 않습니다. 무엇이 다르다는 건가요?

　그것은 매우 큰 문제죠. 그래서 한 마디로 대답하기 어려워요. 법학자들이 옛날부터 논의하고 있는 게 그거예요. 아주 테크니컬한 문제라서 여기서는 보여줄 수 없습니다만. 게다가 그 질에 관해서는 조금 복잡한 이야기를 하지 않을 수가 없어요. 똑같은 점유라고 해도 거기에 또 우선순위를 부여해서 보다 강한 카드의 점유라는 것도 있어요. 즉 좀더 강한 카드를 내면 그것이 '1'이 되어서 1로 부인 상대가 0이 되죠. 어떤 주체가 어떤 물건과 일단 안정적인 관계를 구축하고 있으면 그것은 점유라고 합니다. 그런데 예를 들면 몰래 점유하고 있는 것은 '점유'로서는 실격이죠. 반대로 상대가 많은 사람 앞에서 정정당당하게 모든 사람의 신뢰를 등에 업고 "이것은 내가 점유하고 있습니다" 하고 자신 있게 말하면 1대 0이 역전됩니다. 브루노가 안토니오의 부하가 되어서 으스대는 것이 아니라 모두에게 사랑받고 있는 느낌이죠.

　1대 0이라고 말한건 점유라는 것은 절대로 4대 6의 비율은 없기 때문입니다. 그런데, 보다 강한 카드를 내면 뒤집히죠. 상대에 따라 달라져요. 오셀로 게임이라는 것 알고 있죠? 백과 흑이 절대적이라서 회색은 없어요. 그런데 한순간에 백과 흑이 뒤집힙니다.

　'질'에 관해서 조금 더 현실적으로 말해보자면 토지를 소유하고 있는데 환경을 소중하게 여기고 주위 사람들에게도 잘하면서 깨끗한 건물을 짓는 토지 소유주는 좋은 소유주죠. 그런데 한적한 주택가인데 '이것은 내 땅이다. 내가 어떻게 하든 내 마음이다.' 말하고 갑자기 요란한 건물을 짓고서 파친코라든지 유흥업소 같은 것을 하게 되면 이것은 남에게 폐를 끼치는 점유가 되죠. 요컨대 사회가 점유라는 원리를 장착하고 있는지 아닌지에 따라서 그 질이 근본에서 바뀌는 건데요. 여러분이 질문을 통해 묻고 싶었던 것은 조금 더 실제적으로 어떻게 다른건지 그 이야기일지 모르겠군요. 그 점은 마지막 수업인 일본의 판례에 준거해서 살펴보도록 하겠습니다.

　그런데 안타깝게도 '뭐가 바뀝니까', '뭐가 다릅니까'라는 질문을 받고 '일본 사회에는 이 원리가 없어서 이만큼 비참합니다'와 같은 식으로 설명을 할 수밖에 없어요. 일본은 이것이 매우 약해요. 일본은 매우 폭력적으로 "이것은 내 거야" 하고 막 사람 손을 뿌리치고 가져가거나 "내 것이야. 그러니 내가 그것을 어떻게 하든 내 자유거든. 내가 그것을 삶아 먹든 쪄먹든 구워 먹든 내 마음대로다"와 같은 발상이 강해요. 그런데 그런 행동은 전혀 자유가 아닙니다. 그것은 오히려 자유의 침해라고 볼수 있습니다. 그렇게 하지 않도록 하는 것이 정말로 자유예요. 아이 예를 들어보기로 하죠. 물론 사회는 부모가 아이를 어떤 식으로 키우는가를 간섭하지 않아요. 그것은 자유이므로. 집마다 방침이 각각 다르죠. 그런데 그것은 어디까지나 아이를 소중하게 여기는 조건에서 그런 것입니다. 그런데 그게 아니라 매로 다스린다든지 아이를 함부로 다루는 경우에는 자유는 인정되지 않아요. 그런 경우는 용서 없이 개입하게 됩니다. 왜냐하면 부모가 아이의 자유를 빼앗고 있으니까요.

　--집단이라고 하면 그 집단을 없애버리면 된다고 생각하는데요. 선생님 이야기를 듣고 일본과 해외에서는 아동학대의 사고라든지 바뀌고 있는 게 아닌가 생각합니다. 그런데 일본의 경우, 가족 내에서 무시가 일어나거나 학교 동아리에서 체벌이 있다든지 하는 식으로 인권 침해가 있어요. 그것은 부모라든지 학교를 없애버림으로써 해결할 수 있는 것이 아니라고 생각합니다. 그런 문제는 어떻게 생각하시는지요?

　이것은 중요한 문제라고 생각합니다. 일본은 이런 부분에 관한 연구가 뒤처져 있죠. 지금 당장은 이유를 막론하고 부모를 막죠. 아이로부터 부모를 떼어내서 가까이 가지 못하도록 하죠. 이것은 커플 사이에 일어나는 사적 폭력(Domestic Violence)도 똑같은 거죠. 이때 속도가 중요한데요. 아이에 관해서도 DV에 관해서도 일본 사회는 이점이 매우 약해요.

--속도가 느리다.

그래요. 게다가 그럴 때 경찰이 개입하지 않았죠. 스토커 법 같은 것이 있어서 조금은 나서주긴 하지만 말입니다. 이런 종류의 서포트 기능은 아직 일본 사회에서는 매우 약해요. 앞으로는 나아질지 모르겠습니다만.

어른은 괴롭다

이제 영화 이야기로 돌아가 보기로 합시다. 안토니오도 결국은 이슌과 똑같이 희생을 강요하는 패턴으로 들어가고 말았죠. 레스토랑 장면이 인상적이었는데요. 모처럼 빡빡하게 굴지 않고 맛있는 것을 먹자, 해놓고 말이죠. 갑자기 돈 계산으로 넘어가 버립니다.

--교사 ○○인데요. 잠시 한마디 드리고 싶은데요. 역시 어른은 괴로운 입장으로 살아가는 존재라고 생각합니다.

--(웃음)

맞아요. 맞아요.

--어른 입장에서 말이죠. 그런 말을 들으면 "괴로운 거야" 하는 안토니오의 입장을 말하고 싶어요. 어른은 책임을 지고 있죠. 아이는 책임이 없으니까 죄가 없는 더러움이 없는 위치에 서 있지 말입니다.

그것은 그래요. 그래도 그것은 역시 해서는 안 되는 일입니다. 그것을 꾹 참는 것이 역시 어른인 겁니다.

--그 괴로움을 이해해 달라고 하는 것은 응석일까요?

맞아요, 그렇습니다.

--(폭소)

당연한 얘깁니다. 어른은 괴로운 법이죠(웃음).

도둑맞은 노트

모든 것을 다 동원해서 "자, 무조건 자전거를 찾을 거야"가 되어버리면 정말로 도둑에 가까워지게 됩니다. 이것은 많은 경우 개인적인 경우라기보다는 구조적인 것으로, 구조적이라는 것은 말은 어렵지만 여러 요인이 얽히고설켜서 쉽게는 풀 수 없는 겁니다.

안토니오로 말하자면 일해서 버는 그 밑천 같은 게 꼭 필요해요. 자전거라든지 점심 도시락, 그리고 전날 밤에 자는 아파트라든지 말이죠.

투명한 조직을 구축하지 못하면 압박을 느낀 리더가 희생을 강요하므로 효율이 나빠집니다. 결국 아무리 시간이 지나도 신용이 쌓이지 않게 됩니다. 그렇게 되면 희생을 강요하는 것밖에 방법이 없게 되죠.

그리고 이것과 경쟁이 관계합니다. 신용 시스템이 무너지면 자원획득을 목표로 분쟁이 일어나요. 이 분쟁은 아주 폭력적으로 되는데요. 여기에 말려들게 되면 굉장한 희생강요가 이루어지죠. 이전에는 군사 방면에서, 지금은 비즈니스의 최첨단에서 그래요.

그런 분위기가 젊은 사람들에게 압력으로 다가오죠. 취직 이전의 학생 의식도 지배합니다. 저도 대학에서 그것을 봐왔는데요. 기업 변호사(business lawyers)가 되기 위해서는 사법시험에서 좋은 성적으로 합격해야 하고 로스쿨보다도 학부 재학 중에 예비시험에 붙는 것이 좋지요. 대형 로펌 변호사 사무소에 취직할 때 학부 성적 같은 것도 쓸데 없이 믿게 됩니다. 그렇게 되면 희생강요 모드가 히스테릭하게 나오게 되죠. 모두 바보스러운 경쟁을 시작하죠.

--(웃음)

이것은 정말로 말하고 싶지 않은 건데 말이죠. 도쿄대학 혼코 캠퍼스의 도서관에서 일어나는 일입니다. 여기서는 도난사고가 자주 일어나요. 책이라든지 '시험준비 프린터'라든지 참고서가 도난의 대상이 되죠. 심한 경우 한 학기 동안 열심히 메모한 노트가 시험 전에 도둑을 맞는 일도 있어요. 로스쿨의 자습실에서도 책을 도둑맞아요.

--와...

--정말요?

왜 그런 일이 벌어지는가 하면요, 심하게 경쟁하기 때문이죠. 도둑질을 한다고 해서 이길 수 있는 것도 아니에요. 당연한 말이죠. 그런데 이런 사태를 보면 인간 자체가 똥이 되어가는 느낌이 들어요. 물론 대부분은 그렇게 되지 않아요.

그런데 마지막 양심을 버려서는 안 된다는 것, 이것만큼은 지켜야 해요. 매우 중요한 일이에요. 법학을 공부하면서도 이것이 가장 중요해요. 무릇 인간으로서 말입니다. 대전제로서 말하고 싶지는 않습니다만 결과로서 우리 교사가 진짜 법의 목적을 전하지 않는 경우가 있어요. 그것을 철저히 해야 합니다. (손이 올라가고) 예, E양, 말해보세요.

왜 노트를 보여주고 싶지 않은가?

--노트를 도둑맞는 이야기가 있었는데요. 예를 들면 수업에서 열심히 노트 필기를 하시 않습니까. 그 노트를 다들 사진을 찍으러 오거든요. "앗, 미안. 이 부분 듣지 못했으니까 좀 보여줘"라고 말입니다. 그것이 때때로 아주 싫거든요. 내가 열심히 노

트필기를 했는데 그걸 그렇게 쉽게 사진으로 찍으려 하니까요.
옳은 감각입니다. 타인의 수고를 훔치는 행위죠.
--그런데 한편으로는 저 자신도 졸려서 제대로 수업을 듣지 못했을 때는 다른 사람에게 보여달라고 부탁을 하기도 해요.
아주 중요한 이야기를 해주었어요. 이것은 말이죠, 물건을 빌리고 빌려줄 때, 보통 일어나는 일입니다. 돈이 아니라 물건을 빌리고 빌려주는 것 말이에요. 이 경우에는 신뢰관계가 매우 중요해요. 서로에게 경의를 갖는 이 감각이 있는지 없는지에 따라서 사태가 완전히 달라져요. 그것이 있으면 전혀 문제가 없어요. 그러면 보여주죠. 서로 모르는 곳을 묻곤 해요.
영화에 등장한 자전거의 브랜드는 피데스(FIDES)라고 했죠. 이 말은 법학용어이기도 한데요. 라틴어로 fides를 그대로 사용하죠. 경우에 따라서는 bona fides라고 하죠. bona라는 말은 라틴어로 '좋다'는 의미입니다. 영어로는 'good faith'. 이것은 끈끈하게 사이가 좋다는 관계가 아닙니다. 그것이 아니라 "서로 신사적으로 인정하고 있어요"와 같은 관계를 의미합니다. 그래서 서로의 프라이버시라든지 비밀을 존중하죠. good faith는 비즈니스 용어인데요. 계약할 때 서로에 대해 최대한 경의를 표하면서 하죠. 그래서 "왜 이걸 사는 거야?", "어디에 사용하는 거야?"와 같은 질문을 해서는 안 되거든요. 서로의 비밀을 존중하는 것은 매우 중요합니다.
저는 종종 '학의 은혜 갚음' 이야기를 갖고 로스쿨 학생에게 설명합니다. 그것은 자신을 구해준 학이 찾아와서 베를 짜는 이야기인데요. 왜 이렇게 아름다운 베를 짤 수 있는 것일까, 남자는 그게 알고 싶어진 거죠. 학은 베를 짜는 장면을 들여다보지 말라고 말을 했음에도 말이죠. 그런데 남편은 "우린 부부잖아. 굳이 왜 비밀로 하는 거야? 좀 보여줘" 하고 들여다보고 맙니다. 그래서 벌을 받은 겁니다. 그는 멍청한 짓을 한 거죠. 그것은 봐서는 안 되는 거였어요. 존중해야 했습니다. 그럼에도 의심의 눈으로 들여다보는 바람에 영원히 그 부인을 잃고 말았습니다. 자업자득인 거죠.

그래서 아무리 부부 사이라도 혹은 연인 사이라고 해도 "우린 커플이잖아. 나에게는 알 권리가 있어"라고 말하고 아무렇지 않은 듯 그녀 혹은 그의 모든 것을 알려고 해서는 안 됩니다.

그것과 똑같이 E양이 자신의 노트를 마음대로 가져가는 것이 싫은 것은 당연한 일이죠. 역으로 말하자면 그것을 보여주었다는 것은 서로 매우 신뢰관계가 있는 경우에요. 그래서 무엇보다도 먼저 E양의 의사가 중요하죠. 보여주고 싶지 않으면 보여주지 않아도 됩니다. 교제상 어쩔 수 없이 해야 하는 이유로 보여줄 필요는 굳이 없는 거죠. 보여주지 않는 것이 당연하니까요. 노트를 상대방에게 보여주기 위해서는 서로 신뢰하고 존경하는 친구를 둘 필요가 있어요. 그것은 앞에서 나온 희생강요 패턴으로 자신을 도구로 사용하지 않는 친구죠. 일본에서는 몹시 어려운 일입니다. 제 경우도 인생에서 저를 뭔가의 도구로 착각하는 사람을 많이 만났는데요. 그럴 때마다 "나는 도구가 아니야" 하고 몇 번이나 말했죠. 물론 어려운 일이죠. 그런데 그런 친구를 가질 수 있으면 행복해집니다.

진짜 공부

오늘 여러분은 "안토니오가 브루노를 때렸다. 정말로 멍청한 짓이다"라고 말해주었어요. 정말로 기뻤습니다. 이유를 묻지도 않고 바로 '멍청하다, 바보다'라고 말한 것은 매우 중요한 감각입니다. 그다음에 지성을 사용해서 "음... 왜 이런 녀석들이 나온 것일까" 생각하는 거죠.

--브루노가 연기라고 생각이 들지 않을 정도로 리얼한 표정을 지어서 마지막에는 눈물이 났습니다.

브루노의 얼굴에 쓰여 있었죠. 몇 번이나 반복되는 이야기인데요. 브루노는 "이걸 하는 거예요", "아버지, 이것은 안 되는 거예요"와 같은 얼굴을 하고 있어요. 그것만으로 '땡' 종이 울려서 "자, 당신 레드카드"라고 말할 수 있는 것, 이런 게 사회에서 중요해요. 왜냐하면 조금 방심하면 때로는 "저건 멍청한 짓이 아니야", "이런 경우는 멍청하다고 할 수 없어", "저렇게 하는 데는 다 이유가 있는 거야"와 같은 생각에 빠지기 십상이기 때문이죠.

안토니오처럼 사람이 압박을 느끼면 제대로 된 일을 못 하죠.

그 압박을 받아들이는 태도를 익혀야 합니다. 그것이 일종의 공부라고 해야 할까. 좀 더 말하자면 자신감을 제대로 갖는 일이죠. 압박 안에서도 이겼다 졌다는 식으로 판단하는 것이 가장 좋지 않아요. 자신의 주종목을 하는 거니까요. 그 사람과 똑같은 종목을 하는 것이 아닌 거죠. 어느 쪽이 위라고 생각하지 않는 것이 매우 중요합니다. "이겼다, 졌다" 하고 압박을 느낀다든지 "졌구나" 하고 초조하다고 생각할 때는 정말로 큰 곳을 볼 필요가 있어요. 제가 살면서 크나큰 감동을 받은 순간은 로마에서 미켈란젤로의 '피에타'라는 조각을 봤을 때입니다. 그 조각 앞에서는 "한 걸음 나왔다" 아니면 "늦었다"처럼 그 어떤 가치도 갖고 있지 않다고 생각했어요. 피에타라는 것은 하나의 장르로, 성모 마리아가 처형당한 아들 예수의 시체를 인수하죠. '아이가 죽임을 당했다'고 하는, 이 수업에도 통하는 포인트가 등장하는데요. 그 슬픔을 표현하고 있습니다. 굉장히 젊은 어머니가 아기 예수를 안은 모습과 이중으로 그려져 있는데요. 물론 정말 아름답다고 느꼈고 동시에 너무나도 슬프다고도 느꼈어요.

 비쳐 보이듯이(투명하듯이) 슬퍼요. 이것을 한번 로마에 가서 보면 좋을 것 같아요. 그렇게 하면 뭐든지 다 날아가 버려서... 그래서 공부를 하지 않으면 안 되겠구나 하고...(웃음)

 --(웃음)

 그런 경험을 하면 이제 진짜 공부를 해야 되겠구나 생각하게 되지요.

제3회

도당(徒黨-패거리)해체의 매직
― 플라우투스 희극

두 번째 모임을 하고 나서 벌써 한 달이 지났군요. 왜인지 또 태풍이 접근해 와서 날씨가 나빠질 모양입니다. 그런데 날씨와 상관없이 건강한 얼굴들이 모여들고 있습니다. 신바람이 나서 들뜬 기분이 전해져 옵니다. "즐거운 시간이 시작되거든...", 뭐 그런 느낌이라고 해야 할까요. 영어 선생님은 아드님을 데리고 오셨군요. 도서실에 계신 사서 선생님도 견학하러 오셨습니다.

  이번 시간은 오후부터 시작해서 도시락은 없습니다. 앞서 감상한 두 편의 영화는 강렬한 인상을 학생들에게 주었는데요. 오늘은 처음으로 텍스트를 읽어와서 진행하는 수업입니다. 학생들이 준비해야 하는 부담이 있어서 노교수는 살짝 걱정하고 있습니다. 부좌여인 젊은 동료 교수는 같은 희극이라고 하면 코메디 프랑세즈에 의한 몰리에르 작품 상연 DVD를 보여주는 것이 낫지 않은가 하고 말했습니다. 그런데 일본에서는 친숙하지 않은 로마 희극의 각본 번역, 게다가 그것을 두 편이나 읽어와야 했지요. 게다가 다음에 들려드릴 줄거리를 보면 아시겠지만 두 편 모두 꽤 복잡합니다. 좀 "무모한 짓이 아닌가", "대학에서도 무리일 것이다", 그렇게 생각할 겁니다. 그래서 좀 스릴감이 있을 것으로 생각합니다.

오늘 모인 학생들 얼굴에 부담감은 전혀 없습니다. 왜 그런 걸까요. 모르고 있는 걸까. 아니면 알고 있기 때문일까요.

그래 그래, 줄거리를 첨부해 둘 테니 반드시 번역서라도 좋으니까 책을 사서 읽어보세요. 저번 수업까지 다루었던 영화도 보면 좋겠습니다. 여느 때처럼 교수가 앞에 나왔습니다. 준비운동도 없이 갑자기 시작하니까요. 그럼 또 나중에.

카시나

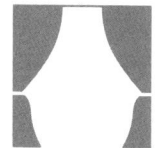

플라우투스 작(기원전 200년 로마 희극)

줄거리

무대가 열리면 유복한 상인 리시다무스의 노예들인 올림피오와 칼리누스가 논쟁을 벌인다. 또다른 노예 신분인 카시나와 올림피오가 결혼한다는 소식에 화가 난 칼리누스가 덤벼들고 있다. 한편 올림피오는 카시나의 육체를 탐할 수 있다고 상상하고 벌써부터 입술을 핥는다.

 다음 막에서는 무대에 두 채의 집이 있고 그 한쪽에서 여주인인 클레오스트라타가 나온다. 이들과 카시나의 만남을 남편이 방해하는 것을 알게 된 클레오스트라타가 분개하고 있다. 원래는 자연스레 카시나와 아들이 맺어져야 했다. 그런데 남편이 카시나에게 흑심을 품어서 일이 이 지경이 되었다. 세상에 이런 일이. 하늘이 노할 일이다. 옆집에서는 그 집 여주인인 미리나가 나온다. 클레오스트라타는 미리나에게 상담을 하는데 미리나는 남편을 따라야 한다고 생각하고 있어서 두 사람 사이의 견해 차이가 두드러진다.

미리나가 안으로 들어가니까 리시다무스가 나온다. 그는 향수 냄새를 풍기면서 카시나를 애정하는 마음에 도취해 있다. 그러다 처가 자신의 간계를 눈치챈 것을 알고 키스로 얼버무리려다가, 매몰차게 거절당한다. 그러자 리시다무스는 카시나를 올림피오에게 시집보낼 것을 선뜻 제안한다. 사실은 리시다무스는 올림피오를 핑계로 카시나를 차지할 생각이다. 이것을 간파한 클레오스트라타는 칼리누스를 내세우면서 대항한다. 어쩔 수 없이 리시다무스는 카시나를 포기하면 자유인으로 만들어 주겠다고 칼리누스를 매수하려고 한다. 그러나 칼리누스는 그 제안에 응하지 않는다. 클레오스트라타도 똑같은 제안을 올림피오에게 한다.

양 진영은 제비뽑기로 결론을 내기로 했다. 결국 이긴 것은 올림피오였다. 리시다무스는 시골 별장으로 카시나와 함께 가서 뜨거운 시간을 보낼 요량이다. 그 생각만으로 그는 기뻐서 어쩔 줄 모른다. 그곳은 올림피오가 관리하는 장소이기도 하다. 그런데 리시다무스가 카시나에 너무 빠져 있다 보니 올림피오에게 매달리는 모양새가 되어버렸다. 올림피오는 리시다무스가 왜 그렇게 서두르는지 이상하게 생각한다.

사실 리시다무스는 카시나를 농장에 자연스럽게 데리고 가서 그다음에 카시나를 차지하면 되는데… 그새를 참지 못하고 바로 옆집에 함께 갈 생각이다. 옆집 주인에게는 집을 비워달라고 부탁하고 여주인인 미리나에게는 혼례 준비를 도와달라는 계산이다.

제3막이 열리자 리시다무스와 옆집 주인인 알케시무스가 회의를 하고 있다. 리시다무스는 공공광장에 나가야 한다. 이 두 사람은 정치를 담당하고 재판에서는 많은 시민을 변호해야 하는 신분이라는 것을 알 수 있다.

한편 리시다무스의 계략을 눈치챈 클레오스트라타는 '미리나가 거들도록 파견해달라'고 아내가 부탁하러 온다는 것을 리시다무스가 아르케시무스에게 말하도록 유도한다. 그리하여 아르케시무스의 마음에 불신감을 심어놓는 것이다. 이 결과, 재판에서 돌아온 리시다무스와 아르케시무스는 언쟁을 벌인다. 그럼에도 몹시 흥분한 리시다무스는 아르케시무스의 가담 자체는 의심하지 않는다.

그러자 갑자기 클레오스트라타의 여자 노예인 파르달리스카가 "카시나가 미쳐서 검을 휘두르고 있습니다"라고 소란을 피워서 리시다무스를 당황하게 한다. 그 칼을 휘두르는 카시나가 "오늘밤 나하고 같이 잘 사람을 죽일 거야"라는 말을 하고 있다는 것을 듣고 "아, 그럼 나를 죽일 생각인가" 하고 리시다무스는 무심코 말하고 만다.

파르달리스카는 관객을 향해서 말한다. '클레오스트라타 작'의 연극이라고. 리시다무스는 몇 번이나 "결혼하는 것은 자신"이라는 것을 전제로 이야기를 해서 파르달리스카에게 놀림을 당한다. 그리고 자신의 편에 서 있는 올림피오에게 노예 취급을 당해도 불평을 말할 수 없다. 카시나를 취하려는 약점이 잡혀 있기 때문이다.

제4막이 열리자 파르달리스카가 관객을 향해서 지금부터 시작되는 연극만큼 두근두근하게 하는 것은 없다고 설명을 한다. 클레오스트라타는 주방장에게 부탁을 해서 요리를 늦게나오게 할 심사이다. 그리하여 공복이라는 리얼한 경험을 시키게 할 생각이다. 그러나 올림피오는 배를 비워두는데 리시다무스는 "사랑에 빠진 남자는 배를 비우지 않는다"고 말하고 있다. 이 연극은 다름 아닌 혼례의 의례이기도 하다. 신부의 베일을 쓰고 파르달리스카에게 시중을 받는 것은 다름 아닌 칼리누스이다. 리시다무스는 여자들을 집 안에 숨긴 채 농장에 간다고 말해놓고 혼례 행렬을 옆집으로 인도한다. 그러나 그 와중에도 신랑인 올림피오는 걷어차이거나 팔꿈치로 맞거나 한다.

제5막이 열리자 여자들이 차린 음식을 먹으면서 연극을 구경하고 한껏 멋을 부리고 있다. 그러자 옆집에서 올림피오가 당황하여 가까스로 도망치는 모양새로 뛰쳐나온다. 신부에게 두들겨 맞은 이야기를 파르달리스카에게 듣고 많은 여자 앞에서 큰 창피를 당한다.

그러던 와중에 "바보야, 이렇게 하는 거야"라면서 새로 도전한 리시다무스가 도망간다. 관객을 향해서 누군가 대역을 해주지 않겠느냐고 부탁한다. 신부가 쫓아오니까 더는 갈 수 없는 리시다무스는 공포로 얼어붙는다. 그러나 도망가려고 해도 거기에는 마누라 클레오스트라타가 있다. 이제 다 틀렸다. 그러나 마지막에 클레오스트라타는 남편을 용서한다고 선언한다. 클레오스트라타는 "연극이 더 이상 늘어지면 손님에게 죄송하다"고 말한다.

*

오늘 읽은 고대 로마의 플라우투스라는 사람의 희극인데요. 웃겼나요?

　--〈카시나〉는 웃겼어요.

그래요. 〈카시나〉와 비교해서 〈루덴스〉는 웃기다기보다는 감동하는 쪽이죠. 셰익스피어를 아주 좋아한다고 말한 S양, 〈루덴스〉는 특히 셰익스피어 같다고 생각했죠?

　--예.

예를 들면 셰익스피어의 〈템페스트〉는 이것과 공통점이 있어요. 폭풍이 사람들을 연결해 주어서 행복을 가져다주는 부분 말이죠. 〈템페스트〉의 모토가 〈루덴스〉는 아니지만 말입니다. 플라우투스의 작품은 셰익스피어라든지 몰리에르 같은 사람들이 그들 작품의 원천으로 사용해서 오랫동안 유럽에서 희극의 본보기가 되었습니다. 기원전 200년 무렵에 쓰였지만, 로마에서는 그 후에도 계속 상연되어 키케로와 카이사르 시대에도 귀족부터 서민까지 일상적으로 즐겼죠. 자, 그러면 〈카시나〉부터 이야기를 나누어 볼까요.

〈치카마츠〉 이야기와의 유사점

이 〈카시나〉 이야기는 첫 번째 수업에서 다룬 〈치카마츠 이야기〉와 좀 비슷하다고 생각하지 않았나요?
  --좀 그렇게 생각했습니다. 양쪽 이야기 모두 여자가 두 명 나와서. 그리고 유부남인데도 아저씨가 젊은 여자에게 손을 대려고 하는 이야기입니다.
  맞아요. 게다가 카시나는 그냥 보통 여성인가요?
  --아뇨. 부인이 아끼는 여성이죠.
  그래요. 여기는 〈치카마츠 이야기〉보다 더 확실합니다. 카시나는 부인의 노예입니다. 원래는 버려진 아이로 어떤 노예가 주워왔는데 부인이 "자신의 딸처럼 성심을 다해서 키웠다"고 전해집니다. 여하튼 비슷하다고 생각했어요. 생각해 보면 희한한 거죠. 이것은 기원전 200년 정도에 나온 극입니다. 한편 〈치카마츠 이야기〉의 원작은 기원후 대략 1700년 정도입니다. 기원후

1700년과 기원전 200년. 그런데도 비슷한 구석이 있는 거죠. 이 사실 자체가 재미있어요.

자, 그러면 이 리시다무스라는 아저씨 말인데요. 이 사람이 또 얄미운 사람이죠. 혹은 웃음거리가 된 아저씨인데요. 이 아저씨가 카리나를 차지하려고 합니다. 자, 그러면 요전과 똑같은 질문인데요. 왜 이런 짓을 하는 걸까요?

--음… 입장으로 봐서는 카시나라는 사람은 노예이니까요. 자신이 마음먹은 대로 하기 쉬우니까요?

그렇게 쉽게 할 수 있을까요. 부인이 보고 있는데도요.

--부인에게 고통을 맛보게 하고 싶다든지?

그래요. 그 요소는 확실히 있습니다. 왜인가 하면 이 연극 첫 부분에서 부인인 클레오스트라타가 이것저것 비웃고 있었죠. 옆집에 사는 미리나라는 부인과 이야기를 하는 장면도 떠올려 보세요. 그런데 이 두 사람 어떤 문제에 관해서 견해가 대립하고 있었어요. 알았나요?

--음, 그러니까 클레오스트라타는 남편에 대해 자신의 정당한 권리를 주장하고 있고, 반면에 미리나는 남편에게 따르라고 말하고 있었죠.

오호, 제대로 읽었군요. 굉장합니다. 여기는 대단히 중요한 포인트입니다. 즉 결혼한 남편과 아내가 각각 독립의 재산을 가진 '별재산'인가 아니면 남편이 전재산을 지배하는가(정확하게 말하자면 재산의 관리권 문제로) 의견이 대립하고 있죠. 남편과 아내는 대등한가. 아니면 남편이 전부인가. 이 다툼을 볼 수 있습니다.

리시다무스의 부인은 요즘 말로 하자면 부부별산제(부부가 재산을 따로 갖는 것)를 주장하고 있습니다. 따라서 카시나를 탐하려는 남편의 행동은 부인의 권리를 흙발로 짓밟는 것으로 보이죠. 그래서 더 분한 겁니다. 그냥 바람을 피우고 있는 것과는 조금 달라요. "앗, 발정난 인간이 내가 원래 가진 권리를 짓밟고 있어." 뭐 그런 포인트가 하나 있습니다. 즉 이 무렵은 발달한 부부별산제가 만들어지는 전야입니다. 그것이 고도의 신용형태를 만들어 냅니다.

아들은 어디에?

리시다무스가 카시나에게 손을 대려고 할 때 또 하나 중요한 동기가 있었죠. 이것은 〈치카마츠 이야기〉에는 없었던 동기였는데요.

--앗, 젊고 이쁘다는 동기만이 아니었군요.

음. 그러면 이런 젊은 아가씨는 이 아저씨와 어울리는 커플이라고 생각하나요?

--아니요. 그렇게 생각하지 않습니다.

자, 그러면 누구하고 어울릴까요? 원래대로라면 주역이라고 해야 할 사람이 나오지 않았어요.

--??

그 부분은 읽기 어려웠던 거군요. 극 안에서는 나오지 않았으니까요. (칠판을 향해서) 등장인물을 그림으로 표시해 보도록 하죠. 여기에 리시다무스와 부인이 있어요. 부인 밑에 노예 신분인 카시나가 있고 그녀와 똑같이 노예인 올림피오와 칼리누스가 카시나를 차지하려고 다투고 있습니다. 그런 구도입니다.

--앗, 아들이 있어요?

맞아요. 리시다무스와 클레오스트라타 사이에는 아들이 있어서 원래대로라면 카시나와 혼인을 하게 되어 있었어요. 아마도 카시나는 아들의 연인이었을 겁니다. 그리고 이 커플 "괜찮구나" 하고 어머니는 생각하고 있었죠. 아들은 꽤 괜찮은 남자고 카시나는 아름답고. 그렇다면 리시다무스는 무슨 짓을 하는 게 되는 건가요?

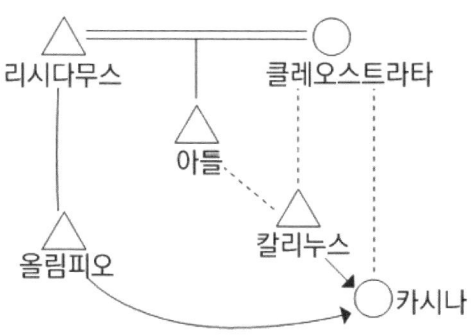

그림 7 - 〈카시나〉의 등장인물

--아들의 연인을 뺏는 일이죠.

그래요. 말도 안 되는 아버지죠. 군침을 삼키면서 아들의 연인을 노리고 있어요.

그러면 왜 아들은 나오지 않는 걸까요. 연극의 첫 설명에는 (리시다무스는) "이 젊은이를 국외로 보냈습니다"라고 쓰여 있는데요. 여기는 좀 해설이 필요할지도 모르겠어요. 이 아버지는 대규모로 해외무역을 하는 상인입니다. 그런데 아들에게 "잠시 해외 출장을 다녀오너라", "뉴욕에서 반년 정도 비즈니스를 하고 오너라"며 쫓아 버린 거죠. 왜 이런 일을 한 걸까. T군, 확실히 안 거죠?

--아들이 있으면 방해가 되니까요.

그래요. 아들이 출장을 간 사이에 어여쁜 카시나를 빼앗으려고 하는 겁니다. 그런데 이것은 바로크 시대 몰리에르까지 이어져 간 희극의 중요한 주제입니다.

왜 올림피오를 내세우는가?

이렇게 리시다무스는 카시나를 노리고 있는데요. 갑자기 자신은 가지 않습니다. 그 대신에 노예인 올림피오를 카시나의 배우자 감으로 만들려고 하죠. 왜 자신은 가지 않았나요?

--아내가 허락하지 않을 테니까요.

맞아요. 에도 시대의 〈치카마츠 이야기〉와 달라서 아저씨가 드러내놓고 카시나를 노리는 것은 불명예스럽다는 의식이 당대 사회 속에 존재하고 있었다는 겁니다. 그래서 숨어서 몰래 하는 거죠. 그 결과 리시다무스와 올림피오 사이에 어떤 관계가 만들어졌나요?

--거래 관계요. "나는 이렇게 할 테니 너는 이렇게 해라"와 같은 관계가 되었어요.

그래요. 그 일로 인해 올림피오는 점점 젠체하기 시작했어요. 뽐내어 몸을 뒤로 젖히고 걷는 올림피오에게 리시다무스가 "네 이놈, 너는 네 노예잖아?" 하고 불평을 말하자 "나는 자유인이거든. 약속을 잊어서는 안 되는 것 아닌가"라며 대답합니다. 그러자 리시다무스는 몸을 낮추고 고개를 숙여 "미안합니다. 나야말로 당신의 노예였습니다" 하고 사과를 합니다. 두 사람 사이는 이런 비밀스러운 관계가 성립한 거죠.

"자, 그렇다고 하면 다른 사람에게 알릴 테니까요"라면서 협박을 하고 협박을 당하는 관계. 즉 이 두 사람은 이런저런 권리를 교환하는 것뿐만 아니라 서로가 언제 배반을 할지 모르는, 그런 관계로 맺어져 있어요. 이 수업 주제가 또 나왔죠. 첫 번째도 두 번째도 우리는 이런 관계를 계속 쫓아온 겁니다.

칼리누스는 어떤 사람인가?

또 한 사람, 칼리누스라는 노예가 등장합니다. 이 집의 노예죠. 그런데 리시다무스는 왜 올림피오를 이용하고 칼리누스를 이용하지 않은 걸까요? 이 문제는 좀 어려울 수도 있겠습니다. 힌트는 1막에 있어요.

--칼리누스는 아들 쪽 사람이 아닌가 생각했습니다. 그래서 아들로부터 카시나를 빼앗는 것에 이용하기엔 칼리누스는 적당하지 않다고 생각한 거죠.

와, 훌륭하군요. 점점 대답에 가까워지고 있어요. 이 두 사람의 활동 장소는 어떤가요?

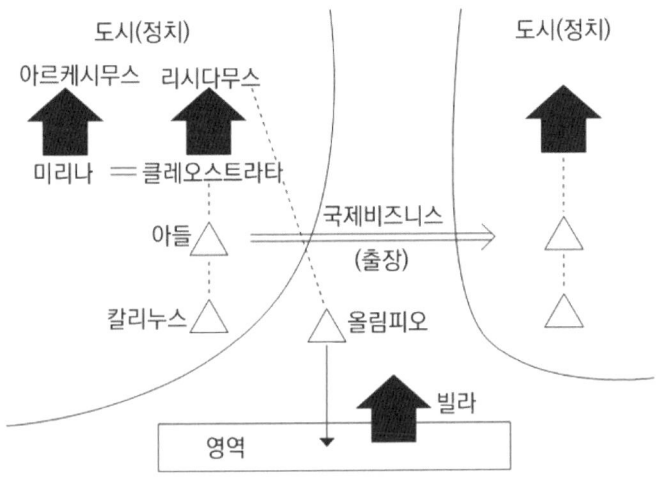

그림 8 - 도시와 영역

--아!

(웃음) K군이 목소리를 냈으니 한번 들어보기로 해요.

--시골에서 토지 관리를 하는 것이 올림피오의 일 같아서요… 올림피오가 카시나와 결혼해서 시골에 데리고 가면 리시다무스는 부인에게 들키지 않고 시골에서 몰래 카시나를 취할 수 있으니까요. 그래서 올림피오를 이용한 거죠.

--그렇구나.

대단합니다. 말 그대로예요. (박수) 칼리누스는 정반대죠. 이 양극성은 실은 이 극의 수수께끼를 단숨에 풀어버려요. 지금 나온 것은 그 정도로 굉장한 대답이에요.

(칠판을 향해서) 여기에 도시가 있습니다. 이쪽에는 시골이 있고. 이 연극 무대는 아테네로 도시의 저택이죠. 한편 시골에는 '빌라'라고 해서 전원주택이 있어요. 리시다무스는 카시나를 여기에 데리고 갈 생각이었죠. 시골에는 올림피오가 있어요. 한편 아들은 출장을 갈 정도니까 도시의 비즈니스, 예컨대 도쿄의 긴자와 미국의 월스트리트를 왔다 갔다 하는 일을 하는 셈이죠. 그리고 칼리누스는 아들 비서일을 하고 있어서 도시에 있다고 볼 수 있습니다. 고도의 비즈니스에는 반드시 에이전트 같은 사람이 필요한 거죠. 여러분들이 읽은 번역서에서 마음에 들지 않은 것은 도시에 사는 칼리누스에게 "왓시[1]"라고 말하게 한 점이에요.

---

[1] '왓시'는 일본어의 '와타시' 즉 '나'를 의미한다. 그런데 '왓시'는 노인들이 자기를 가리킬 때 쓰는

시골의 올림피오라면 몰라도 이런 스마트한 비즈니스맨이 "왓시"라고 말할 리가 없죠. 물론 라틴어로는 어떤 구별도 없이 단지 '나'라는 말이 있을 뿐이에요. 그런데 이런 중요한 부분에서 의미를 잘 파악하지 못한 겁니다.

지금부터 조금씩 설명하겠는데요. 도시가 있고 시골이 있죠. 이처럼 공간이 엄밀하게 나뉘어 있는 것이 그리스·로마 세계에서는 대단히 중요해요. 역사의 전문 용어로 말하자면 '도시'와 '영역'이라고 하죠. O군, 도시에서 일하는 것과 시골에서 일하는 것, 사용하는 것이 다르죠?

--시골은 육체노동이고 도시는 두뇌노동?

맞아요. 머리도 사용합니다만 도시라고 하면 '말'도 사용하지요. 한편 시골에서 활동하는 올림피오는 '힘'을 사용합니다. 즉 실력을 사용하는 거죠. 이런 방면의 일을 잘하는 겁니다.

왜 칼리누스를 내세우는가?

한편 부인은 칼리누스를 내세워서 카리나와 결혼시키려고 했죠. 부인은 왜 대리역을 필요로 했을까요? 직접적으로 "당신들 한 패거리죠. 실은 당신이 카시나를 갖고 싶은 거죠!!"라고 말하면

말이므로 이 저자는 이 상황에서 '왓시'라는 번역어는 맞지 않다고 본 것이다.

되지 않았을까요. 그런데 그렇게 하지 않았습니다.

--음… 바람피운 증거가 없다는 것밖에 생각이 미치지 못해서요.

음, 증거가 없다. 자, 그러면 증거를 열심히 찾는다?

--아, 이쪽도 실력으로 대항하지 않으면 결국 당할 수 있으니까요.

맞아요. 조금 보충하자면 리시다무스의 계획을 증명하는 데는 1년 정도 걸려요. 그래서는 지는 게 뻔한 거죠. 서둘러 대응을 해야 했어요. 그 경우도 원래라고 하면 누가 나오는 것이 좋을까요?

--원래대로 하면 아들이 나서야죠.

맞아요. 아들이 라이벌이 되어야 하는 겁니다. 그래서 아들을 내세우면 쉽게 이길 수 있어요. 아들은 자유인이고 외아들이라서 존중받고 있거든요. 헌데 바로 그것을 리시다무스는 간파하고 있었던 거죠. 그래서 뉴욕에 반 년 정도 보내버린 겁니다. 그런데 사태는 긴급했죠. 어쩔 수 없이 칼리누스를 내세울 수밖에 없었던 겁니다. 그러다 보니 호각 승부가 되고 말았죠. 양쪽 모두 대리역을 내세워서 싸우는 셈이니까요.

이렇게 되어버리면 어느 쪽이 나쁜지 말할 수 없게 되었다는 느낌이 들지 않나요? 그래서 실제로 이 사람들은 무엇으로 승부를 보려고 했던가요?

--제비뽑기요.

호각 승부가 되어서 제비뽑기로 하자고 결정을 한 거죠. 그런데 사실 호각이라고 해도 이 두 관계는 조금 달라요. 어디가 다른 거죠?

--올림피오는 아저씨와 한패가 되었죠. 올림피오와 결혼하면 결국 카시나는 리시다무스 소유가 되어 불행하게 되죠.

그래요. 전에도 이런 질문을 해서⋯ 여학생에게 이런 질문을 하는 게 조금 망설여지는데요. 그렇지만 이런 것은 경계해야 하는 거죠. S양, 리시다무스는 카시나의 무엇을 노렸나요?

--몸입니다.

그래요. 물리적으로 노리고 있었죠. 이런 점을 로마 희극은 확실히 표현합니다. 노골적으로 말입니다. 물건으로서 즉 육신으로서의 카시나를 노리고 있어요.

여기서 이야기가 연결되는데요. 올림피오는 힘을 이용해서 물건을 다루는 일을 하는 사람이죠. 뒤에서 리시다무스가 조종해서 카시나를 하나의 물적 대상으로서 노리고 있는 겁니다. 그것은 확실히 드러나고 있습니다. 그에 비해서 칼리누스는 어떤가요?

--리시다무스는 '사물화'를 하는데요. 칼리누스는 클레오스트라타에게 부탁을 받고 그 클레오스트라타는 아들에게 카시나를 시집 보내고 싶어서 그렇게 하는 겁니다. 참으로 놀랍게도 말이죠.

굉장하군요. 그 경우 칼리누스는 손을 대지 않고 카시나를 인도하는 거죠. 그녀를 아주 소중하게 여깁니다. 그런데 전자는 딱 달라붙어서 벗겨 먹으려고만 생각해요. 그에 비해서 이쪽은 당연히 그런 일을 하지 않아요. 소중히 여기죠. 이 대비가 제대로 그려져 있습니다. 즉 비즈니스 세계에 들어가면 다양한 것을 위탁받아 일해요. 그런 일은 신뢰에 기초하고 있죠. 그래서 클라이언트 돈에 손을 대면 큰일이 납니다. 그런데 안타깝게도 제비뽑기는 칼리누스가 아니라 올림피오가 이겨버리고 말았습니다. 이렇게 되면 리시다무스가 하고 싶은 대로 일이 흘러가 버리고 말아요.

왜 옆집에 데리고 가는가?

여기서 또 하나 문제를 처리하도록 하죠. 제비뽑기에서 이긴 리시다무스는 시골 거처로 데리고 가서 카시나를 취하려고 했나요?

--아니요. 먼저 옆집에 데리고 갔어요.

왜 그런 일을 했나요? 재빨리 시골에 가면 되었을 텐데?

--시골은 머니까요. 먼저 옆집에 데리고 가서 거기서 이렇게 저렇게 하고 그다음에 올림피오를 시켜서 시골에 데리고 오도록 하는… 뭐 그런 전략이었죠.

그래요(웃음). 일단은 쉽게 일을 처리하고 싶었던 건데 이중의 성질을 갖고 있죠. 속마음은 힘을 사용하고 싶다고 생각하면서도 그런데? 본인은 어떤 마음으로 있나요?

--그러니까…

여러분들에게 "그런 아저씨의 마음을 알아라"고 하는 것도 무리이기는 합니다만 향수 같은 것 뿌리고 다니지 않았나요?

--앗, 뿌리고 있었어요.

요컨대 젊은 여성에게 인기를 끌고 싶은 거죠. 자신은 순수하게 사랑에 빠졌다고 말하고 있어요. 그래서 당연히 발렌타인데이에는 초콜릿 같은 것을 준다든지 하겠죠. 그리고 어디를 갈까요?

--저녁을 먹으러 갑니다.

엑셀런트. 저녁을 먹으러 어디를 갈까요?

--그랜드 하얏트요.

아무리 생각해도 저녁을 먹을 곳은 롯폰기 정도는 되어야 하지 않을까요. 시골에는 샴페인이 나오지 않죠. 샴페인도 없이 카시나에게 구애하는 것은 무리가 있다고 생각한 겁니다.

도시의 아저씨들

리시다무스가 카시나를 데리고 간 옆집은 아르케시무스라는 아저씨 집이죠. 이 두 아저씨는 어떤 사람들인가요?

--서로 협력하는 관계에 있는 사람들요.

그래요. 훌륭합니다. 오히려 그것은 마지막으로 찾고 있었던 대답이에요. S군, 이 두 사람의 사회적 지위는 어떠한가요?

--높아요.

그래요. 리시다무스는 제3막에서 친척인 변호사와 하루를 낭비하고 말았다고 투덜거리고 있었죠. 즉 그들은 재판에서 변호사 일을 맡거나 의원으로서 정치를 하는 그런 계층이고 동시에 비즈니스를 하고 있어요. 이런 도시의 명망가층은 서로 협력해요. 그리고 그 관계는 본래 아주 신사적인 관계가 되어야 해요.

힘을 사용하는 올림피오와 토지 위에 세력을 확장하는 리시다무스의 관계는 패거리라고 해야 할까요. 그들은 결탁하기가 쉽죠. 왜냐하면 말로도 할 수 있을 것으로 보이는데요. 어차피 말이니까요. 정말로 그대로 할 것인가. 그것은 신뢰관계로 연결되어 있어요. 신뢰관계는 패거리하고 다르죠. 이에 반해서 물건과 힘이 개입되게 되면 배반과 빼돌리기가 일어나기 쉽거든요. 즉 패거리입니다. 도시에서는 광장이라든지 극장이라든지 의사당이라든지 말만이 뭔가를 표현해요. 게다가 공개 공간에서 성립하죠.

그러므로 리시다무스와 아르케시무스는 본래 신사적으로 협력을 해야 하는데, 그럼에도 두 사람은 어떠했나요?

--결탁해서 마지막에는 서로 싸웠죠.

그래요. 리시다무스는 속셈이 있어서 이상한 관계로 변질해

버립니다. 이것을 보고 있던 부인 클레오스트라타가 계략을 짜내서 두 사람을 제대로 속이니까 곧 사이가 틀어졌죠. 둘이 서로 협력할 때는 불투명한 부분을 만들지 않아요. 모두 명확하게 해서 앞으로 나아갑니다.

   그에 비해서 이쪽 사람들은 전부 어둠 속의 결탁이니까요. 그리되면 서로 의심을 하게 되고 결국 다투게 되죠. 이 일련의 장면은 리시다무스의 행동을 비꼬면서 비즈니스는 본래 어떠해야 하는가. 그것이 어떤 식으로 되어 버릴 위험이 있는가. 이것을 작가가 제대로 묘사하고 있어요. 카시나에게 손을 대려고 하면 "이렇게 되고 말거든", 뭐 그런 이야기입니다.

리시다무스의 야망을 좌절시킨 것은 무엇?

조금 옆길로 샜습니다만 종점으로 달려가기로 하죠. 아름다운 불꽃이 핑하고 올라가니까 기대하세요.

   제비뽑기에서 이긴 리시다무스는 드디어 야망을 실현하려고 하는데요. 결국 리시다무스는 실패하죠. 당연한 말이지만 말입니다. 만약 "리시다무스가 카시나를 손에 넣는 데 성공했습니다"와 같은 연극이었으면 어떻게 되었을까요. 관객이 토마토 같은 것을 던지고 모두 화가 나서 자리를 뜨겠죠.

   이런 부분이 첫 번째 수업에 나왔던 〈치카마츠 이야기〉와 다른 점입니다. 그때 이런 수상한 결탁을 어떻게 해체할 것인가가 법의 과제라고 말했어요. 그런데 그것은 일본 이야기니까요. 그 영화에서도 또 원작에서도 "자, 그러면 어떻게 해서 해체할 것인가"와 같은 이야기는 없었죠. 그런데 오늘의 두 연극은 로마의 희극입니다. '어떻게 해서 해체할 것인가', 이것이 이야기의 주축이 되죠. 우리의 독해로서는 사람들은 어떻게 해서 이러한 유형의 아저씨를 좌절시켰는가 그 부분을 읽게 되는 겁니다. 그러면 무엇이 리시다무스의 야망을 좌절시켰는가. 이것을 모두 함께 말해보기로 해요.

--부인이 속여서요.

그래요. 그녀가 막았죠. 그런데 어떤 식으로?

--칼리누스가 여장을 하고 거꾸로 카시나(여성형)가 카시누스(남성형)가 되는 전략으로 맞서요. 리시다무스가 카시나(실은 칼리누스)를 옆집에 데리고 들어가면서 일은 벌어집니다.

남성형과 여성형 부분 잘 읽었군요. 그래요. 이 장면은 통쾌해서 과일을 통째로 베어먹은 것 같죠. 신부는 베일로 완전히 가려져 있어서 얼굴이 보이지를 않아요. 그래서 리시다무스는 베일을 쓴 신부가 칼리누스인데 그 사실을 모르고 찝적대다가 두들겨 맞게 됩니다. 리시다무스는 "카시나는 왜 이렇게 힘이 센 거야?" 하고 생각한 겁니다. 그리고 옆집에 들어가서 먼저 올림피오가 음탕한 짓을 시도하다가 거꾸로 두들겨 맞고 나왔죠. 다음에 리시다무스도 두들겨 맞고 황급히 몸을 내빼요. 부인이 아들이 없는 긴급사태에서 칼리누스를 이용해서 신체로 막은 겁니다. 그 전략을 부인 혼자 전략을 짰나요?

　--아, 집안사람이 부인 편을 들어줬어요.

　그래요. 부인 쪽 여자들이 있었습니다. 복수형의 여자들이 있었죠. 리시다무스를 막은 것은 이 여자들의 공이 컸어요. 그런데 이 여자들은 결국 무엇을 한 건가요? 실력행사? 구체적으로는 누가 나왔죠?

　--시녀인 파르달리스카요.

　그렇습니다. 파르달리스카가 나와서 "지금부터 뭔가가 시작된다"고 말했어요. 때마침 혼례 준비로 들떠있던 리시다무스의 기분을 고양시키죠. 리시다무스는 그 작전에 걸려들어서 곧 카시나를 취할 수 있다고 생각합니다. 그래서 기다리지 못하고 곧바로 행동을 한 겁니다. 파르다리스카가 "신부가 신랑을 쳐죽인다"고 말하자 "나를 죽일 생각인가" 하고 무심코 자신이 신랑임을 드러내서 파르다리스카에게 제대로 당하죠. 여자들은 식사를 제공하지 않고 그들을 굶게 해서 갈망감을 부추기고 동시에 그들을 망상의 세계로 몰아넣어요. 자, 그러면 이다음에는 무엇이 시작되었나요?

　--연극?

　그래요. 모두 다 봤습니다. 이것은 매우 이른 단계부터 철저하게 말하고 있죠. 파르다리스카와 미리나의 대사입니다. 좀 읽어보기로 해요.

--세계 어디를 가도 이 집 안에서 하는 연극만큼 두근두근하게 만드는 것은 없다.

"자, 지금부터 연극이 시작됩니다" 하고 여자들이 말했죠.

--배불리 진수성찬을 먹고 좋은 기분. "자, 다음에는 바깥에 나가서 우리가 짠 결혼 연극을 보도록 합시다. 정말로 이렇게 웃었던 적은 태어나서 처음이 아닐까".

그래요. 모두 두근두근 달구경이라도 하듯이 리시다무스와 올림피오가 완전히 망가지도록… 어쩌면 바지도 입지 않았을지도 모를 일입니다. 비참한 몰골로 "와 당했다" 하고 나오는 장면을 앞에 딱 모여서… 사람에 따라서는 월경떡도 곁들여서 보고 있는 겁니다.

그 말은 단지 실력만으로 리시다무스의 계략을 막은 것이 아니라는 얘기예요. 요컨대 동시에 그것을 연극으로 만들어서 모두가 보고 있었죠. 특히 여자들이 보고 있어요. 이로써 리시다무스는 면목이 없게 되었습니다.

E양은 연극이라는 것을 무엇을 이용해서 하는가요? 컴퓨터로 할 수 있나요?

--아니요. 많은 사람이 모여서 연기를 합니다.

연기는 무엇으로 하는 건가요? M양은 연극부죠. 기본 트레이닝은 무엇인가요?

--복근 훈련이라든지…

그래요. 먼저 신체부터 시작하죠. 복근. 발성을 해야 하니까

요. 게다가 운동능력이 시험대에 오르죠. 특히 코미디의 경우는 액션 요소가 강해요. 그래서 연기자는 신체를 움직이지 않으면 안 되는 겁니다. 신체로 무대에 올라요. 그리고 무대 위에서는 가뿐히 신체를 움직여서 신체가 아닌 것처럼 연기를 해요.

  그런 것을 '의례'라고 말합니다. 충분히 의례화되어 있다는 것은 다양한 사실을 의미하는데요. 중요한 조건으로서 현실과 현실의 저쪽 편 그 경계가 확실해야 된다는 것이죠. 무대와 현실 사이에는 막이 있는데요. 이 막이 확실하지 않으면 어떤 일이 일어나는가 하면 날것의 현실이 그대로 쇼가 되고 말아요. 나쁜 정치가가 선동할 때 취하는 방법입니다. 연극 방법으로서도 나쁘죠. 현실이 무대에 점점 침입해 들어오는 셈이니까요. 리시다무스는 당연히 강합니다.

극중극의 후

혼례용 베일을 쓰고 있는 사람은 칼리누스이지 카리나가 아니죠. 리시다무스가 나중에 그 사실을 알게 되고 "사신을 속였다고 분노해서 부인이라든지 칼리누스를 추방했습니다"와 같은 줄거리도 있을 수 있는 겁니다. 〈치카마츠 이야기〉의 이순이라면 그렇게 했을 거예요. 그런데 이 이야기에서는 왜 그렇게 되지 않았을까요?

--뭔가 이야기라는 것은 원래 그런 게 아닌가 하고 생각했습니다..

　맞아요(웃음). 그것으로 된 거죠.

　--O군이 뭔가 알았다고 말했습니다.

　오, O군. 말해보세요.

　--아뇨, 잘 모르겠습니다만 만약 부인이 소송을 걸었다고 하면 리시다무스가 질 테니까… 리시다무스는 결국 부인을 추방할 수 없는 것이 아닐까요. 연극이 시작되기 전의 이야기인데요. "부인이 해야 할 일을 제대로 하면 재판은 당연히 이쪽의 승리죠"하고 칼리누스가 말하고 있었습니다.

　와, 그 부분을 아주 잘 포착했군요. 연극은 가장 먼저 리시다무스의 야망을 막았습니다. 이것이 '해야 할 일'이죠. 그런데 연극이 끝나고 현실로 돌아와서 즉 리시다무스의 권력이 돌아오면 죽도 밥도 아니게 되는 겁니다(허사로 돌아가는 거죠). 그래서 먼저 연극 중의 연극이 끝이 나도 연극이 계속되지 않으면 안 되는 거죠. 그래서 극중극으로 한 겁니다. 극중극이 끝나도 극은 계속됩니다. 이것이 재판입니다. 여기서는 이길 수 있다고 칼리누스는 말했죠.

　음… 이것은 좀 한참 나간 이야기라서요. 다시 돌아가기로 하죠. I양, 극중극의 후는 어떻게 되었나요?

　--이후 클레오스트라타는 "리시다무스를 용서해주기로 합시다"라고 말하고 여기서 연극과 현실의 경계를 정리했어요. 그리

고 리시다무스는 부인을 존중해서 자신의 위엄도 회복했습니다.

그래요. 그래서 해피엔드가 되었는데 일종의 화해죠. 극중극의 다음 극이 또 끝났습니다. 그때 어떻게 되었나요? 이것은 로마 희극의 패턴인데요. 이 극 전체가 끝날 때 마지막에 특징이 있죠. 아주 재미있다고 생각했나요? 이 연극의 마지막에 매우 눈에 띄는 것은 어떤 유형의 대사였나요?

--관객을 향한 대사요.

그래요. 좀 말해주지 않을래요?

--예를 들면 클레오스트라타는 리시다무스에게 "용서해 줍시다(중략). 연극을 이 이상 계속 질질 끌게 되면 손님들에게 미안하죠"라고 말하죠.

--그다음에 마지막은 칼리누스가 관객을 향해 이렇게 말합니다. "자, 그러면 여러분 앞으로 일어날 일을 말하겠습니다. 여러분이 알고 있는 카시나가 말이죠. 알고보니 옆집 딸이라는 것이 판명되어서 이쪽(리시다무스와 클레오스트라타) 아들인 에우티니쿠스와 축복을 받으면서 혼례를 올리게 됩니다."

완벽합니다. 관객을 향해서 말하고 있죠. 파르달리스카가 떠들썩하게 관객을 향해서 "지금부터 재미있는 연극이 시작될 테니까요"라고 말하고 마지막은 칼리누스가 "알고보니 카시나는 자유인의 딸이었습니다"와 같은 결론을 관객을 향해서 말했죠.

그렇게 되면 앞에서 I양이 말한 화해는 극장 바깥에서 이루어졌는지는 모르겠습니다만 적어도 무대 바깥, 관객석에서는 이루어졌습니다. 즉 연극을 만든 사람, 연기한 사람의 관점에서 보면 애써 극중극 덕분에 막을 수 있었던 무대상의 현실은 진짜 현실 속에 이렇게 내려왔다고 해도… 그대로 이어졌으면 좋겠다는 희망이 있다는 것이죠. 그런 관점이 여기에는 존재하고 있어요.

법이라는 시스템

연극에서는 무대 밖에서도 부조리를 막는 일이 계속되었으면 하는 희망이 제시된 것뿐입니다. 그 후의 일은 묘사되어 있지 않아요. 실은 극장 바깥에서도 연극이 계속되어… 그래서 현실인데도 실력이 배제되고 그 덕분에 거기서는 사람들이 "이것은 괜찮다"고 생각해서 논의만으로도 만사가 명쾌하게 결정됩니다. 게다가 극장 바깥이므로 정한 것이 그대로 현실이 되어 움직이지 않게 됩니다. 이렇게 되면 사회의 구성원들과 관련된 현실을 바꾸는 데 권력은 완벽하게 봉쇄되죠. 이런 장치(구조)는 권력을 배제하므로 개인의 자유를 지키는 원동력이 됩니다. 이런 장치를 '정치'라고 말합니다. 정치라는 말의 사용방식이 특수하니까 주의할 필요가 있어요. 애당초 제가 여기서 사용하는 것이 정석이고 보통 우리가 '정치'라고 부르는 것이 가짜인 겁니다.

   그 정치를 결정하는 방식의 한 가지 장르로서 O군이 말한 재판이 있죠. 두 당사자의 다툼에 관해서 어느 쪽이 이길 것인가를 사람들의 논의만으로 정하는 장르죠. 그중 하나로 형사재판이 있어요. 여기서 말하는 재판은 누군가가 정치라는 이 장치를 부수고 패거리를 만들려고 할 경우 그 주체를 배제하는 정치적 결정입니다.

자, 그러면 법이라는 것은 이상과 같은 보통의 재판을 하는 것이 아니라 극중극을 중간에 끼우고 먼저 권력을 막습니다. 그리고 극중극 바깥 무대에서 무대의 바깥 즉, 극장 바깥에 그대로 나가죠.

극중극의 규칙은 반드시 패거리가 개인에게 지는 이야기이니까요. 원칙적으로는 이 결과가 그대로 정치, 즉 재판의 결정이 됩니다. 그런데 잘 조사해 보니 실은 그렇지 않았던 겁니다. 즉 '개인' 시늉을 내고 있던 쪽이 알고보니 패거리의 수하였던 일도 있었죠.

이것은 오늘날에도 민사소송을 관통하는 원칙입니다. 민사소송이라는 것은 중재라든지 그 밖의 소송과 달라서 반드시 먼저 소송요건의 심리(審理)를 하죠. 그 후에 본안으로 들어가게 되는데요. 민사소송은 로마로부터 근대가 물려받은 것입니다. 그리고 민사법이 법의 중핵입니다. 그래서 법학부에 가면 민법을 가장 철저하게 배웁니다. 헌법과 형법은 실은 이 법과 정치의 믹스입니다.

'정치'에 관해서는 다음 수업 시간에 좀 더 상세하게 살펴보도록 하겠습니다. 오늘은 지금 이야기 한 법의 에센스가 극중극이라는 것을 확인할 겁니다. 왜 극중극인가 하면 정치라는 장치(구조) 자체(다음번에 보게 될 텐데요)는 언어만이 통용되는 도시 안의 특별한 공간에서 전개됩니다. 이것이 전 사회에 군림해서 모든 패거리가 해체되죠.

자, 그러면 그 공간 내부에 특수한 공간, 무대 위에 설정된 무대와 같은 공간, 거기에 무대 바깥의 현실을 가져와서 신체로 연기하는 연극으로 하죠. 리시다무스가 카시나를 습격하자 카시나를 소중히 여기는 칼리누스가 가로막아 섰어요. 그런 신체의 움직임을 통해서 그 일련의 흐름을 사람들에게 보여주죠. 즉 극중극 안을 이전 수업에서 봤던 브루노와 자전거의 관계, 즉 그 점유라는 원리가 지배하고 있습니다.

이 이야기는 카시나가 알고보니 '자유인'이었다고 밝혀지면서 끝납니다. 그런데 마지막에 좀 '황급히'라는 느낌이 들게 끝난 겁니다. 아무리 마지막에 클라이막스가 나와서 정의가 이겼다고 해도 그 전에 카시나가 리시다무스에 겁탈당해 버렸다면 아들이 돌아와도 사후 약방문인 거죠. 이것이 플라우투스의 메시지입니다.

여러분은 의외로 생각할지 모르겠습니다만 법의 입장은 마지막에 정의가 어느 쪽에 있는지에는 그다지 흥미를 보이지 않습니다. 그것이 아니라 법은 "일은 긴급하다. 여하튼 지금 막아두지 않으면 안 된다"에 중점을 두고 있습니다. 그러다 보니 마지막은 재판에서 이길 것이라는 마음 편한 소리를 하지 않죠. 그런 관점을 법은 갖고 있어요. 혹은 법의 핵에 있는 점유라는 원리는 "일단은 일정한 가치를 가진 상태에 관해서 제대로 보전해서 그 후 천천히 어느 쪽이 옳은지를 생각해 봅시다"와 같은 일을 하는 거죠. 이것은 법의 본질 같은 아주 중요한 생각입니다. 오늘날에도 프로 법률가는 이 사실을 숙지하고 있습니다.

　법률에 문외한인 사람(아마추어)은 아무래도 어느 쪽이 옳은가를 보려고 합니다. 반면에 법률가는 긴급하게 위험한 쪽을 중요하게 여깁니다. 법이라는 개념이 없을 때는 좀 비참한 일이 일어나는 셈이죠. 예를 들어 처음부터 그 이발소에 온 손님이 이러쿵

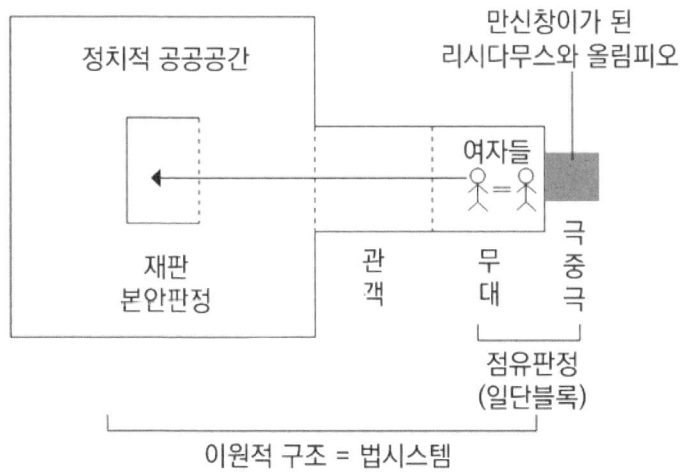

그림 9 – 극중극과 법시스템

저러쿵 떠드는 정치 이야기처럼 와자지껄, 와자그르르 "어느 쪽이 옳은지 생각해 봅시다"와 같은 사태가 되면 그냥 조정이 되는 거죠. 그렇게 되면 리시다무스 같은 힘이 센 쪽이 이기고 말아요. 이것은 전혀 법이 아닙니다.

--제비뽑기로 올림피오가 이겼다는 것은 어떻게 된 걸까요? 즉 엄정한 제비뽑기의 결과 올림피오와 카시나는 정식으로 결혼을 했죠. 그렇게 되면 결국 옳은 것은 올림피오가 되지 않습니까? 그래서 진짜 재판이 이루어지면 역시 부인은 지게 되는 것이 아닐까요.

그러니까 일본의 법을 생각하면 머리가 아픈 곳이죠.

사실 로마 재판에서는 이만큼 큰 수치를 당하면 모든 권리를 잃어버려서 정식 재판으로 가면 지고 맙니다. 일단 이정도 단계에서 파렴치한 일이 들통났을 경우 게임의 승패는 끝이 납니다. 제비뽑기 결과 같은 것은 사실상 무의미한 것이 됩니다. O군이 지적한 대사는 이것을 말하는 겁니다.

제비뽑기라는 중재적 해결은 카시나가 실은 자유인이었다는 실체적 해결과 함께 그리스적 해결방법입니다. 플라우투스 원작은 텍스트를 남기지 않았으므로 플라우투스로부터 역산해야 하는데요. 아마도 법을 몰랐을 테니 그런 줄거리였음이 틀림없는 겁니다. 사실 플라우투스는 점유와 법에 기초해서 대담하게 원작을 고쳐 쓴 거예요. 제비뽑기 결과는 알맹이가 빠져버리고 '알고보니 자유인'도 완전히 뜨고 말았죠(흔들리고 말았죠).

(휴식시간. K군 주위에는 사람들이 모여있습니다. K군은 아무래도 〈루덴스〉에는 정말로 감동한 것 같습니다. "이것은 수작이다"라는 말을 여러 번 하고 있습니다.)

그러면 두 번째 연극 〈루덴스〉로 천천히 들어가 보기로 하죠.

루덴스

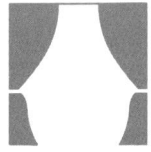

플라우투스 작(기원전 200년 로마 희극)

줄거리

막이 열리고 도시에서 멀리 떨어진 해안의 농장이 딸린 집. 크나큰 폭풍이 지나간 아침, 노예인 스케파르니오는 폭풍에 지붕이 날아갔다고 한탄한다. 거기에 플레시디푸스라는 사내가 친구와 함께 나타나서 두 젊은 여자를 데리고 있는 남자를 보지 않았느냐고 묻는다. 그순간 이들은 먼바다에서 두 남자가 높은 파도에 휩쓸리는 것을 발견한다. 플레시디푸스는 자신이 찾던 남자라고 말하고 사라진다. 그런데 스케파르니오와 주인인 다에모네스는 계속해서 작은 배에 탄 여자가 두 명 따로따로 바다에 던져지고, 언덕에 인양되는 것을 본다.

두 사람이 집안에 들어가자 먼저 여자 중 한 명인 팔라에스트라가 나타나고 한 명의 친구를 잃었다고 생각하고 절망한다. 그런데 다른 한 명인 암펠리스카도 나타나는데 이쪽도 유일한 희망을 잃었다고 말한다. 그런데 상대방의 독백을 듣고 서로를 찾더니 급기야 서로 끌어안는다. 서로에게 상대를 "1/2이상의 자신의 분신이다"고 말한다. 두 사람은 집 옆에 있는 비너스 신전에 뛰어 들어간다. 그리고 그 신전을 지키는 여신관 도움으로 거기에 숨게 된다.

2막이 열리자, 플레시디푸스의 노예인 트라칼리오가 주인을 쫓아서 막 도착했다. 팔라에스트라와 사랑에 빠진 플레시디푸스는 포주인 라브락스에게서 그녀의 몸값을 치루고 빼내는 데 성공한다. 한편 시칠리아에서 온 악덕 비즈니스맨인 카르미데스에 꼬드김을 당한 라브락스는 대금을 받자마자 여자들과 함께 배로 줄행랑을 치려고 했다.

플레시디푸스를 쫓아서 온 트라칼리오는 옆집에 물을 얻으러 신전에서 나온(동료인 기생이면서 태생으로 봐서는 파라에스트로, 즉 주인의 연인의 실질적인 시녀역이었던, 이전부터 알고 지낸) 암펠리스카와 딱 맞닥뜨려서 난파의 경위를 듣는다. 그것과 동시에 팔라에스트라는 자유인의 딸이 납치를 당해 팔렸다는 것, 그 증서품이 작은 상자 안에 있는데, 라브락스에게 빼앗겨 결국 바다 밑바닥에 가라앉았다는 사실을 듣는다. 이때 트라칼리오는 암펠리스카에 반해 있다. 그러나 라브락스와 카르미데스가 오는 것을 감지한 암펠리스카는 서둘러 신전 안에 숨는다.

라브락스는 카르미데스의 간계에 걸려서 난파했으므로 카르미데스를 힐책한다. 두 사람은 서로에게 책임을 떠넘기며 싸움을 시작했다. 그러다 스케파르니오로부터 두 명의 젊은 여자가 신전 안에 있다는 이야기를 듣고 뛸 듯이 기뻐한다. 무엇이든지 거래하는 바다의 상인 카르미데스와 두 눈으로 확인할 때까지 아무것도 믿지 않는 견실한 스케파르니오의 재미있는 커뮤니케이션이 있다.

제3막은 다에모네스의 꿈 이야기로 시작된다. 원숭이가 제비집을 습격하여 막으려고 하자 원숭이가 재판으로 소송을 건다는 꿈이었다. 그 와중에 신전 안에서 트라칼리오가 뛰쳐나와 밭을 경작하는 선량한 이웃들에게 도움을 청한다. 비너스 신전 안으로 도망간 두 젊은 여자를 포주가 습격하는 것이다.

다에모네스는 힘이 센 노예들을 불러내어 함께 신전으로 들어간다. 신전 안에서는 암펠리스카가 공포에 새파랗게 질려 있다. 트라칼리오는 다에모네스의 수하들이 라브락스를 제압하는 그 틈에 두 여자를 도망가게 해서 신전 앞의 제단에 붙어 있도록 말한다. 이윽고 다에모네스가 라브락스를 끌고 나온다. 위법한 실력행사를 했다고 비난받은 라브락스는 자신의 물건을 단지 붙잡으려고 한 것뿐인데 뭐가 위법이냐면서 자신이야말로 불법적인 실력행사를 당했다고 주장한다. 다에모네스는 그러한 항변을 받아들이지 않는다. 자기 물건이라고 하더라도 실력행사를 위법으로 보는 그 땅의 법률을 제시한다. 여자가 자유인이므로 실력행사가 허용되지 않는다고 하는 트라칼리오의 주장을 포함해서 대논쟁이 제단 앞에서 전개된다.

  제4막이 열린다. 다에모네스의 또 다른 노예로 어부 일을 하던 그리푸스가 귀중품이 들어 있을 것 같은 가방을 건져 올려서 일확천금으로 자유 신분이 되는 꿈에 부풀어 있다. 이것을 옆에서 주워들은 트라칼리오가 그리푸스에게 접근한다. 그 가방을 그리푸스가 독차지하면 절도가 되지만 자신과 나누면 잠자코 있겠다고 말한다. 그러자 "가방은 물고기와 똑같다"는 그리푸스와의 사이에 논쟁이 시작된다. 바다는 모두의 것이므로 각자가 잡은 것은 각자의 것이라는 그리푸스의 주장과 바다는 누구의 것도 아니므로 가방은 누구도 주워서는 안 되는 것이라는 트라칼리오의 주장이 충돌한다. 결국 결론이 나지 않자 다에모네스의 조정에 맡기게 된다. 가방 속에 지금 막 구한 젊은 여자의 신분을 증명하는 작은 상자가 있다고 들은 다에모네스는, 정말로 그녀의 물건이라면 팔라에스트라가 눈을 가리고도 그 내용물을 맞힐 수 있는지 테스트한다. 계속해서 맞히는 팔라에스트라. 그중 작은 물건에 새겨진 여자와 엄마의 이름은 다에모네스와 그 아내의 이름과 일치했다. 아테네에서 어렸을 때 납치당한 그들의 딸이 팔라에스트라임에 틀림없다는 것이 비로소 증명된 것이다. 플레시디푸스도 아테네 출신이므로 다에모네스는 플레시디푸스와 팔라에스트라가 연결되는 것도 기뻐하고 이중의 축연이 준비된다. 트라칼리오는 공적을 인정받아 해방된다.

제5막은 라브락스의 독백으로 시작된다. 그는 다에모네스에게 두 여자의 포획을 저지당하고 재판소에 끌려갔다. 거기서(계약법에 근거해서 심리가 이루어지고) 플레시디푸스에게 졌다. (계약법상의 효과 즉 돈을 주고 샀으므로 팔라에스트라는 해방되었다.) 낙담하는 라브락스인데 아직 암펠리스카가 남아 있다고 스스로 위로한다. 게다가 여기서 자신이 갖지 못한 가방에 대해 투덜투덜 말하는 그리푸스의 대사를 옆에서 듣는다. 그리고 보상금을 약속하고 가방의 행방에 대해 가르쳐주게 한다. 두 사람의 얼빠진 대화가 재미있다. 가방을 찾으러 다에모네스 앞에 나온 라브락스는 작은 상자 이외의 가방 내용물이 자신의 것임을 인정받는데 거기서 그리푸스가 약속한 보장금을 요구한다. 그러나 이것을 다에모네스가 빼앗아 버렸다. 단 그중 반을 라브락스에게 돌려줘서 암펠리스카의 해방에 사용하고 가방을 빼앗겨서 부루퉁해진 그리푸스의 해방에 나머지 반을 사용한다. 트라칼리오와 암펠리스카도 자유인으로 맺어지게 된다.

이렇게 해서 극의 대단원이 내려진다. 다에모네스는 마지막에 관객에게 갈채를 요구하면서 그들을 대만찬회에 초대한다. 다만 연극 중의 가상의 연회이므로 먹을 것을 얻을 수 있을지 어떨지. 그런데 라브락스와 그리푸스도 초대되어서 그들은 먹을 것을 얻는다.

부자유스러운 여성의 해방

Y군, 이야기 줄거리는 어느 정도 이해했나요?

　--아뇨.

　좀 어려웠을까요. 앞에서 K군이 열변을 토하고 있어서 그 주위 사람은 알지 않았을까 생각하는데요. 그런데 어려운 부분이 있었다고 생각해요. 번역으로는 '포주'라고 나오는 이 말 자체, 설명이 필요하죠. 일본에서도 전쟁 전까지는 몸 파는 직업이 있었다는 것을 알고 있을까요. 가난한 집 딸이 팔리는 일이 있어서 그런 여자아이를 사와서 장사하는 사람을 가리키는 말이에요. 포인트는 이 포주가 여자들을 마치 가축처럼 다룬다는 것이죠. 이 이야기 주인공 여성인 팔라에스트라는 유아 때 납치를 당하게 됩니다. 그래서 결국 이 라브락스라는 나쁜 사람이 그녀를 사서 자신의 소유물로 삼았죠. 그런데 플레시디푸스라는 젊은 사람이 나타났어요. 로마의 희극은 반드시 이런 식의 패턴인데요. 자유롭지 못한 여성이 나오고, 멋진 젊은이가 등장하면서 서로 사랑에 빠져요. 그리고 멋진 젊은이에게는 노예 신분이지만 수완이 좋은 사람이 작전을 세워서 이 두 사람을 해피엔드로 이끌어 갑니다. 20편 정도 남아있는 플라우투스의 연극은 거의 이런 식의 패턴입니다. 앞 이야기처럼 아들이 나오지 않는 것은 한 편 정도밖에 없어요. 그녀는 포주 손아귀 안에 있어서 많은 돈을 지불하고 해방해야 하죠. 그래야 비로소 두 사람은 결혼할 수 있어요. 그런데 이 경우 멋진 젊은이는 돈을 갖고 있지 않지만, 아버지는 부자라서 머리가 좋은 시중이 아버지를 속여서 돈을 내게 하는 뭐 그런 줄거리가 많습니다.

이 〈루덴스〉의 경우에는 돈에는 문제가 없다고 되어 있어서 플레시디푸스는 이미 착수금을 지불했습니다. 그런데 라브락스는 정말로 나쁜 사람으로, 착수금을 받아놓고도 야반도주를 해요. 여자들을 다 데리고 말이죠. 카르미데스라는 동업자가 "시칠리아라는 섬에 가서 장사를 할 수 있다"는 달콤한 전략으로 라브락스를 부추겼어요.

실력과 몸의 문제

그런데 천망회회(天網恢恢)[1]… 이 사자성어를 혹시 국어 시간에 배웠나요? 최초에 별이 나와서 하늘의 섭리가 있고, 이 배를 폭풍이 산산조각 내버립니다. 그러자 가까스로 도망쳐서 배를 타고 있던 사람들이 언덕에 도착하죠. 이 언덕에는 비너스 신전 그리고 다에모네스라는 사람의 저택과 그가 소유한 땅이 있습니다. 이 이야기에서도 두 명의 여자가 나와요. 라브락스에게 발견되

---

[1] 하늘의 법망은 눈이 성긴 것 같지만, 악인은 빠짐없이 걸린다. 하늘은 엄정하여 악행에는 악보(惡報)가 있음의 비유. 노자(老子)의 말.

면 이 둘은 또 부자유한 몸이 되므로 신전 안으로 도망갑니다.

　이런 느낌으로 시작을 해보도록 해요. 먼저 여러분에게 확인하겠는데요. 포주 라브락스가 여자들과 맺은 관계, 이것은 어떤 관계인가요?

　--소유주와 그 장사 도구라는 관계요.

　그래요. 게다가? 이 장사는 여성들을 어떻게 이용하는가요?

　--그러니까. 몸을 이용하는 것?

　그래요. 그래요. 그러고보니 또 이 문제가 나왔군요. 꼭 나오죠. 이 몸을 사용하는 감각이 중요하게 거론됩니다. 그리스와 로마의 극에서는 반드시 권력 관계가 나옵니다. 그것은 대체로 여성에 대해 행해지는 압력이죠. 왜 그런가 하면 그리스와 로마 사람들이 권력이라는 것을 굉장히 의식하고 있었기 때문이죠.이를 강하게 표현하기 위해서 여성과 아이를 두고 말하곤 합니다. 그렇게 되면 극을 보는 사람에게는 혐오감이 생기죠. 즉 문제설정으로서 "어떻게 하면 사회 안에서 힘의 요소가 사라질 것인가"와 같은 화두가 그들의 머리를 떠나지 않아요. 그래서 반드시 이런 상황이 나오는 거죠.

　카르미데스라는 인물과 라브릭스라는 인물이 같은 패죠. 이 둘의 관계는 어떤 느낌인가요?

　--사이가 좋지 않습니다. 신뢰관계가 아니라 장사로서 두 사람이 연결되어 있기 때문에요.

　맞아요. 그러면 이것은 문제가 없죠. 시칠리아라는 시골에 가서 맘 편한 장사(돈벌이가 되는 장사)를 둘이서 하려고 꾸미고 있어요. 거기에 카지노도 있죠. 그 여자들을 일하게 하면 '젖은 손으로 좁쌀을 움켜쥐듯이' 쉽게 돈을 벌 수 있을 거로 생각하고 계략을 꾸미고 있는 셈입니다. 이런 유형의 사람들은 꼭 서로 배신해서 같은 편임에도 싸움이 일어나 분열하고 맙니다. 이 이야기에도 그런 상황이 아주 잘 묘사되어 있어요. 그리스·로마의 모든 연극에도 반드시 패거리가 나옵니다. 이것도 그들의 문제의식을 잘 표현하고 있는 거죠. '이 패거리를 어떻게 할 것인가'가 그들의 문제의식이니까요.

왜 폭풍에 약한 걸까?

A군 이 계략을 꾸미는 사람들이 배를 타고 이 여자들을 완력으로 가두고 시칠리아로 도망을 갔죠. 이런 일을 일단 저지한 것은 무엇이었나요?
 --폭풍으로 배가 망가져서 여자들이 도망갈 수 있었습니다.
 그래요. 라브락스가 언덕에 인양되어서 "역시 폭풍우는 이길 수 없다"고 주저리주저리 말해요. 라브락스는 아무래도 폭풍우에 약한 것 같죠. 왜 약한 걸까요?
 --그 도망간 여성들이 자신들은 자유라고 주장을 시작하면…
 뭐라고 해야 할까요. 증거가 불확실하니까요.

그래요. 우리 친구는 축구부죠. 축구공은 우리 팀의 것이라고 정해져 있나요? 그렇지 않지요. 공은 우리 편의 것일 때도 있고 상대 팀의 것일 때도 있습니다. 그래서 예를 들면 상대가 고속 드리블러라고 해보죠. 그러면 우리 친구는 어떻게 해서 공을 빼앗을까요?

 --그것은 역시 근성이 아닐까요?

 근성(웃음)… 굉장한 드리블러에게는 발과 공의 관계가 어떨까요?

 --공을 자신의 손과 발처럼 움직이게 하죠.

 그래요. 그 말은 공을 빼앗을 때는?

 --공과 발 사이의 틈을 보고 빼앗죠.

 맞아요. "공이 당신 팀의 것이야" 하고 정해져 있으면 이런 고생은 하지 않겠지만 정해져 있지 않아요. 공을 실제로 지배하고 있는 것을 통해서만 '나의 것'이라는 사실이 작동하는 셈이죠. 즉 라브락스는 "이 여자들은 내 것이야"라고 말하고 있지만, 한편으로는 누군가에게 빼앗길 걱정이 많아요. 그래서 폭풍에 약한 거죠.

 이 폭풍은 동시에 언덕 근처에 살고 있는 다에모네스의 집 지붕을 부숴버렸습니다. 그런데 모두를 널러 버릴 것 같았던 태풍이 지나가자 어느새 파란 하늘이 보입니다. 한 마디로 열린 공간이 눈앞에 펼쳐지게 된 것입니다. 뭔가의 지배가 있으면 이 지배로부터 해방되는 것을 폭풍이 은유적으로 나타내고 있는데요. 그런데 이 경우 라브락스의 지배도 무너뜨렸지만, 집에 있었던 다에모네스가 큰 역할을 하게 될 것 같은 예감도 들게 합니다.

암펠리스카와 팔라에스트라

다음 질문입니다. 나쁜 녀석들에게 잡혀 있던 여자들, 팔라에스트라와 암펠리스카의 관계는 어떠했나요? 이 둘은 완전히 똑같은 입장인가요?

--아뇨. 암펠리스카에 관해 설명이 나와 있지 않습니다.

그래요. 아주 잘 읽었군요.

--팔라에스트라는 그녀를 사주는 사람이 있었지만 암펠리스카에게는 없었죠.

그래요. 팔라에스트라에게는 플레시디푸스와의 관계가 있지만, 암펠리스카에게는 없었죠. 이것은 중요한 사실입니다. 그리고?

--팔라에스트라에게는 어딘가 부모가 있는데 암펠리스카에게는 없었죠.

그래요. 암펠리스카는 잘 모르겠지만 아마도 혈육이 없는 것 같아요. 자 그렇다고 하면 이 두 사람 아무래도 각자 경우가 달라 보입니다.

그런데 이 둘은 사이가 좋습니다. 아 그런데 여기도 번역이 별로 안 좋은 부분이 있었죠. 제1막의 후반, 폭풍으로 낯선 땅에 던져진 팔라에스트라와 암펠리스카가 목소리로 서로를 찾아서 만나는 장면에서 "그렇다면 친구지"라는 번역이 나옵니다. 그러나 원서에서는 '소키아'라는 어려운 말(socius의 여성형 socia) 즉 동맹자라 지칭되어 투명한 수평적 연대를 가리키고 있습니다.

조합에는 출자분에 따라서 지분이 있죠. 비용 등을 분담하는 관계인 겁니다. 그 어조를 흉내내서 "당신은 나 자신의 반쪽이야. 아니 반쪽 이상이야"라고 말하고 있습니다. 즉, 당신은 나에게 자신 이상의 존재가 되는 겁니다. 당신이 없다는 것은 자신의 몸 반 이상을 갖고 있지 않은 것과 똑같다고 말하고 있는 거죠. 게다가 둘은 주종이라고 해도 이상하지 않은 여성들입니다. 그것이 절대적으로 동등하게 아니 동등한 이상으로 연대하고 있습니다.

S군, 이 두 사람, 왜 이만큼이나 강하게 연대하고 있는 걸까요?

--똑같은 경우를 겪어 와서요. …서로 의지할 수밖에 없는 사이라서요.

그래요. 훌륭한 대답이군요. 제가 생각하는 것도 S군 생각과 똑같아요. 이 둘은 궁지에 몰릴 만큼 몰려서 더는 잃을 것이 없죠. 의지할 때도 없고, 팔려와 나쁜 사람에 붙잡혀서 미래도 없을 것 같고 그렇게 자포자기 상태로 있었죠. 팔라에스트라에게는 최근에 남자친구가 생겼지만 그럼에도 두 여성은 궁지에 여전히 몰려 있어요. 그래서 이 정도로 강한 결합의 마음이 생겨났다고 생각해요.

그런데 라브락스와 카르미데스는 이 두 여성과는 달라서 어느정도 돈을 가진 것 같고 어느 한쪽이 다른 한쪽을 속여서 많은 돈을 벌려고 하는, 굉장한 게임을 하고 있어요. 그에 비해서 이 둘은 아무것도 갖고 있지 않아요. 이것이 가장 달라서 아주 좋은 대비를 이루고 있죠. 이 이야기는 대단히 아름다워서 앞서 휴식시간에 K군이 이쪽 이야기를 좋아한다고 말했는데요. 아마도 모두가 그럴 거로 생각합니다. 최고의 걸작이라고 일컬어지고 있어요.

라브락스의 야망을 꺾은 것은 무엇?

여자들은 비너스 신전으로 도망갔죠. 거기는 신성한 장소이므로 힘을 행사해서는 안 됩니다. 라브락스 일당은 신들을 두려워하지 않는 자들이라서 억지로 여자들을 데리고 가려고 합니다. 이 야망을 막은 것은 무엇인가요.

  힌트는 신전 옆에 사는 다에모네스라는 아저씨, 이 사람은 무엇을 했나요?

  --여자들을 제단이 있는 곳에 앉게 하고 그곳을 두 명의 강한 노예에게 지키게 해서 라브락스가 억지로 여자들을 데리고 가려고 하자 두들겨 팼습니다.

  맞아요. 앞 이야기와 완전히 똑같아서 먼저 일단 '실력'으로 막았습니다. 매우 단순하죠. 지금 라브락스의 발과 공 사이에 폭풍 덕분에 조금 틈이 생긴 상태였어요. 강한 미드필더는 무엇을 하죠?

--상대와 볼 사이에 자신의 몸을 넣습니다.

맞아요. 그때 규칙이 있어서 발을 사용해서는 안 되는 거죠. 허리와 어깨도 사용해도 좋은가. 몸으로 막아서죠. 이것을 일단 하는 겁니다.

이 장면에 주목하겠습니다. 이때 라브락스가 불평을 말합니다. 뭐라고 했죠?

--내 여자는 내 것이다.

맞아요. "내 것은 내 것이다"라고 말했죠.

--내 마음대로 해도 뭐가 나쁜가?

자기 마음대로 한다는 것은 이 경우 무엇을 의미하는가요?

--그러니까 실력을 이용하는 거요?

맞아요. "이 펜은 내 것이다. 그러니 이 펜을 부수든 어떻게 하든 내 마음이지"와 같은 논리를 사용하죠. 라브락스는 그런 대사를 이 작품 안에서 많이 사용해요. 그것과 비교해 다에모네스는 어떤 태도를 취하는가요?

--법률이 있다…?

응. 그래요. 거기서 법이라는 말을 해요. 여기서는 직접적으로 말을 해주니까 아주 고맙죠. "아니요. 법 이름으로는 그것을 하지 못하도록 합니다"라고 말해요. 음… 그러니까 법학부 학생이라면 생각할 겁니다. 법학입문 교과서에 모두가 다 '내 것은 내 것', 즉 소유권이 법의 기본이라고 쓰여 있으니까요. 라브락스도 돈을 주고 샀으니까 이 여자들은 내 것이다, 그런데 법이라는 이름으로 내게서 여인들을 빼앗다니 그런 일은 부당한 폭력이다. 나의 정당한 권리가 침해당하고 있다. "그것이 법이잖아" 하고 큰소리로 외치고 있습니다.

그 행동에 대해서 다에모네스는 "말도 안 돼. 당신 법을 진짜 모르는 거야. 이쪽이 법인 거야" 하고 말하고 있습니다. 사실 소유에 관한 진실은 생각보다 명쾌하게 드러나지 않습니다.

이 극중극은 사람의 자유가 우선

그런데 조금 주석이 필요한 것은 이 상황이 〈카시나〉와 똑같아서 진짜 실력은 아니라는 거죠. 사실상 의례화된 행위인 겁니다. 자유롭고 독립적인 사람이 논의만으로 일을 결정하기 위한 공간. 극장의 연장, 정치죠. 다툼을 여기서 하는 겁니다. 정치의 일종인 재판이죠. 그중에서도 특수한 극중극장. 그것이 비너스 신전입니다.

정치를 위한 공간은 도시에 있으며 도시에는 모두가 알다시피 신전이 있습니다. 신들을 위해서 모두가 자유롭게 접근할 수 있는 공간입니다. 줄지어 늘어선 기둥이 있고 전망이 좋아서 교

회처럼 닫혀 있지 않다는 것을 알 수 있어요. 이 연극에서는 그 경계선 같은 것이 이 도시와 많이 떨어진 해안의 신전으로 표현되어 있죠.

그것은 앞에서 본 〈카시나〉의 극중극의 공간과 똑같아요. 따라서 거기서는 먼저 패거리의 폭력행사, 즉 지배가 일단 해체되죠. 〈자전거 도둑〉에서 본 점유라는 원리가 작동해요. 그 점이 법인 거죠. 알았나요? 그렇게 다에모네스는 말합니다.

그리고 또 하나. 보통은 다에모네스가 이 여자들을 지키고 있는 상태, 즉 점유하고 있는 상태가 앞에서 만들어져서 그 후에 이것을 바깥에서 무너뜨리려고 하는 라브락스와 그의 동료를 막아섭니다. 그런데 이 경우는 달라요. 여자들이 도망가 있는 곳에 나중에 다에모네스가 지키러 들어가죠. 즉 처음부터 다에모네스가 공을 갖고 있었던 게 아닙니다. 어느날 폭풍으로 공이 오픈이 된 곳에 달려와서 라브락스의 틈을 노리고 공을 빼앗죠. 이것이 '우선'이라는 것입니다.

사실 달려와서 막아선 행위는 예외적인 경우에서만 인정을 받습니다. 어떤 예외인가 하면 사람의 자유가 관련되어 있어야 한다는 거죠. 사람의 몸의 자유가 관련되어 있을 때는 누구든지 달려와서 막아서는 겁니다. "그 사람이 우선이다"라는 로마 특유의 규칙이 있었어요. 자유신분을 보장하는 소송이라고 합니다. 라브락스가 꽉 쥐고 있다고 해도 "앗, 그 사람은 자유인이다"라고 말만 하면 막아서도 되는 거죠. "지금 농담해? 증거 같은 것

있어?"라는 말은 통용되지 않습니다. 역으로 상대가 자신의 것임을 증명하지 않으면 지게 되죠. 그런데 이 연극에서는 달려와서 막아선 행위가 아주 커요. 라브락스가 "그 여자들은 내 것이다"라고 말했을 때 "아, 당신 것입니까. 자 조사를 해볼 테니 일단 돌려드리죠. 그런데 만약 당신 것이 아니라고 하면 돌려주세요"라는 논리가 가능한가요?

--그리되어 버리면 그대로 갖고 도망가 버리는 거죠.

맞아요. 이렇게 되어 버리면 "와!! 이런 행운이 어디 있어?" 하고 멀리 도망가 버려서 두 번 다시 돌아오지 않겠죠. 아무리 그 후에 열심히 찾아봐도 완전히 의미가 없는 겁니다. 그래서 다에모네스는 대단히 신경을 씁니다. "그대로 멈추고 움직이지 마라. 여자들에게 손가락 하나라도 대면 그냥 넘어가지 않을 테니. 말을 거는 것도 안 돼"라고 말했어요. '무궁화 꽃이 피었습니다' 상태가 된 거죠. 이 여자들은 달콤한 말 같은 것으로 속임을 당하는 일도 있었기 때문에 경계가 필요했던 겁니다. 철의 셔터로 딱 끊지 않으면 아주 위험하죠. 이런 장면이 법의 경우에는 많아요. 단 일단 제어(Block) 기능을 사용할 수 있는 것은 패거리에 대해서 개인을 지킬 때뿐입니다. 〈기시나〉에서는 아내도 연관이 있어서 미묘했죠. 그러나 올림피오와 칼리누스라는 두 노예의 성질의 차이가 있어서 겨우 잘된 겁니다. 생각해 보세요. 패거리가 이 기능을 사용하면 큰일이죠. 그래서 현실의 로마 재판에서는 일단 블록 후 그것을 사용해도 좋았는지의 여부에 대해 나중에 심사가 이루어집니다. 그러지 않았을 경우 블록을 한 측이 호된 제재를 받죠.

재판에 의한 해방

〈루덴스〉에는 극중극의 결과가 극 중 바깥의 정치, 즉 극 바깥의 재판으로 나가도 유지되는 그런 점도 아주 잘 그려져 있죠. 이게 두 가지가 있는데요. 다들 이해했나요?

　--?

　첫 번째는 연극에 명확하게 쓰여 있지 않아 어려웠으리라 생각합니다. 실은 착수금 문제로 재판을 했어요. 제3막 마지막에 비너스 신전에 들어간 플레시디푸스가 라브락스를 재판소에 끌고 갔죠. 그 말은 플레시디푸스와 라브락스 사이에는 매매계약이 성립되었다는 것이었습니다. 그리고 착수금도 지불한 상태였죠. 그런데도 라브락스는 계약을 이행하지 않았어요. 그래서 이렇게 해서 플레시디푸스가 라브락스를 재판에 끌고 가서 이기게 되었죠. 제5막의 시작에서 라브락스는 한탄하고 있었습니다. "아, 비참하다. 재판소(혹은 중재 재판소)에 끌려가서 팔라에스트라를 빼앗겼다"고요. 즉 계약법으로 하나의 재판이 이루어졌죠.

알고보니 아버지였다.

또 하나 있었어요. 이 사실은 두드러졌으니 다들 알았죠?
--팔라에스트라가 자유의 신분이었다는 거요.
그래요. 이것은 어떻게 해서 알게 되었나요?
--팔라에스트라의 아버지가 다에모네스라는 것이 증명되었으니까요.
맞아요. 누구든지 달려와도 좋은 룰, '달려와서 블록하기'라고 말했습니다. 그런데 잘 알아보니 원래 아버지였었죠.
너무 흥을 깨지 말기 바라요. 그렇게 전개되면 "이야기가 너무 잘 만들어졌다"고 생각할 수 있지 않을까요? 그럼에도 그렇게 생각하면 예를 들어 〈피가로의 결혼〉 같은 것을 보면 모두 똑같은 패턴이라는 것을 알 수 있어요. 그 이야기도 가장 큰 적이 아버지고 그 아버지와 한패가 된 것이 어머니라는 사실이 판명되는데요. 거기서 흥이 깨지면 그 이후를 볼 수 없게 되죠. 그러니 끝까지 볼 필요가 있습니다. 끝까지 보게 되다 보면 "아버지라도 해도 이상하지 않다"는 사실을 알게 되는 거죠.
나와 H군은 타인이죠. 피로 연결되어 있지 않죠. 연결되어 있나요?
--(웃음)
피로 연결되어 있을지도 몰라요. 쭉 오래전부터. 그런데 생판 남이어도 괜찮아요. 우리가 피붙이가 아니라 하더라도 H군이 이지메를 당한다고 하면 저는 가만히 있지 않을테니까요. 어떤 면에서 피로 연결되어 있지 않더라도 아버지일지도 모르죠. 일단 "아버지라고 해보자"와 같은 형태의 연대가 있다는 것을 말하고 싶은 겁니다.

그런데 이 장면에서 어떻게 진짜 아버지라는 사실을 알았죠?
--바다에서 트렁크가 발견되었으니까요.
트렁크 안에 뭐가 있었죠?
--팔라에스트라의 부모가 남긴 추억거리가 되는 거요.
--장난감 같은 거요. 아버지의 이름이 새겨져 있는 칼과 어머니의 이름이 새겨져 있는 도끼요.
그래요. 그런데 그런 물건을 뭐라고 하죠?
--물증?
와, 여러분 굉장하군요. 맞아요. 물증이죠. 물건 그 자체의 증명력. 〈치카마츠 이야기〉에서도 말했죠. 물증이라는 것은 결정적입니다. 그건 그래요. "이 동일한 물건이 여기에도 있고 동시에 저기에도 있다"는 것은 있을 수 없는 일이니까요. 물건을 사용한 증명, 이것은 자명한 것으로 되죠. 부정할 수가 없는 가장 강한 증거가 됩니다.

그럼에도 지구는 돈다

이야기가 좀 어려워지는데요. 인간의 연대에도 몇 가지 유형이 있어서 말이죠. 공통점이 있다든지 서로 잘 알게 되어서 연대하는 경우도 있는데요. 그렇지 않은 유형도 있지요. 그렇지 않은 유형이라는 것은 먼저 한 명 한 명이 아주 자유롭다는 것이죠. 예를 들면 이런 경우를 생각해 보면 알 수 있지 않을까요.

자유롭지 않은 상태도 여러 유형이 있는데요. 그중 한 가지에는 지금 여기에 제가 홍차가 든 컵을 갖고 있다고 가정해보죠. 그런데 주위 사람 모두가 "뭔 소리야, 너는 거짓말을 하고 있잖아" 하고 말하는 경우에요. "여러분이 그런 말을 해도 지금 컵을 갖고 있거든요…"

"거짓말하지 마. 너는 첩자다. 정직하게 말해. 너는 컵을 갖고 있지 않거든…"

"그런데… 그렇게 말씀하셔도 나는 컵을 갖고 있는데요…"

--(웃음)

그러다가 끝내는 "야 인마, 장난해?" 하고 때리기도 하죠. "아뇨. 그런데 갖고 있는데요"라고 말하면 "아직 모르겠어?" 하고 배에 한 방이 들어옵니다.

"그럼에도 확실히 컵을 쥐고 있다"고 말하는 것은 아주 강한 자유의 보루가 됩니다. 여러분 이해하겠죠. 여기에 그것이 보인다는 것이 포인트예요. 그래서 그리스에서도 자연과학 같은 것이 나오게 된 겁니다. 갈릴레오가 말했죠. 그럼에도 지구는 돈다고. "그럴 리가 있는가?"라는 말을 들어도 그런데도 "지구는 돌고 있거든요. 대신 태양은 돌지 않거든요"라고 말하고…

--(웃음)

이런 물증의 세계는 매우 강한 개인의 자립과 아주 관계가 깊습니다. 그래서 사람이 연대할 때 이 강하고 명확한 기반을 서로 존중하는 것이 있어요. 제3자가 도둑 갈매기처럼 노리고 들어오면 지면 위에 스크램을 짜서 접근하지 못하도록 하는 연대입니다.

그런데 그리스의 시민권이라는 발상은 이 연대를 표현하는 하나의 방식이죠. 자신도 아테네의 시민이다. 자유로운 시민이다. 그런데 그것을 주장하다 보면 앞의 예처럼 "그런 일은 있을 수 없어" 하고 한 방 맞습니다.

로마라고 하면 앞에서 나온 자유를 위해 싸우는 사람이 나타나서 다이내믹하게 자유를 회복하죠. 공이 어느 쪽의 것인지 정해져 있지 않은 상태에 있어요. 그런데 그리스 사회는 한 개 한 개가 서로 지키고 있는 하부조직으로부터 만들어져서 그 연대에 속함으로써 자유로운 시민이 되는 거죠. "그런 일이 있을 리가 있나" 하고 딱 한 방 맞으려고 할 때 그 연대하는 사람들이 나와서 "보세요, 여기 뿌리가 나 있지요. 본인밖에 알 수 없는 거죠"라고 말하고 막아서는 겁니다. 이 발상이 여기에 흘러들어와서 이것이 팔라에스트라를 구하는 원동력이 되었죠.

오디세우스와 페넬로페이아

이 이야기에 등장하는 사고는 기원전 7세기 중엽쯤에 성립한 호메로스의 〈오디세이아〉에 처음으로 나온다고 합니다. 〈오디세이아〉는 어떤 이야기인지 여러분 조금만이라도 떠올려 주면 좋겠는데요. 오디세우스라는 영웅이 등장해서 트로이를 멸망시키는 데 10년이 걸립니다. 그리고 이들이 그리스로 돌아오는 데 또 10년이 걸려요. 그래서 20년 걸려서 겨우 돌아올 수 있게 되었습니다.

오디세우스에는 페넬로페이아라는 현모양처가 있는데요. 어차피 오디세우스가 트로이에서 사망했다고 생각하여 많은 구혼자가 구름처럼 나타납니다. 그런데 이 구혼자들은 전부 뻔뻔해서 떼거지로 남의 집에서 매일 같이 연회를 열어 오디세우스 집안을 거덜내려고 하는데요. 페넬로페이아는 현명한 여성으로 길쌈을 해서 "이 천을 다 짜고 나면 누구를 남편으로 선택할지 대답하겠습니다"라고 말합니다. 그리고서 밤에는 낮에 다 짠 천의 실을 다 풀어버리니까 10년 지나도 천 짜는 일이 끝나지를 않습니다.

--(웃음)

그러다가 이 청혼자들은 한패가 되어 오디세우스가 돌아오면 그를 죽여버리자고 작당을 하게 됩니다. 그래서 오디세우스는 정체가 드러나지 않도록 넝마를 뒤집어쓰고 변장한 채 고국으로 들어오게 돼요. 결국 아들과 협력해서 구혼자들을 전부 죽여 버립니다. 그리고 드디어 페넬로페이아 앞에 나타나서 "20년 만에 당당하게 돌아왔다"며 고하게 됩니다. '자 감동의 이 대면'…이라고 생각하는데 그게 아니었죠.

여기서부터가 아주 유명한 대목입니다. 그리스인의 지혜를 엿볼 수 있을 정도로 대단히 상징적인 장면이죠. 이 페넬로페이아라는 부인은 굉장한 사람으로, "당신이 저의 남편인지 알 수가 없어요. 그 증거를 보여주세요"라면서 당당히 말합니다. "저는 오디세우스 본인입니다"라고 말하고 주민등록증을 제시해도 소용이 없습니다.

--(웃음)

아들은 기가 막혀서 할 말을 잃어버렸죠. "어머니!! 아버지가 이만큼 고생해서 돌아왔지 않습니까. 어머니는 도대체 어떤 사람입니까?"라고 말을 하는데요. 페넬로페이아는 물증을 요구하죠. 안방 침대에는 부부밖에 모르는 어떤 장치가 있어요. 이것을 알고 있는지 알아보는 거죠. 그래서 물증을 인식하고 있는지 두 사람만의 비밀을 알고 있는 것인지를 확인합니다. 따라서 "침대에 뭔가 장치가 있는데 당신은 아는가요"와 같은 질문을 하지 않죠. 그렇게 말해 버리면 상대방에게 읽히고 마니까요.

부부끼리 이야기를 나누다가 "침대를 고쳤습니다"하고 무심코 말해요. 그렇게 되면 이것은 부부에게 중요한 장치니까 "뭐라고? 그럼 그것도 망가뜨린 거야?"하고 오디세우스는 무심코 말하게 되겠죠. 여기서 처음으로 페넬로페이아는 감격해서 울음을 터뜨립니다. '아아, 남편이 돌아왔구나' 하고요. 이 장면은 그리스적인 사고방식을 잘 드러내고 있습니다. 이렇게 철저하게 일을 체크해요. 어느 것 하나 믿지 않는 발상. 철저하게 음미하기. 그 정신을 공유하는, 이러한 연대가 있어서 그 안에서 문제를 해결해 나가는 것이 '정치'라는 것이죠. 지금 우리가 경험하고 있는 '정치'와는 전혀 달라요. 이것은 다음번 수업에 충분히 다루도록 하겠습니다.

암펠리스카를 어떻게 해서 구하는가?

정치에 문제를 맡겨서 팔라에스트라는 플레시디푸스의 부인이 되고 동시에 그녀가 다에모네스의 딸이라는 것도 알았습니다. 그녀는 행복하게 되었습니다. 그런데 남아있는 문제가 있지요. 이 사람을 못 본 척해서는 안 되겠죠. 누구를 못 본 척해서는 안 되는 걸까요?
　--그리푸스요.
　그리푸스? 이 사람도 못 본 척해서는 안 된다고 생각하는데요?
　--암펠리스카.
　맞아요. 암펠리스카. 이 사람을 그냥 놔두면 안 되죠. 팔라에스트라와 일심동체입니다. 팔라에스트라는 어쩌다 보니 멋진 남자가 나타나서 구원을 받죠. 그런데 이 암펠리스카도 갑작스럽게 그가 나타난 것 같지 않나요?

--…트라칼리오?

응. 트라칼리오죠. 나의 휴대폰 메일 주소입니다.

--하하하…

매니악입니다. 이 트라칼리오. 암펠리스카에게 마음이 있었던 것 같죠. 자, 그러면 이 연극의 훌륭한 점은 히로인뿐만 아니라 낮은 신분에 있던 이 암펠리스카를 제대로 구해내는 점입니다. 자, 어떻게 구해냈을까요?

--그리푸스가 바다에서 트렁크를 발견하고 트렁크가 있는 곳을 라브락스에게 가르쳐 주는 대신에 라브락스로부터 3000노모스를 받는다고 약속했기 때문에. 그래서 다에모네스가 라브락스와 교섭을 해서 그 반인 1500으로 암펠리스카가 해방되어서…

훌륭합니다. 나머지 반은 어떻게 되었죠?

--그리푸스를 자유롭게 하는 데 썼습니다.

잘 읽어냈군요. 로마 노예는 비즈니스 면에서 대활약을 했죠. 일종의 매니저 역할 같은 것입니다. 지위는 보장되어 있지 않지만, 재능 하나로 큰돈을 벌 수 있으니까요. 그러다 보니 그들은 아주 부지런하게 움직이죠. 열심히 해서 돈을 벌면 스스로 자신을 해방시킬 수 있었습니다.

이 트렁크를 발견한 장면에서 그리푸스와 트라칼리오는 말다

톰을 하고 있었습니다.

--그리푸스는 바다는 공유지이니까 거기서 주운 트렁크는 자신의 것이라고 말했어요.

바다에서 잡은 물고기는 자신의 것인 거죠. 이에 대해서 트라칼리오는 뭐라고 말했나요?

--"트렁크라는 물고기가 팔리고 있는가?" 하고 말했죠.

그에 대해서 그리푸스는 "음… 팔고 있지. '트렁크 물고기', 너는 모르는 거야?"라고 말해서 관객을 웃게 만들어요.

트라칼리오는 트렁크 안에 팔라에스트라의 신원을 증명하는 물건이 들어 있기 때문에 주운 트렁크는 그리푸스 것이 아닐 것이라고 주장했죠. 어떤 식으로 말한 걸까요?

--바다가 공유된다는 것은 바다에서 발견한 트렁크도 공유가 아닌가 하고요.

그래요. 여기서 '공유'라는 말은 '코무니스'라는 라틴어인데요. '누구의 것도 아닌'이라는 의미입니다. 즉 '공공의'라는 뜻이죠. 공공의 공간이라는 것은 물건이 여기에 있을 때는 누구도 그걸 가져가서는 안 된다, 모두 그냥 지나가야 한다는 것이죠. 그래서 이 논리는 물건의 운송에도 사용할 수 있습니다. 누구의 것도 되지 않아서 무사히 상대방이 있는 곳에 도착합니다. 트라칼리오는 바다는 '누구의 것도 아니다'라고 주장했습니다. 이에 비해서 그리푸스는 "바다는 모두가 들어가서 물고기를 잡아 자신의 몫으로 챙겨가는 그런 공간이죠" 하고 말했습니다. 각자 산나

물을 뜨으러 들어가는 산처럼. 즉 그리푸스는 재차 실력으로 물건을 움켜잡는다는 발상을 하는 사람이죠. "실력 지배가 모든 것이다", 뭐 그런 유형입니다. 그리푸스는 다에모네스의 교외 저택의 노예라서 시골에서 토지를 지키는 노예와 가깝기 때문입니다. 이에 비해서 트라칼리오는 이런 공공의 공간을 통한 오픈된 시장을 표현하고 있어요. 일본식으로 말하자면 '증권시장'이라든지 뭐 그런 느낌이라고 할수 있습니다. 여기서는 서로의 신뢰관계로 계속 매매를 하고 있습니다.

잘 생각해 보세요. 돈을 내고 "네, 확실히 받았습니다"라는 말을 듣고 이쪽도 "확실히" 하고 음료수를 손에 쥐듯이 편의점에서 이루어지는 매매가 아니니까요. 모든 것이 가상적으로 이루어지는 거죠. 그 기초에는 신뢰관계가 있는 겁니다.

아, 그러고 보면 〈치카마츠 이야기〉에서도 나왔어요. 모헤이는 그런 상황에 내몰려도 "왜 오사카에서 돈을 마련할 수 있었을까" 하고 생각했죠. 주인보다도 종업원이 그런 네트워크를 잘 활용했어요. 그리고 로마에서도 트라칼리오와 칼리누스와 같은 노예가 중요한 역할을 맡고 있습니다.

자, 그러면 트라칼리오의 접근방식으로 일이 진행될 때는 금과 은이 들어있는 트렁크가 이 신용의 순환 안에 놓여 돈이 돌게 되는 겁니다. 그리푸스가 트렁크를 트라칼리오가 말하듯이 라브락스에 돌려줍니다. 그리고 그럴 때는 그것만으로도 '돌려준다'는 순환이 미니멈으로 발생하게 되죠. 혹은 유실물의 경우라도 주운 사람에게 약간의 사례를 하곤 합니다. 그것이라도 괜찮습니다. 그래서 돈이 이래저래 움직이는 거라고 볼수 있죠.
   라브락스는 트렁크를 되찾습니다. 그 대신에 돈을 냅니다. 그 돈으로 암펠리스카가 구원을 받습니다. 뭐 그런 흐름으로 일이 진행되었죠. 그 사이에 트렁크가 바다를 통과하는데요. 거기서 그리푸스가 중간에서 가로챘다면 그것으로 끝이죠. 트렁크의 가치는 그냥 그대로인 겁니다.

열려진 바다

아, 여기에는 국제연합이 있었죠. 맞아요. 국제연합은 해양법도 다루지 않습니까?
   --네팔이 바다는 모두의 것이라면서 인도에게 바다에 들어가고 나가는 것과 통행 권리를 주장하다가 무시당하고 말았다는 그 이야기 아닌가 하고 생각했습니다. 아, 죄송합니다. 전혀 다른 이야기가 되고 말아서.
   아뇨, 아주 관계가 깊다고 생각합니다. 도로 같은 공적 공간이 점거되면 살아갈 수가 없어요. 막는다는 것은 여기는 내 것이니까 망이라도 쳐서 지나가지 못하도록 하는 것이죠. 현관 앞에서 당해보세요. 네팔 사건에 대해서는 저도 상세하게는 모르지만 말입니다. 저는 최근의 2백해리 시대라든지 경제수역 같은 게 정말 싫습니다.

--(웃음)

완전히 그리푸스적 발상이라서 말이죠. 바다는 '누구의 것도 아니'라서 경제수역이니 뭐니 자연자원도 그렇고 어업자원도 함부로 취해서는 안 됩니다. 물고기는 잡아도 되지만 너무 많이 잡아서는 안 되거든요. "나의 경제수역이다, 그러니 내가 이 물고기를 아무리 많이 잡아도 내 마음이지"라고 말하는 것은 역시 얼빠진 짓이라고 생각합니다.

전통적으로 국제법에서 바다는 열린 공간이라고 되어 있어요. 한편 '닫힌 바다'가 지금 유행하는 사상으로 모두가 모여서 가능한 한 바다를 나누어 갖자는 발상인 거죠. 그런데 저는 두 가지 점에서 이 생각에 비판적입니다. 첫 번째는 군사와 평화라는 관점에서, 두 번째는 자연보호, 자원의 측면에서 그래요. 산호초와 같은 문제입니다.

그리푸스의 경제

--'그리푸스의 닫힌 경제'와 '트라칼리오의 열린 경제' 사이의 차이는 좀 알 것 같은데요. 그런데 그리푸스라도 예를 들면 이 트렁크에 들어 있는 금은을 사들여서 돈을 움직이지 않습니까. 그래서 그러니까 차이를 잘 모르겠습니다.

예리한 질문이군요. 그리푸스에게도 유통분만 아니라 신용도 있죠. 이쪽에 신용이 있고, 저쪽에는 신용이 없다고 말하는 것은 부정확합니다. 오히려 똑같이 보이는 일의 미묘한 질 차이를 말하지 않으면 안 되죠.

트라칼리오가 트렁크를 되찾은 덕분에, 즉 다에모네스가 중재한 그 결과로서 암펠리스가 해방에 이르는 일련의 거래는 그것만 보면 그 어떤 색다른 것도 없는 거래인데요. 연극 중에는 역시 매우 투명한 거래공간이라는 것을 나타내고 있지요. 거기에는 '리먼 쇼크' 같은 것이 일어나지 않도록 모두가 신뢰할 수 있는 제대로 된 신용 시스템과 금융 시스템이 있습니다.

그런 경제와 그렇지 않고 실물을 꽉 쥐고 있는 것만이 확실한 것이라는 거래. 신용세계는 꽤 다릅니다. 그런데 이쪽도 대규모로 발달할 수 있죠. 경우에 따라서 속이고 속임을 당하고 누가 지는 패를 뽑는가와 같은 추잡한 싸움을 하게 됩니다. 일본 경제는 이쪽인 것 같습니다.

여러분들은 피노키오를 알고 있나요? 거짓을 말하면 코가 늘어나는 이야기 말입니다. 그 이야기의 포인트는 어디에 있는지 알고 있나요? 코가 늘어날 때 피노키오 옆에 어떤 것이 있었나요?

--?

--피노키오와 할아버지밖에 기억이 안 나요.

아, 그런가요. 안타깝군요. 누군가 기억나는 사람 없나요? 할아버지가 부지런히 인형을 만들죠. 거기에 요정이 나타나서 피노키오는 진짜 살아있는 남자아이가 됩니다. 그런데 뭐를 하면 그냥 목각 인형으로 돌아가 버리잖아요.

--유치원에서 읽었을 거라는 생각이 들어요.

뭐가 나왔던 거죠. 사실상의 주역이라고 할 수 있는 동물이 있죠.

--음. 작은 귀뚜라미가 나오지 않았나요?

아, 그래요. 귀뚜라미가 나왔어요. 잘 기억하고 있군요. 그런데 그것은 오히려 같은 편입니다. 뭔가 조언을 해주는 존재죠.

--고양이?

맞아요. 그중 하나는 고양이고. 또 하나는 여우였죠. 여우와 고양이가 나옵니다. 그리고 피노키오를 계속 나쁜 쪽으로 유도하죠.

--아아…

고양이와 여우가 정말이지 끈덕지게 부추기죠. "해버리자"고 말하고 나쁜 쪽으로 유도합니다. 일본의 경제계는 이 고양이와 여우로 바글바글 끓고 있어요. 여러분이 사회에 나가면 아무것도 모르는 백지상태와 다름 없습니다. 그러다 보면 곧 사기를 당해 피노키오처럼 되고 말아요. 사실 지혜를 기르지 않으면 인간은 그냥 나무 막대기에 지나지 않죠. 고양이와 여우의 간교를 간파하지 못하면 쉽게 원래 나무 막대기 상태로 돌아가고 만다는 이야기입니다. 피노키오 이야기는 말입니다. 우리에게 주는 교훈은 바로 이런 것이죠.

로마에 있어서 새로운 생각

마지막으로 강조하고 싶은 것은, 무슨 일이 있어도 암펠리스카를 구한다는 것이 연극의 결론이라는 겁니다. 팔라에스트라와 암펠리스카 둘을 구하는 거죠. 그리고 두 사람을 구할 때 이 바다와 물고기 에피소드가 결정적인 영향을 주고 있는 것입니다.

이 연극의 두 가지 큰 목표로서 첫 번째 주제는 앞에서 말한 것처럼 '일단 블록'을 제대로 듣게 하는 것입니다. 여기는 여러분에게는 새롭겠지만 이 연극을 보는 로마인에게는 이미 자명한 것이겠죠. "좀 너무 초보적인 게 아닌가" 하는 느낌이 들었을 테지요. 그런데 두 번째 주제로서 마지막의 '열린 바다'와 신뢰에 기초한 거래라는 이야기는 당시는 아직 새로웠습니다. 로마인에게도 신선했죠.

이것보다 조금 전, 기원전 3세기 전반에 로마는 카르타고와 서지중해 바다의 패권을 다투어서 결국 이깁니다. 그런데 이 전쟁은 어느 쪽이 바다를 차지하느냐는 싸움이 아니었습니다. 카르타고는 바다를 통한 무역을 자신의 영역을 경유해서 나가지 않으면 안 된다는 식으로 관리하고 있었죠.

반면에 로마는 각각의 도시가 각자 알아서 무역할 수 있도록 컨트롤했죠. 조금 더 말하자면 플라우투스가 바란 것은 열린 바다를 기초로 하는 새로운 국제 거래의 공간이었습니다. 좀 더 개방적이고 신뢰에 기초한 새로운 경제 세계를 만들려고 하는 자세를 그의 모든 작품에서 볼 수 있죠. 플라우투스의 역사적 의의는 그런 사람들의 의식을 표현했다는 점에 있습니다. 희극이라는 장르 자체에 그런 큰 역할을 부여한 것이죠.

　이 작품에 관한 한 플라우투스는 첫 번째 주제인 점유의 원리를 기초로 해서 비로소 두 번째 주제인 새로운 국제 거래 환경도 구축할 수가 있답니다. "이 두 가지는 역시 관계가 있어요" 하고 로마의 관객을 설득한 것입니다. 이것은 설득할 때의 한 가지 패턴이죠. 상대가 확실하게 인정하는 점에 논의의 출발점을 가져오는 겁니다. 그리고 제가 말하고 싶은 것은 이 상대가 절대로 인정할 것으로 생각되는 점에서 "자, 보세요. 연결되지요. 그 연장선상에 있어요"라고 말하는 것이 중요합니다. 그러면 상대는 "음음 확실히"라고 생각하게 되거든요. 그러한 구조를 이 연극은 갖고 있어요.

　이렇게 모두 해방되어서 끝이 납니다. 마지막에 라브락스가 따끔한 맛을 보게 되는 일도 없죠. 아니 그러기는커녕 "오늘은 집에서 저녁밥을 먹어 줄 텐가" 하고 다에모네스에게서 식사 초대를 받습니다. 그런 나쁜 작자인데 마지막에는 손을 맞잡고 춤을 추는 상대가 되는 거죠. 라브락스를 제대로 속여서 그로부터 돈이 나와 암펠리스카도 구할 수 있었으니까요. "자, 라브락스도 용서해 주자"고 관객에게 호소하죠. 그리푸스도 그리고 보고 있는 관객도 대연회에 초대받아서 마지막은 모두 해피데이라고 말하고 극이 끝납니다.

정치와 근거

자, 이렇게 오늘은 수업을 끝맺으려고 하는데요. 질문이 있으면 받도록 하겠습니다.

--좀 어두운 이야기가 될 것 같은데요. 나이 드신 분들의 연금을 삭감해서 출산율 저하 문제에 충당한다든지 그런 이야기가 있습니다. 어떤 일정한 사람을 구하기 위해서 누군가를 희생하는 것은 어쩔 수 없는 일인가 하고 생각하는데요. 그것은 옳은 일일까요?

이 문제에 답하기 위해서는 재정 전체를 논하지 않으면 안 되고 더군다나 저에게는 이에 관한 데이터가 없으므로 뭐라고 대답할 수 없습니다. 다만 "먼저 의심을 해보고 덤벼들어 보죠"라는 것이 저의 조언입니다. 앞에서 나온 페넬로페이아는 아닙니다만 "이렇다" 하고 말하는 사람이 있으면 그것에 대해서 "무엇을 근거로 그런 말을 하는 거야?" 하고 따져보는 겁니다.

--그런 것에 대해서 철저하게 데이터와 증거와 근거를 추급해도 되는 거죠.

맞아요. 왜 그렇게 해야 하는지. "왜?"라고 묻는 서죠. 이것도 나의 개인적인 경험인데요. 처음 유학 갔을 때 딸이 두 살이었는데요. 딸이 이탈리아 유치원에 갔다 오면 일본에 있었을 때와는 너무 달라서 "왜?"라고 묻게 되었죠. "이런 곳에서 큰 소리를 내면 안 되죠?"라고 말하면 "왜?" 하고 묻는 거예요. 부모로서는 논리정연하게 설명해야 하죠. 그리고 본인도 "왜냐하면"이라고 말해요. "주스가 먹고 싶어요. 왜냐하면 …" 이런 식으로 이야기가 되는 거죠. "왜냐하면 아까부터 수분도 아무것도 마시지 않았으니까요"라든지 "이렇게 더우니까요"라고 말해야 하는 겁니다.

--그렇군요.

그래서 무엇이든지 이유를 묻지 않으면 안 되는 겁니다. 누가 말해도 마찬가지지만 정치가가 말하는 것은 특히 엄중하게 체크할 필요가 있어요.

논의를 '주장(결론)'과 '논거' 즉 두 단계로 나누는 발상 자체가 그리스에서 정치가 탄생했을 때 나온 것이죠. 아무리 이야기를 나누어도 이게 옳으니 저게 옳으니 주장만 해서는 이익과 권력이 부딪히는 것과 다르지 않아요. 정치라는 것은 자유롭고 독립적인 사람이 논의함으로써 일을 정하는 것인데요. 논의해도 주장이 서로 부딪힐 뿐이라고 하면 이익과 이익을 조정해서 결론을 내는 것과 차이가 없습니다.

생각과 생각의 충돌이 아니면 투명성은 나오지 않습니다. 앞에서 예로 든 저와 딸의 대화에서도 이유를 대는 것만으로도 상대를 존중하는 느낌이 들죠. 그런데 단지 "이렇게 해야 한다", "예"가 되어서는 인격을 서로 존중하는 분위기는 나오지 않아요.

첫 번째, 일단 멈춰서서 생각을 해보는 거죠. 서로 말이죠. "왜 그럴까" 하고 반성을 해보는 것.

"목욕", "밥!"이라고 그냥 외치는 것은 그냥 '이익'에 불과하죠. "왜 그런 겁니까? 100자 이내로 설명해 보세요"라고 말해 보세요. 곧바로 조금 자유독립적으로 되는 느낌이 들 겁니다.

다른 질문 있습니까?

--선생님은 고등학교 때 어떤 공부를 했습니까?

입시 공부는 하지 않고 책만 읽었죠. 당시 입시는 아직 격렬하지 않았었고 유유자적한 시대였습니다.

--그래서 지금처럼 이렇게 선생님이 감상하고 음미할 수 있는 거겠죠. 그 '감상력을 우리는 갖고 있지 않은 게 아닌가' 하고 생각합니다. 우리가 볼 수 없는 관점으로 보고 계시고. 그것은 책을 많이 읽었고 생각도 하고 있고 그런데 우리는 입시 공부만 하는 바람에…

음. 그런데 그 정도로 비관하지 않아도 괜찮아요.

--(웃음)

여러분들을 보면 조금은 입시 공부를 해도 전혀 떨어지지 않고(뒤처지지 않고) 뭔가 잃어버린 것도 없고 해서 괜찮아요. 그래도 피노키오 정도는 다시 읽어보는 게 좋을 것 같아요.

--(쑥소)

전혀 문제없고 괜찮아요. 뭐라고 해야 할까요. 젊을 때는 오히려 다음이 중요하죠. 공부가 재미없어지고 특히 법학부 같은 곳에 진학하면… 법률가에 도전했으면 좋겠다고 생각은 하는데요. 재빨리 빠져나가지 않으면 안 돼요. 고양이와 여우가 우글 우글 나오니까요.

'감상력'이라고 말했는데요. 고전의 힘이 작용하고 있을 뿐이에요. 오늘 수업에서 저의 기여분은 제로입니다. 제가 번역을 했다고 해도 말이죠. 진짜 고전의 힘은 굉장합니다. 그것은 역시 인간 역사의 토대를 만들어 왔으니까 말입니다.

'자유롭게 열린 바다, 이것이 기본이다'라는 생각이 있으니까요. 그것이 어디서부터 왔는가 하면 역시 고전에서 왔고, 고전을 토대로 해서 사회가 움직이고 있다는 것이 굉장합니다. 일본의 경우도 비관할 일은 없죠. 요전에 본 미조구치 작품 같은 것이 있으니까요. 그래서 그것이 좀 교육현장에서 반석의 토대가 되면 좋을 텐데 하고 생각합니다.

제4회

버려진 한 사람을 위해서만 연대(정치 혹은 데모크라시)는 성립한다.

— 소포클레스의 비극

 일주일밖에 시간이 없었는데, 무거운 그리스 비극을 두 편이나 읽어 와야 하는 부담을 학생들이 얼마나 견디고 올까 하고 생각하고 있었는데요. 저의 예상을 깨고 학생들은 의기양양하게 집결해 있습니다. 지금까지 거듭해 온 수업이 드디어 효력을 발휘하고 있는 걸까요?
 저번 수업부터는 급기야 감추어져 있던 갑옷이 전면에 드러나서 내용이 갑자기 어려워졌습니다. 이러한 어려운 책을 중고생에게 읽으라고 도대체 누가 생각한 것일까요. 흥미가 끊기지 않는 이야기인데요. 그 누구를 상대로 인터뷰할 수는 없는 노릇이고 해서 수업이 어떻게 진행되는지 바라볼 수밖에 없습니다.
 오늘 수업 제재는 아주 수준이 높습니다. 줄거리는 올려놓긴 하겠는데요, 사실 자포자기한 느낌입니다. 이것을 중학교 3학년이 이해할 수 있을까? 그런 일은 "있을 수 없는 게 아닌가" 하는 느낌이요.

그런 탓인지 오늘은 노교수도 조금 초조한 표정을 짓고 있습니다. 긴장감을 엿볼 수 있습니다. 반면에 학생들은 평소와 완전히 똑같이 태연한 표정을 짓고 있긴 합니다만.

선생님이 앞에 섰습니다. 평소처럼 갑자기 쓱 시작할 테니까요. 그러면 또 나중에 뵙지요.

안티고네

소포클레스 작(기원전 5세기 후반의 그리스 비극)

줄거리

막이 열리자마자 자매지간인 안티고네와 이스메네가 날카로운 논쟁을 벌인다. 오빠인 폴리네이케스는 적으로 쳐들어오고 방어하는 또 한 명의 오빠 에테오클레스와 무승부가 되어 함께 죽었다. 숙부이자 새로 왕이 된 크레온은 배반자인 폴리네이케스의 매장을 금지했다. 두 자매는 이 명령이 심하다고 느끼는 점에서는 일치했다. 그런데 안티고네는 왕의 명령을 따르지 않고 매장을 시도한 빈면에, 이스메네는 시민들의 결정에 기초한 명령을 거역하지 않으려고 했다. 이처럼 자매는 대립하게 되어 결국 이스메네는 안티고네의 요청을 물리친다.

크레온은 원로원을 소집해서 자신에게 맡겨진 통치 자리에 대한 포부를 연설한다. 친족이든 아니든 평등하게 나라를 위해서 법을 엄정하게 집행할 것이라고 말한다. 그래서 설령 친족이라고 해도 적에 가담한 자는 우리 편이 아니므로 시체조자 매장해서는 안 된다는 명령을 내린 것이다. 원로들은 정치적 결정은 절대적이고 게다가 어떻게 결정하든지 자유라고 대답한다.

크레온은 사적 이익에 휘둘려서 판결에 등을 돌리는 자가 많다고 한탄한다. 그리고 자신의 결정에 자부심을 느낀다. 이때 초병이 나타나서 폴리네이케스의 사체가 매장되었다고 보고한다. 보상에 눈이 어두워진 초병들이 올 것이라 생각한 크레온은 마구 고함을 지르며 안으로 들어가고 초병도 따라 나간다.

그 초병이 이번에는 매장하고 있던 자를 현행범으로 잡았다며 등장한다. 그 젊은 여자는 바로 안티고네다. 초병은 안티고네가 순순히 죄를 인정했다고 한다. 사실 크레온의 추궁에 대해 안티고네는 전혀 부인하지 않는다. 그녀는 이로인해 죽음을 맞이한다고 해도 언젠가는 죽을 몸이고 오이디푸스의 자식이라는 궁극의 불행을 사는 자신에게 죽음은 '행복' 그 자체라고 말한다.

크레온은 예리한 안티고네의 논리에 자신보다 오히려 그녀가 남자 같다고 말한다. 그러나 핏줄로 연결되어 있다고 해도 용서하지 않는다고 계속 말하면서 이스메네도 가담했음이 틀림없다고 생각하고 그녀를 연행해오도록 명령한다.

안티고네는 크레온에게 서로의 생각이 전혀 다르다는 것을 강조한다. 그리고 시민들은 자신의 편이라고 말한다. 그런데 크레온은 의결을 거쳤다고 말하고 거기에 생각을 맞추라고 말하지만, 안티고네는 시민은 단지 당신을 추종하고 있을 뿐이라고 일축한다.

폴리네이케스와 에테오클레스, 이 두 사람을 적과 우리 편으로 구분해야 한다고 말하자 안티고네는 죽으면 적도 우리 편도 없다고 받아친다. 그리고 적은 죽어도 우리 편이 되지 않는다는 주장에 대해서는 자신은 함께 사랑하기 위해서 태어났다고 선언한다. 그러자 크레온은 네 마음대로 저세상에서 서로 사랑하라고 말을 던지고 나가버린다.

이스메네가 연행되어 오는데 그녀도 자백해서 안티고네를 놀라게 한다. "각자 삶과 죽음이라는 다른 길을 선택한 것이 아닌가" 하고 선택해야 할 길을 강조하는데 이스메네는 안티고네 없이는 살아갈 수 없다고 대답한다. 크레온이 "죽으면 결국 다 똑같아지는데 안티고네에게 왜 고집하는가" 하고 묻자 이스메네는 당신 아들의 약혼자를 빼앗을 거냐고 받아친다. 크레온은 여자라면 얼마든지 대체할 사람이 있고 더구나 안티고네와 같은 별볼일 없는 여자가 아니라 좋은 여자는 얼마두지 있다고 큰소리친다.

크레온의 아들인 하이몬이 등장한다. 아버지와 아들의 대립이라는 축으로 격렬한 논쟁이 전개된다. 하이몬은 안티고네를 죽이면 또 한 명이 죽는데 그래도 좋으냐고 말하고 정말로 모두 다 없어지는 것을 예감시킨다.

죽음을 향하는 안티고네의 긴 독백. 한 명 한 명 둘도 없는 사자(死者)와의 연대. 살아 있는 자는 남편이든 아들이든 새로 얻는 것이 가능하지만 죽은 자는 한 명 한 명 대체자가 없다고 말한다. 예언자인 테이레시아스가 크레온 앞에 나타나서 눈을 뜨고 사람들의 의견에 귀를 기울이라고 조언하는데, 크레온은 테이레시아스가 돈을 노리고 접근했다고 생각한다. 그럼에도 마지막에는 자기 생각을 꺾고 안티고네를 해방할 것을 결심한다. 그러나 때는 이미 늦었다. 전령이 하이몬의 죽음을 전하러 들어온다. 그 사실을 들은 것은 크레온의 처이자 하이몬의 어머니인 에우리디케이다. 연이은 죽음 앞에서 크레온의 절망. 그리고 돌아온 크레온은 아내의 죽음을 알게 되었다.

*

오늘 우리가 읽을 것은 기원전 5세기 그리스의 소포클레스라는 사람이 쓴 두 개의 비극 작품입니다. 소포클레스는 지난번에 읽었던 플라우투스보다 약2백 년 전의 사람이지요. 테마가 조금 어렵다고 생각을 하긴 했습니다만 이야기의 얼개와 줄거리는 단순하므로 하나를 알면 전부가 풀릴 것으로 생각합니다. 오늘은 그 원포인트를 천천히 찾아가는 시간이 되었으면 합니다.

자, 그러면 〈안티고네〉부터 시작하도록 하죠.

왜 매장해서는 안 되는가?

크레온은 테베라는 폴리스의 정치권력을 대변하고 있습니다. 크레온이 전사한 폴리네이케스의 무덤을 만들어서는 안 된다는 명령을 내렸죠. 이것은 법률의 효력을 갖는 정식 명령입니다. 규정된 절차대로 결정된, 즉 모두가 정한 것이므로 한 명의 판단으로 마음대로 어겨서는 안 되는 것이죠.

그래서 먼저 생각해야 하는 것은 고작 한 젊은이의 무덤을 만들 것인지 만들지 않을 것인지... 언뜻 생각해 보면 꽤 시시한 이야기죠. 적어도 이 문제가 모두의 운명을 좌우하는 것은 아닌 거니까요. 그런데도 위반하면 사형이라고 말하고 있습니다. 왜 크레온은 이런 명령을 내렸나요?

--그 사람이 적이었으니까요.

그래요. 적이었습니다. 그런데 폴리네이케스는 이 크레온의 남자 조카입니다. 여자 조카인 안티고네의 오빠죠. 그래서 적이긴 하지만 친족이 아닌가요. 그런데도 왜 안 된다고 말하는 걸까요?

--진속이긴 하지만 같은 편을 배반하고 공격을 해서 자신의 고향을 파괴한 행위는 용서할 수 없다고 말하고 있어요.

음... 에테오쿠레스와 폴리네이케스라는 형제 사이에 다툼(분쟁)이 있어서 폴리네이케스는 추방당하고 적국인 아르고스로 가버렸죠. 두 번째 수업에서 다룬 것처럼 가족 사이에서 원한이 발생하면 오히려 더 큰 일이 벌어지고 말아요. 이 형제도 또한 그런 상태로 서로를 미워해서 결국 둘 다 죽고 맙니다. 그 예언대로 되고 말았습니다.

친족인데도 같은 편을 배반했으니 더욱 용서할 수 없었겠죠. 그런데 동시에 피는 연결되어 있어요. "매장도 안 된다"고 하니 크레온이 너무 잔혹한 것 아닌가요? K군, 이 크레온의 사고방식은 개인보다는 국가를 대변하고 있다고 말하고 있는데요. 국가로서 생각했을 때는 어떻게 되는가요?

--가족보다 국가를 중시해야 한다고 크레온은 생각하고 있습니다. "친한 자를 자신의 조국보다도 소중하다고 생각하는 무리는 없는 것과 똑같은 녀석이다"라고 크레온은 강조해서 말 하고 있습니다.

와, 그런 식으로 중요한 부분을 인용하다니 훌륭합니다. 저의 대본도 나중에 여러분이 읽어주었으면 하는데요. 이 부분을 천천히 읽어야 합니다. '친한 사람'은 '친족'으로 번역했어야 했어요. 그리고 '조국'도 '자신들의 정치 시스템'으로 번역하는 것이 좋죠. 왜냐하면 '조국'이라면 가족과 모순되지 않기 때문입니다. 여기서 말하는 '조(祖)'는 혈통의 정점을 의미하고 '조국'을 나타내는 유럽어에서도 반드시 '아버지'를 나타내는 단어가 들어갑니다. 그런데 이 '나라'는 근대라고 하면 국가라는 제도를 의미합니다. 그렇다고 하면 이것은 정통적인 방식인 겁니다. 왜냐하면 법과 행정 일을 하는 사람이 자신의 가족이므로 편든다고 하면 이것은 말도 안 되는 일이기 때문이죠. 어떤 의미에서는 당연한 논리예요. 단, 문제는 앞에서 나온 '적이다'라는 그 부분이죠. H군, 적은 역시 죽어도 혼내 주어야 하나요?

--죽으면 거기서 끝이니까 더는 안 해도 되지 않을까요?

그래요. 아무런 위험도 없으니까요. 그런데도 왜 크레온은 아직 용서할 수가 없는 걸까요. 시체를 새의 먹이로 준다고 말한다든지... 철저하게 시체도 욕보이려고 하고 있죠. T양은 이해할 수 있나요? 이때 크레온의 감정은 어떠한지?

--뭔가 냉정하지 않고...

그래요. "중이 미우면 가사도 밉다", "며느리가 미우면 손자까지 밉다"는 말을 알고 있나요? T양이 지금 직감한 대로 '증오'라는 감정이 격해져서 시체도 어떻게 하지 않으면 속이 시원해지지 않는 거죠.

크레온의 모순

지금까지의 이야기를 종합하면 이 크레온이라는 사람은 모순된 행동을 하고 있는 게 아닌가요? 어려운 질문이니까 여러분 천천히 생각해 보세요.

--...?

한쪽은 친구가 소중하다고 생각하고 반면에 적은 철저하게 괴롭히려는 생각. 그리고 다른 한쪽은 친족이므로 편을 들어서는 안 된다는 생각. 양쪽 모두 일리가 있지만 사실 이 두 가지 생각은 서로 모순됩니다. 어디가 어떻게 모순되는 걸까요? 그것을 풀 열쇠를 쥐고 있는 것은 '친족'이란 무엇인가 하는 것이죠. O군이 K군은 "아, 남동생이므로 용서가 된다", 그런데 고바(木庭) 선생님은 용서할 수 없다고 말하죠. "왜냐하면 타인이니까"라고 말했을 때 이것은 무엇을 의미하는 건가요?

--음...?

"피가 연결되고 있다고 말하는 것"은 무엇 때문에 사용하고 있는 것일까요. 왜 일일이 구별하지 않으면 안 되는 걸까요. 어른들을 한번 보기 바랍니다. 경우에 따라서는 DNA감정 같은 것도 막 하고 그러죠. 자, 우리 친구가 급식당번인데 오늘 급식은 뭔가의 착오로 조금 부족했다고 합시다. 그러면 어떻게 하나요? 친족에게는 급식을 주지만 저쪽에 있는 타인에게는 급식을 안 주나요?

--아니요. 양은 적어지지만 두 사람에게 균등하게 나눕니다.

와, 굉장하군요. 자, 그러면 역으로 친족에게만 급식을 주는 사람은 무엇을 하는 건가요?

--구별, 차별요.

무엇을 구별하는 걸까요?

--사람...

그 덕분에 사람 사이에 무엇이 만들어지는 거죠?

――집단.

맞아요. 친족은 왜 구별하는가. 친족이라는 것에 왜 사람들은 집착하는가. 그것은 '집단'을 나누기 위함이죠. 집단을 만들어서 구별하는 겁니다. 예를 들면 A그룹은 나와 피로 연결된 사람, B그룹은 연결되어 있지 않은 사람처럼 말이죠. 조금 더 엄밀하게 말하자면 A그룹은 A씨의 자손, B그룹은 B씨의 자손 뭐 그런 식으로 구별하는 거죠. 마치 여러분의 학급을 나누는 것처럼 말입니다. 사회 안에서 사람을 집단으로 나눌 때 이 친족 시스템을 사용하는 겁니다.

자, 그러면 원래 질문으로 돌아가서 크레온은 모순된 행동을 하고 있는 거죠?

――"친구는 소중하다"고 말하고 있음에도 "친구여야 할 친족을 용서하지 않는다"고 말했어요.

맞아요. 이 이야기는 조금 더 해설을 해야 할 것 같은데요. 여기서 잠깐 여러분께 좀 미안한데요. 그리스어를 좀 가져와서 이야기해보겠습니다. 지금 이야기해 준 "친한 사람을 자신의 조국보다도 중요하게" 이 부분에서 '친한 사람'은 친족을 나타낸다고 말했죠. 이것은 '목적격'으로 philon(주격 philos) 정확하게는 '필론'이라는 소리를 잠시 보면요. '필론'이라고 표기하면 연상하기가 좀 쉬워지죠. '필하모니'라든지 '필로소피'라든지 뭔가를 '애호'한다는 의미가 떠오릅니다.

자, 그러면 조금 뒤에 '친구'라는 말이 보이죠. "이 나라를 침공하는 자는 단연코 자신의 친구로 보지 않는다". 이것도 필론으로 사실 똑같은 말을 사용하고 있어요, 그리스어에서는 '친족'과 '친구'는 똑같은 말인 겁니다.

그리스인이라고 하면 똑같은 말이니까 이 말을 갖고 비꼬는 일도 있겠죠. 예컨대 "친족 같은 것에 집착해서는 안 된다"고 말하고 난 직후에 "뭐야? 지금 친족에 집착하고 있잖아. 적이냐 우리 편이냐에 집착하고 있잖아" 하고 말입니다. 즉 적 vs 우리 편 관계는 따지면서 '친족관계'는 '촌스럽다'고 크레온은 생각하고 있는 셈인데요. 그러나 그 적 vs 우리 편 관계의 내실은 친족관계와 거의 다르지 않다는 거죠. 적 vs 우리 편이라는 발상은 집단과 집단을 만들어서 이 사이에서 뭔가 '주고받고 하자', 뭐 그런 겁니다. 그런 과정에서 결탁하는 경우도 있고, 혹은 폭력에 응수하는 경우도 생기는 거지요. 결국 똑같은 겁니다. 그런 관점에서 보면 이 크레온이라는 아저씨는 이미 처음부터 끔찍하게도 모순된 행동을 하고 있었죠. 내용에서도 알 수 있을 거로 생각하는데요. 그리스어를 이해하면 좀 더 득의의 미소를 짓는다고 해야 할까요. 똑같은 말을 사용해서 반대되는 표현을 하고 있으니까요. 비꼼이 직접적으로 와닿게 됩니다.

지금 조금이나마 진짜 문학을 맛보는 순간을 경험했을 거로 생각합니다. 문학은 이런 식으로 말의 무늬(멋진 말)를 사용해서 고도의 내용을 표현하는 일입니다. 그리스 비극은 말이죠. 물론 로마 희극도 그렇습니다만 이러한 고도의 장치를 두텁게 쌓아

올린 결과물입니다. 그래서 몇 번이나 읽어도 거기서 여러 의미를 길어낼 수 있는 거죠. 그 시작과 같은 예를 여러분에게 조금 맛보게 한 겁니다.

생각해보세요. 크레온은 집단사고에서 빠져나가지 못했죠. 그 점에서는 일관적이긴 한데요. 그런데 그 집단사고라는 것은 내부 깊숙한 곳에서 모순되고 있는 거죠. 집단이라는 것은 "우리 편 끼리는 차별하지 마"라는 원리로 성립합니다. "우리 편 안에서 적을 만들어서 어떻게 할 거야" 하고 말하는 거죠. 그런데 집단사고인 이상 구별과 차별을 하지 않으면 살아갈 수 없는 겁니다.

오늘날 우리가 보고 있는 정치라는 조직, 폴리스는 차별 없음을 나타내고 있습니다. 특별히 차별을 금하는 겁니다. '법 아래 평등'이라는 말을 들은 적이 있을 텐데요. 한 나라의 행정이 친족이라고 해서 편을 들어줘서는 큰일이 날 겁니다.

이 원리를 '우리 편 내부는 차별하지 마라'라는 원리로 착각해서 '적과 대결하기 위해서 우리 편은 단결하라'는 방향과 혼돈하는 바람에 "정치의 대원칙은 적과 아군의 대결"이라고 오해하고만 것이 크레온이죠. 이 행동은 이 작품에서 예리하게 비판하고 있는 일종의 병리입니다. 그런 비판이 기원전 5세기의 그리스에서 정착했다는 말이죠. 비극은 그리스 전역에서 그리고 로마와 갈리아까지 인기리에 상연되었으니까요. 20세기의 나치스에 협력한 일부 유력한 법학자도 크레온과 똑같이 혼란을 경험했는데요. 공권력의 단일성과 친구와 적 관계를 혼돈한 거죠. 그런데 소포클레스는 이 혼란을 폭로했습니다.

크레온의 욕 대회

Y군, 이 크레온이라는 아저씨, 꽤 모순된 행동을 하는 것 같은데요. 이 행동 이외에 어디가 이상했나요?

--다른 사람을 믿지 못한다는 느낌입니다.

맞아요. 지금부터는 여러분들이 하고 싶은 말을 마음껏 했으면 해요. 여하튼 이 크레온을 녹다운시켜 보기로 하죠(웃음). 그것이 바로 이 연극을 읽는 최대의 즐거움이기도 하죠. 비극인데도 희극이라고 해도 좋을 정도로 재미있으니까요. M양은 어떠한가요. 이 사람?

--예. 좀 고집쟁이라고 해야 하나요. 자신의 의견을 어떻게든 관철하려고 하고 있어요.

그래요. 그런데 그것은 무조건 나쁜 것만은 아닌 겁니다. 자기 생각을 어디까지나 관철하려는 것은 어떤 의미에서는 훌륭한 태도죠. 이 '고집'이라는 점은 앞에서 말했지만 말입니다. 이 크레온이라는 사람이 정치라든지 국가를 상징하고 있으니까요. 한번 정한 것을 쉽게 흐물흐물하게 만들어서는 안 된다는 것을 표현하고 있습니다. 그런데 그 점은 좋지만. 이 아저씨는 그 고집과 모순된 것으로서 치명적인 점이 있었죠?

--타인의 의견을 받아들이지 않았죠.

그래요. 타인의 의견을 듣는 일, 그것을 이 사람은 못 하죠. 일단 이해할 수가 없어요. 무엇을 위해서 그렇게 말하고 있는가. 무엇을 말하고 싶은지 알 수가 없어요.

그리고 그 밖에는요?

--'고집'과 비슷할지 모르겠는데요. 일관되게 똑같은 말을 하는 것치고는 마지막에는 딱 부러지고 만 느낌이 들어서... 좀 짜증이 나는 것 같아요.

--(웃음)

그래요(웃음). 하나의 생각에서 벗어나지 못합니다. 경직되어 있죠. 그런데 어떤 내용의 생각에 경직된 건가요? 예를 들면 S양이 여기서 고바 선생님의 수업을 듣고 있다고 하면 크레온은 어떻게 생각할까요. 틀림없이 이렇게 생각할 테죠. "아, S양, 오늘도 왔구나. 어차피 이러이러할 거야"라고.

--자신의 이익을 생각하고 있다?

맞아요. 이익. 그것이 결정적이죠. 그런데 이익 중에서도?

--돈이요.

돈이죠. 돈으로 환산할 수 있는 유형의 이익. 이 사람, 사람을 보면 돈을 노린다고 생각하죠. 그래서 S양이 여기에 온 것은 틀림없이 고바 신생님이 얼마인가 지불하고 있음이 틀림없다고 생각하는 겁니다.

테이레시아스라는 예언자가 충고했죠. "나라가 이처럼 병드는 것도 당신의 예견 때문에 그런 게 아닐까요. (중략) 세상에 없는 자를 두들겨 패서 그런 게 아닐까요. 사자를 거듭 죽이는 것을 어떻게 용기 있는 사람이라고 할 수 있을까요?". '사자를 죽인다'는 어의모순을 아주 잘 표현하고 있죠. 여기서 말하는 '나라'는 폴리스고 정치가 병들어 있다는 것을 비판하고 있어요, 이 예언자의 말에 대해서 크레온은 어떻게 말했나요?

--"벌 수 있을 때 버는 게 좋다. 예언자는 돈을 좋아하니까 말이지" 하고…

그래요. 크레온은 일견 친족이라고 해서 법을 흐트려서는 안 된다고 말하고 있긴 하지만… 이 이익지향이라는 점에서 본다면 어떤가요?

--일단 이익 우선이니까요. 겉으로는 그렇게 말하고 있어도 내심으로는 돈을 받으면 무엇이든지 하겠다?

음… 돈에 약한 거죠. 우습게도 돈을 비판하는 것치고는 말입니다. 이 사람이 "매장하면 사형이다"라고 말하는 것도 무거운 형벌이나 벌금을 부과하면 틀림없이 누구도 위반하지 않게 될 거라고… 이것은 지금도, 아니 지금에야말로 아주 지배적인 사고방식이죠. 대개 인간은 모두 이익으로 움직인다고 상정하고 "법률을 만듭시다"라는 생각은 보편이지요. 그런데 이익으로 움직이는 사람은 지금까지 아주 많이 봐왔죠. 그들은 무엇을 만들었던가요?

--집단이라든지 패거리요.

그래요. 이익으로 모든 것을 생각하는 '사고'란 것은 집단과 집단의 기본적인 사고방식입니다. 예를 들면 한패가 되어(작당을 해) 토지 같은 것을 점거해서 다른 집단과 대항을 하기도 하죠. 이때 이런저런 것을 교환하면서 패거리가 되어갑니다. 예를 들면 "네 몫을 줄 테니까 협력해라"라든지 "눈을 감아 달라"고 말하든지. 상대 집단하고도 때때로 손을 잡기도 하죠. 즉 이익을 나눠 갖는 겁니다.

피와 땅 그리고 이익사고

그런데 여기서 크레온이 체현하고 있는 정치는, 그러니까 근대로 가져와서 말해보자면 '국가'인 거죠. 이것이 '이익 사고'와 딱 붙어서 다른 것을 전혀 생각하지 못하게 되므로 비판을 받는 겁니다. 정치는 집단의 이러한 혼잡하고 어수선한 이익교환을 불식하는 것이 아니었는가. 그것이 왜 이런 '이익 사고'로 치닫고 만 것인지와 같은 물음이 이 작품의 핵심적인 주제라고 볼 수 있습니다.

아니 비판까지 이익 사고로 더럽혀졌다고 말하는 것이 더 정확할 것 같군요. 이것은 진흙투성이의 '적 대 아군' 사고에 빠지는 것과 관계하고 있는 것이 아닌가. '적 대 아군' 사고는 궁극의 집단사고죠. 그 집단에의 귀속원리 중 가장 강력한 것은 피와 흙, 혈연과 경계라고 할 수 있습니다.

그러면 왜 피와 흙이 되는지는 데모크라시와 관계가 있어요. 데모크라시에 관해서는 아직 아무것도 설명하지 않았으므로 여러분은 방금 한 이야기가 어렵다고 느낄 텐데요. 집단을 배제하는 옳은 정치적 결정에 대해서조차도, 예를 들면 "인권을 위해서 '노'라고 말할 수 있는 것"이 데모크라시다, 이 정도로 생각하면 됩니다. 그 '노'를 말할 때 토지에 달라붙어서 연대하는, 정치적 결정에 조작당하지 않도록 저항하는, '땅에서 태어난 자' 즉 그 토지의 사람이라는 의미입니다. '그런 사람끼리 연대하는' 동기가 나타나요. 저번 수업의 시민권 설명하는 부분에서 좀 다루었어요. 유력자의 부하가 들어와서 휘젓는 것을 배제하기 위해서 멤버를 혈연과 영역으로 경계를 짓는 거죠. 그것은 단결해서 자유를 지키기 위함인 겁니다. 그러나 이것이 정치를 구동시켜서 적-아군 사고를 거쳐서 오히려 민중을 전쟁으로 향하게 만들죠. 그러다 보니 이런 이익 사고와 함께하는 '데모크라시의 병리'가 드러나는 거예요. 크레온은 전형적인 데모크라시 시대의 정치 지도자로서 그려져 있는데요. 그런 정치와 데모크라시에 대한 안쪽으로부터의 반성이 당시에 있었던 거죠.

데모크라시는 아무래도 사람들을 집단사고로 이끄는 또 하나의 다른 사고회로를 갖고 있어요. 데모크라시는 일단 개인을 한층 자유롭게 합니다. "모두 연대해서 보스와 집단을 해체하자"

는 자유뿐만 아니라 한 명 한 명이 행복을 추구하는 자유라는 것을 가져옵니다. 페리클레스라는 아테네의 데모크라시를 대표하는 정치가는 그렇게 호언장담했습니다.

아테네에서는 설령 타인이 아무리 '민폐'라고 생각을 해도 그 사람이 자신의 행복을 추구하고 있는 이상 기꺼이 그것을 허용하고 있어요.

그런데 한 명 한 명이 자신의 행복을 추구하는 자유라는 것은 '자유 옹호'와는 달라서 행복실현의 자유를 추구하고 경합하고 각각 응원단을 얻어서 결국 집단을 만들어냅니다. 개인의 행복으로부터 출발하면서 그러한 행복 추구의 집단과 집단의 틈새에서 개인을 희생으로 삼았습니다.

예를 들면 현재의 헌법학이나 재판소에서도 행복추구와 행복추구가 서로 충돌하면 어떻게 될까요. 어느 쪽이 우선하는지 말할 수 없지요. 어쩔 수 없으니 조정하든지 하겠죠. 즉 시위 진행만큼이나 쾌적한 드라이브도 중요합니다. 인권도 중요하지만 다른 일도 중요하죠. "양쪽 모두 이익이라고 보고 그 사이를 조정합시다"와 같은 일을 합니다. 그러면 개인이 날이가 비리고 말아요. 이익 사고는 당시 데모크라시 전성기인 기원전 5세기 후반의 그리스 사상에서 일세를 풍미했습니다. 그리고 동시에 이 작품에서 볼 수 있듯이 예리한 비판도 만들어냈습니다. 우리가 주의해야 할 것이 하나 있는데요. 이익 사고 비판이라는 것은 자신의 이익을 생각하지 않고 모두를 위해서 봉사하라는 것이 아닙니다. 하물며 한 명 한 명의 사정을 구체적으로 고려하자는 것을 부정하는 것도 아닙니다. 조금 전에도 이야기한 것처럼 집단이 개인을 희생으로 삼는 것을 비판하는 겁니다. 바로 이것을 이 작품에서 볼 겁니다.

그리스에서도 플라톤 등이 조금 혼란스러운 이익 사고 비판을 전개해 나갑니다. 상대는 개인인데도 "일단은 정치 시스템이 우선이다. 절대로 그렇다"는 방향으로 사적 이익 비판을 가져갔습니다.

그러고 보면 크레온도 비슷하죠. 그런데 이것은 완전히 오해입니다만 "전체를 위해서 봉사하는 것이 좋다"는 사상을 마음대로 읽어낸 근대인이 있습니다. 플라톤도 그렇고 크레온도 그렇고 말이죠. 그런데 고대 그리스인과 로마인은 그런 말을 하지 않았습니다. 그들은 자유를 가져오는 정치 시스템이 우선이라고 말했습니다.

자, 그러면 먼저 크레온의 경우를 볼까요? 지금까지 수업에서 봐 온 문제와 비슷한 문제가 있다는 것을 확인할 수 있습니다. 첫 번째, 두 번째, 세 번째도 이익으로 사고하는 사람들이 꿈틀거리는 집단이 나왔죠. 이 집단을 해체하기 위해서는 어떻게 하면 좋을까. "그 집단에 의해 희생당하는 개인을 구하기 위해서는 어떻게 하면 좋을까" 하는 것이 이 수업에서 생각할 문제였습니다.

〈안티고네〉는 정치라는 도구로 이 집단을 일단 해체한 후에 그리고 집단이 데모크라시의 병리와 함께 부활한 것을 어떻게 다시 한번 해체하는가 하는 이야기입니다. 그런데 무릇 처음에 집단을 해체하기 위해서는 어떻게 하면 되는가를 생각할 경우에도 참고가 됩니다. 당연한 말이지만 그 집단해체는 심화 버전이 됩니다. 왜냐하면 데모크라시까지 시야에 넣고 집단해체 장치를 재건하는 것이니까요.

사실은 호메로스의 텍스트에서 해체의 비결을 봐야 하는데요. 매우 복잡해지니까 버전업해서 고화질 화상으로 선명하게 된 부분을 보여드리도록 하겠습니다.

안티고네는 혈연주의?

그것을 위해서 다음 물음이 열쇠가 될 겁니다. 좀 복잡한 물음입니다. 대답은 하나가 아닙니다. 세 개 혹은 네 개의 대답을 포개어 쌓지 않으면 문제에 접근할 수가 없습니다.

W군, 안티고네는 매장 금지에도 불구하고 매장을 해버리죠. 이것은 왜 그런 걸까요? 이 물음을 생각한다는 것은 즉 크레온이 상징하는 집단에 반기를 든 사람이 안티고네이므로 이 집단을 어떻게 해체할 것인가의 힌트가 되죠.

그 첫 번째 단서로서 일반적으로는 〈안티고네〉 이 작품이 어떻게 해석되는지를 소개해보도록 할까요. 크레온은 근대적 국가를 대표하고 있고 반면에 안티고네는 오래된 친족을 대표하고 있으니 '국가' 대 '친족'의 대격돌이라는 것이 통설입니다. 이것은 전통적인 독해 방식으로 헤겔과 같은 대철학자들도 모두 그런 해석인데요. 즉 "안티고네는 별것 아니다. 피로 연결된 남매라는 관계에 언제까지라도 고집하고 있는 게 아닌가" 하는 의심이 따라붙죠.

어떻습니까? W군, 역시 그렇습니까?

--오빠는 공격해 들어온 적이긴 하지만 이미 죽어버렸으니까요.

그래요. 안티고네는 어느 쪽이든 상관없어요. 여하튼 폴리네이케스가 죽어버린 것이 결정적인 포인트가 됩니다. "죽어 버렸으니까"라는 이유가 일관적이죠. 이 사실을 설명할 수 없으면 해석도 불가능하죠.

F군! 똑같은 질문인데요. 안티고네는 왜 매장 금지 명령을 거슬렀을까요. 역시 혈연주의라서 그런 걸까요?

--매장 금지라는 것은 신들의 율법에 어긋나는 것이니까 신들의 율법에 따라서 매장해야 한다고 생각했으니까요.

아하, 그래요. 이것도 나오죠. 그래요. 신의 율법. "당신이 만든 법령은 죽어야 하는 인간이 만든 것, 그런 것에 신들이 정한 문자에는 쓰여 있지 않은 확고부동한 법을 억누르는 힘이 있다고는 생각하지 않았다".

자 S군, 안티고네는 좀 믿음이 깊은 아주머니 뭐 그것뿐인 이야기인가요?

--아니요. 그렇지 않습니다.

그래요. 그렇지 않아요. '신앙심 깊은 아주머니'와 같은 느낌은 아니죠. 전혀 그렇지 않습니다. S군, F군을 팔로우해도 좋구요. 첫 질문으로 돌아가서 안티고네는 왜 매장 금지에 따르지 않았는지 그 점에 관해서 S군의 관찰을 말해도 좋아요.

--앞 두 사람의 의견은 모두 옳다고 생각했는데요.

음... 저도 그렇게 생각해요. 어느 한쪽이 배타적으로 옳다는 것은 아닙니다. 양쪽 모두 중요합니다. 이른 시간에 두 개나 나왔죠.

--나머지 두 개가 있다는 겁니까?

(웃음) 어떻게 알았죠?

--네 개라고 말씀하셨거든요, 선생님께서요.

--(웃음)

말했나요? 음... 그런데 그것은 말하지 않았어야 할 이야긴데...

--(웃음)

살아있는 것과 죽는 것은 어디가 다른지 말해볼래요?

--아뇨...

하고 싶지 않다... 하하하.

--네 개의 요소가 지금 말씀하신 두 개 안에서 파생될 수 있을까요. 아니면 이 문장 안에 네 개가 따로따로 굴러다니는 것

인지 모르겠어요.

예리하군요. 전부 연결되어 있으니까 전자라고 할 수 있죠.

자, S군은 제대로 읽었으니까 '혈연주의'가 아니라는 것의 증거를 여기서부터 제시할 수 있나요? 비교적 쉽게 제시할 수 있을 텐데요.

--?

진짜로 혈연주의라고 했을 때 혈연은 실은 무엇이든지 좋겠죠.

--(K군) 또 한 명 있어요.

아, 예. 말해보세요.

--오빠가 또 한 명 있는데... 반란을 일으킨 오빠인 만큼... 그쪽을 중시하는 경향이 있으니까요. '혈연주의' 같으면 양쪽 모두 중시할 텐데요. 작은오빠에게만 초점을 맞추고 있으니. 혈연주의자라고는 할 수 없는 거죠.

와, 굉장하군요. 그런데 K군이 뭐라고 말했는지 이해했나요? 안티고네는 크레온을 이렇게 비판했죠. 즉 크레온이 적 대 아군 패턴에 너무 집착해서 이쪽은 필로스, 그런데 저쪽은 필로스가 아니라고 말했어요. 필로스는 동시에 혈언을 의미하므로 크레온이야말로 혈연주의죠. "그것이 증거"로 안티고네는 거의 틀림없는 것을 재차 확인해요. 치명적인 부분을 건드리죠. 자신은 적이 된 폴리네이케스 개인을 문제로 삼고 있다고 말해요. 비록 적이지만 혈연이 있으니까 "매장을 하자"고 말하는 것이 아니라고 말이죠. 그렇게 되면 폴리네이케스는 에테오크레스와 똑같아서 매장하자는 논리가 되는 게 아닌가. 그런데 K군이 예리하게 말한 것처럼 자신은 폴리네이케스의 매장만을 논하고 있다는 것, 즉 다른 모든 것으로부터 분리한 개인으로서의 폴리네이케스를 다루고 다른 것을 완벽하게 사상(捨象)하고 있다는 거죠.

 말을 해석할 때는 반드시 '무엇에 대해서 무엇이다'라는 것을 채웁시다. 안티고네는 육친인데도 매장하지 않는 것에 반대하는 것이 아니죠. 적이므로 매장하지 않는 것에 반대하고 있는 겁니다. 그래서 안티고네는 '반혈통주의'예요. "그게 당연한 것 아닌가요" 하고 K군이 말했습니다. 굉장히 잘 지적했다고 생각해요. 만약 그녀가 '혈연주의'라고 하면 집단주의의 입장에 서서 에테오크레스와 폴리네이케스를 함께 묶어서 "차별하지 마"와 같은 선으로 말을 할 테니까요. 그것이 안티고네의 주요한 논거가 아니라는 것을 K군은 잘 읽어낸 거죠.

 여기서 여러분들이 읽어야 하는 중요한 문장이 있습니다. 좀 읽어줄래요?

 --"저는 미움(증오)과 함께 하는 것이 아니라 사랑과 함께하도록 태어났습니다."

 맞아요. 이것은 매우 유명한 대사인데요. 단 '~하도록 태어났다'는 표현을 하면 여러 유형의 사람이 이 세상에는 있지요. 나는 어느 쪽인가 하면 '사랑'을 좋아하는 유형이라고 할 수 있죠. 그런데 이 작품은 그런 이야기를 하고 있지 않아요. 전혀.

그것이 아니라 여기는 '심페레이'라는 소포클레스가 만든 조어가 아닌가 하고 생각이 들게끔 만드는 동사가 '부정형'으로 나오는데요. '심'이라는 것은 영어로도 sympathy라든지 symposim의 접두사이죠. '함께'라는 의미예요. '심페리인'은 '함께 사랑한다는 의미고요.

그런데 에퓨인('태어났다'의 완료형)을 직접 연결 지어서 '함께 사랑해야 해서 태어났다'고 말하고 있어요. 그러므로 '성격론'을 말하는 것이 아닙니다. 다들 알겠죠? '심페리인'이라는 것은 '적과 아군' 사이이에 다리를 놓은 것 입니다. 즉 적 대 아군의 발상을 하지 않는다는 의미죠. 나누지 않는 것. 더구나 태어났다고 말하고 있습니다. "이 사람은 앞으로 죽습니다. 지금부터 죽을 사람이 태어났다"고 말하고 있는 겁니다.

'심페리인'이 인간의 존재, 그것도 생사를 넘어선 존재의 의미라고 말하고 있어요. 데카르트의 코기토('나는 생각한다')에 필적하는 부분에 심페리이가 오죠. "나는 사랑을 나눈다. 고로 존재한다"고 안티고네는 말한 것입니다. "나는 함께 사랑하기 위해서 태어났다"는 것은 얼마나 궁극의 대사일까요. 햄릿의 '사느냐 죽느냐 그것이 문제로다'와 똑같을 징도로 앞으로 유명해져도 좋다고 생각합니다.

예리한 어휘꾸러미(화법)

--그러니까 여동생인 이스메네가 "함께 매장 책임을 질 생각입니다" 하고 말했음에도 안티고네는 "정의가 너를 허락하지 않을 거야"라고 말하면서 거부했어요. 안티고네는 여동생인 이스메네와는 다른 길을 선택했으므로 '혈연주의'가 아닌 거죠.

또 S양이 흐름을 중단해서 한참 앞을 달려갔군요. 대환영입니다. 이스메네에 대해서는 나중에 다룰 예정인데요. 안티고네는 자기 생각을 갖고 이것을 관철하다 보니 '집단주의'도 아니고 '혈연주의'도 아닌 겁니다. 그것과는 차원이 다른 뭔가 강력한 논리를 안티고네는 가진 거죠.

여기에 나오는 정의, '뒤케'는 곧바로 평행이고 섞이지 않는다는 의미입니다. 여러분이 읽은 텍스트에서 보자면 이스메네와의 대화에서도 크레온과의 대화에서도 안티고네는 무뚝뚝하고 매우 모가 난 어법을 사용한다고 느끼지 않았나요? 이것은 거친 번역 때문에 그렇게 느껴질 뿐으로, 그리스어 원문을 보면 논리정연하게 안티고네는 말하고 있어요. 정서적인 혈연주의와는 정반대. 그리고 집단주의에 의지하지도 않지요.

앞에서도 말한 것처럼 안티고네는 합리적인 근대국가에 비해서 '오이코스'라고 하는, 집안에 충실한 혹은 혈연관계를 주장한 여자 취급을 받아왔는데요. 그리고 최근에는 포스트모던이라든지 페미니즘 분야에서 '반합리주의'와 '반근대주의' 기수 취급을 받기도 했습니다. 그러나 크레온을 이론적으로 몰아붙이는 지성의 소유주가 가족이라든지 혈연 같은 것에 푹 절여진 멘탈의 여자일리가 없어요.

안티고네의 타협 없는 논리 구성은 단지 한 명이기 때문에 나오는 것이긴 한데요. 그래서 크레온이 말했죠. "앗, 이것은 여자가 아니라 남자다"라든지. 아, 그러고 보니 크레온의 '욕 대회'에서 또 한 개 잊고 있었던 것이 있었죠. 그게 뭐라고 생각하나요?

--여성 멸시요.

그래요. '여성 멸시'라고 하는, 무엇이든지 남자, 여자로 구별하는 자세. 뭔가 있으면 "아, 이것은 남자다"라든지 "이것은 여자다"라든지 말하고(웃음) 요컨대 이것도 "집단이지"라고 말하는 등. 이런 사람들은 남자 그룹과 여자 그룹으로 나누어서밖에 세상 일을 생각하지 못하죠. 크레온은 개인의 자격으로 사고를 하지 못합니다. 그래서 이 장면도 웃을 수밖에 없어요. 아무래도 이 사람은 여성이 논리정연하게 말하면 기분이 좋지 않은 것 같아요. 물론 '남녀'라는 것은 범주화(classification)인데요. 이 구별로부터 풍부한 상상력이 솟아나서 우리 머릿속을 풍부하게 해주죠. 연애소설 같은 것이 그렇습니다. 아, 그러고 보니 저빈 수업에서 읽은 희극에서 여자들의 연대가 큰 역할을 담당하고 있었죠. 남녀 구별 시스템이 기호로서 작동해서 사회 속의 자유를 설명했습니다. 암펠리스카는 높은 이념을 체현하고 있죠. 남녀의 구별이 살아있는 장면입니다. 그런데 그것과는 반대로 한 명

한 명을 붙잡고 "너는 남자지, 그러니까 남자 집단에 속해 있어"라는 말을 들으면 화가 나지요. "남자답게 해라"라든지 "남자로 있어라"라든지 "여자하고만 연애해라"라든지 애당초 이 반발로부터 기호로서의 남녀 구별까지 공격하는 낡은 페미니즘도 집단주의이지만 말입니다. 두 집단을 설정해서 "대등하게 다루어라"라고 말하고 있는 셈이니까요.

죽으면 어떻게 되는가

앗, 잠시 옆길로 새고 말았는데요. W군과 F군이 말해준 점, K군과 S양이 말해 준 점을 기초로 해서 정리를 해보기로 하죠. 자, 그러면 폴리네이케스가 죽었다는 점이 아무래도 중요한 것 같습니다. K군, 그 지점에서 안티고네의 대사로 "왜 죽어버린 사람이 중요한가"라고 쓰여 있죠. 역시 '친족주의'가 아니라는 점은 확실히 부각이 되는데요. 왜 죽은 오빠가 특별한 건가요?
 --"남편은 설령 죽어도 다른 남편을 얻을 수 있을 것이고 아이를 잃었다고 해도 다른 남자로부터 얻을 수 있다. 그러나 어머니도 아버지도 타계해서 사라진 지금에 와서는 또 태어날 형제 같은 것은 있을 수 없습니다".
 그래요. 이런 논리를 구사하고 있습니다. "남편이 죽어도 다른 사람이 남편이 되거나 아이가 죽어도 다른 남편에게서 얻을 수 있다. 그러나 부모가 죽었을 때 형제는 더는 나오지 않는다"라는 아주 건조한 논리적 연산을 하고 있죠. 이것은 무엇을 말하고 있는지 알 수 있나요?

--음... 여기서부터뿐만은 아닙니다만 안티고네가 죽고 싶어 하는 것 같아요. 그런 식으로 생각했습니다.

음... 그런데 그 죽음의 의미죠.

--지금 읽은 곳에서 생각해 보면 사후 세계 같은 것을 믿고 있어서 거기에 가면 오빠를 만날 수 있다든지, 그런 말을 하고 있어요. 음... 그런데 여기는 해석을 해야 하는 지점이죠. 왜 그런 말을 한 것일까요?

해석 하나는 앞과 똑같습니다. 안티고네는 신앙심이 두터워서 사후 세계를 믿는 신자라서 어쩔 수 없다는 것. 그런데 이 대답은 별로 옳다고는 생각하지 않아요. 사실 안티고네는 강렬한 개인이에요. 안티고네가 죽음을 선택하는 것에 관해서는 다른 해석을 생각해야 해요. '죽음'이라는 것을 어떤 식으로 생각할까.

그러면 죽은 사람과 살아있는 사람이 다르다는 것은?

--폭력을 행사할 수 없어요.

조금 더 말하자면?

--집단을 만들 수 없어요.

집단을 만들 수 없다, 물론 무리해서 집단을 만들게 할 수도 있긴 합니다만 관념적으로 말이죠. 그러나 적어도 안티고네의 머릿속에서는 한 명이 죽었다는 것은 집단으로부터 분리되어 한 명이 되었다는 것을 의미합니다. 더는 집단에 합류해서 싸우지 않는 거죠. 그래서 '조문'이라고 말해요. 한 명이니까.

매장의 의미

자, 그러면 Y군 앞에서 K군이 읽어 준 곳의 의미를 조금 알 수 있지 않나요. 아이라고 하면 또 나올지도 모르고. 배우자라고 하면 대체가 있을지도 모르고 그런데 죽은 사람은?
  --대체가 없죠.
  맞아요. 혼자일 뿐이죠. 아니 혼자라서 이 사람은 그 누구도 대체할 수 없는 한 명입니다. 역사 시간에 쭉 긴 시간 축 위에 한 점, 유클리드의 기하학 같은 점이 딱 있어 여기는 대체가 안 되죠. 죽으면 그렇게 되는 겁니다. 살아있으면 또 연결되는 거예요. 그런데 죽어버렸으니 그냥 한 점인 겁니다. 사자를 추도하는 마음은 여기서 나오는 거예요. 집단에 있는 한 사람이 줄었다고는 아무도 생각하지 않아요. 대단히 유니크한 그 사람이 없어졌다는 사실이 아주 슬픈 겁니다. "집단의 그 누구하고도 다른 그런 점이 있었지", "이런 고유한 점이 있었지" 하고 끝없이 생각이 나서 통절한 거죠. 그래서 그 사람을 매장합니다.
  매장한다는 것은… 이 이야기는 여러분에게 좀 어렵겠지만… 죽은 사람에게 작지만 뭔가 있을 곳을 제공하는 거예요. 일단 죽음의 세계, 즉 현실이 아닌 세계에 갔으니 이것을 다시 현실화하면 그것은 의례가 되죠. 의례는 현실 안에서 잘 구분된 공간을 설정하는 일입니다. 그래서 사자를 존중할 수 있는 거죠. 이것이 매장이라는 것의 의미입니다.

　이것을 존중한다는 것은 상대도 당연히 존중하는 셈이니까 서로 존중해서 연대하고 싶음을 안티고네는 말하고 있는 거죠. 그런데 안티고네는 어떤가요. 자신은 살아있으니까 집단을 만들고 있나요?

　--아니오, 만들고 있지 않습니다.

　왜죠?

　--그녀와 같은 생각을 하는 사람이 없어요.

　훌륭합니다. S양이 앞에서 한참 먼저 나간 점인데요. 이 사실은 매우 무겁습니다. 여러분들이 그 사실을 자각했는지 아닌지는 모르겠습니다만. 안티고네 사고의 특징은 다른 사람들과 자신이 다를 것으로 생각하고 있는 점입니다. 절대로 영합하지 않는 자세죠. 나라로부터 명령이 내려와도 자기 생각을 꺾지 않습니다.

　그래서 신들의 율법이 나오죠. 그린 의미예요. 어떤식으로건 단절되어 있죠. 그다음이 없어요. 만약 그다음이 있다고 하면 "그것은 말이야"라든지 "원래 그런 것 아니야"라든지 "그것도 있고 말이야"라든지 섞어서 돌려보내거나 회유할 수 있습니다. 아니, 그다음은 뭔가 권위에 연결되어 있을지도 모르죠. "왜 이렇게 된 거야?", "누구 때문에?"라고 사람들이 소란스럽게 각자 이야기를 해도 신들의 일이니까 어쩔 수 없다. 그렇게 이야기는 끝나고 맙니다. 물론 그리스의 경우는 신들도 문예화해서 비판의 대상으로 삼기도 하지만 말입니다.

S양이 말한 대로 안티고네는 가장 친한 여동생인 이스메네와도 생각이 달라요. 그럼에도 이스메네의 생각도 존중하고 있죠. "아, 당신은 저쪽으로 가는 거죠. 좋습니다. 저는 이쪽으로 갈 테니까요"라고요.

사실 여기에는 좀 더 굉장한 배경이 있어요. 안티고네의 아버지는 오이디푸스라고 합니다. 이것도 그리스 신화에서 유명한 이야기인데요. 오이디푸스는 이 테베라는 폴리스를 구하죠. 그리고 자신이 바랐던 대로 거기 왕의 미망인과 결혼해서 스스로가 왕이 됩니다. 그런데 이 미망인은 알고 보니 자신의 어머니였다는 거죠. 몰랐던 거예요. 게나가 이떤 사고로 그 남편 즉 아버지를 아버지라는 사실을 모르고 죽이고 말았습니다. 그래서 오이디푸스는 자신도 모르는 사이에 아버지를 죽이고 어머니와 결혼을 해버린 극악무도한 사람이 되어 버렸습니다. 게다가 이것을 오이디푸스 스스로가 추적해서 밝히고 말았어요. 자신도 뭔가 좀 이상하다고 생각해서 조사하고 조사하고 철저히 조사한 나머지 설마 설마 하던 것이 진실로 드러난 겁니다.

그런데 오이디푸스는 소포클레스의 작품에서 데모크라시의 가장 고귀한 지성의 소유주로서 자리매김되어 있습니다. 데모크라시의 정신이라는 것은 엄밀한 논의로 일을 결정하는 것만으로는 부족해요. 그 전에 철저하게 조사해서 데이터를 모으거나 데이터의 신뢰성을 음미한다든지 이중삼중으로 엄밀함을 견지하려고 하죠. 그래서 여기서부터 역사학과 철학이 나오는 겁니다. 인문학이 그리스에서 태어났다는 이야기는 여러분도 들었을 거로 생각합니다.

그래서 소포클레스도 데모크라시를 비판하기 위해서 쓴 것이 아닙니다. 그 궁극의 문제점을 들추어내려고 한 것입니다. 즉 '데모크라시 만세'로 안주하는 것은 데모크라시가 아니라는 것입니다. 데모크라시 자체에 관해 철저하게 병리 분석의 손을 멈추지 않는 것. 여기에 데모크라시라는 자부심이 있는 거죠.

그 오이디푸스의 결말에 관해서는 여러 버전이 있어요. 스스로 자신의 눈을 망가뜨렸다든지 자살하고 말았다든지 말이죠. 이 연극에는 죽고 만 버전이 등장해요. 그래서 안티고네는 이 오이디푸스의 이른바 더럽혀진(불결한) 결혼으로부터 태어났습니다. 따라서 차별을 받을 수밖에 없는 몸이라 차별을 받는 사람으로 설정되어 있어요. 이 세상에 대해서 희망을 가질 수 없는 인물로서 그려져 있어요. 여하튼 완벽하게 혼자인 겁니다.

그런데 이쪽 사자(死者)도 정말로 혼자인 거죠. 데모크라시를 끝까지 파고들게 되면 알게 되는 것을 안티고네는 체현하고 있는 셈인데요. 정말 놀라운 점은 이것이 반전해서 데모크라시 존립의 기초가 된다는 점입니다.

그 기초로서 생사를 넘는 연대가 제시되어 있죠. 잘 보세요. 안티고네에 의하면 폴리네이케스, 즉 사자가 살아 돌아와 주면 좋겠지만 그것은 불가능하므로 연대를 위해서는 안티고네가 죽는 것 말고 방법이 없어요. 사실 폴리네이케스가 죽어서 혼자가 된 것이니까 아무래도 죽음의 세계에 갈 수밖에 없는 거죠. 이른바 일방통행인 거예요. 그러고 보면 죽음의 세계는 궁극의 한 명이 되어 살아가는 자, 그 세계를 의미합니다. 이것은 〈치카마츠 이야기〉를 봤으니 비교적 쉽게 알 수 있을 겁니다. 〈치카마츠 이야기〉의 두 사람은 아슬아슬할 때까지 함께 살아가요. 마지막 말 위의 두 사람의 환한 표정은 다름 아닌 살아있다는 것의 증표죠. 죽음을 예찬하고 있지 않은 겁니다.

신화의 문예화

한마디 더 하자면 '그리스 신화'는 사실상 신화가 아닙니다. 신화라는 것은 모두가 막연하게나마 믿고 있어서 사람들이 따라 움직이는 것입니다. 그런데 그리스 사람들은 철저히 이것을 해체했어요. 종교와 신화는 다르지만, 그들은 종교도 해체했습니다.

호메로스의 서사시가 그러합니다만 일부러 특정한 이야기를 만들어 공유했습니다. 프랑스어를 '몰리에르의 언어'라고 말합니다. 프랑스 국적을 취득하는 테스트에서 '몰리에르의 언어' 능력을 시험한다고 말합니다. 그와 똑같이 그리스인은 많은 독립적인 폴리스로 나누어져 있는데요. 호메로스의 운문을 공유하고 있는 것, 이것이 유일한 지표(Merkmal)입니다. 서민에 이르기까지 모두 암송하고 있었다고 합니다. 왜냐하면 책으로 만들어지지 않았거든요. 오랫동안 입에서 입으로 전해져왔습니다. 그리고 그 내용이라는 것이 황당무계한 스토리입니다. 더구나 등장인물은 모범이 되지 않습니다. 극단적으로 결점투성일 뿐입니다. 신들조차도 그렇습니다. 사람들도 신들도 이런 점에서 매력적입니다. 제우스의 부인인 여신 헤라는 피부의 노화를 걱정하고 있는데, 호메로스의 필체는 이런 부분들도 잔혹하게 묘사합니다. 여하튼 사람들도 그렇고 신들도 매우 개성적이어서 일단 맛을 보면 잊을 수 없습니다.

 그래서 그리스 문학은 이 코드를 반드시 사용합니다. 아무 데서나 소재를 가져오지 않는다는 겁니다. 사실 정치를 가능하게 하는 새로운 성질의 사회조직이 만들어질 때 문학이 결정적이었습니다. 이것이 정치를 성립시켰다고 봐야죠. 그래서 그리스 사람들의 아이덴티티는 혈통이라든지 종교가 아니라 호메로스의 운문입니다. 기원전 8~7세기의 호.메로스로부터 시대를 거쳐서 5세기가 되면 비극이라는 장르가 성립합니다. 비극이 나오면 구원하기 힘든 상황에 놓인 인물이 등장하죠. 그것을 어떻게 할 것인가 하는 고도의 문제를 정치에 가져옵니다. 개인의 자유를 표현하는 시스템인 정치에 말이죠. 호메로스의 메시지에 강렬한 '노'를 표시하고 정치를 버전업해서 데모크라시를 가동합니다. 실제로 호메로스의 텍스트에 정통하지 않으면 비극은 한 줄도 읽을 수 없습니다. 요컨대 비극을 보통의 신화일 것으로 생각하면 어처구니없는 실수를 하게 됩니다. 애당초 '그리스 신화는 이런 이야기다'라는 것은 거짓입니다. 문학이므로 다양한 버전이 있어서 대립하고 있습니다. 그래서 떠돌아다니는 그리스 신화 해설은 조심하도록 합시다.

이스메네는 왜 언니편을 들었는가?

자, 그러면 다시 이스메네 이야기를 다루어 보도록 해요. 안티고네와 이스메네, 이 두 사람은 서로 생각이 다르죠. 그런데 이스메네 또한 형세를 관망하는 사람이 전혀 아닙니다. 오히려 자기 생각을 여지없이 드러내요.

그렇게 본다면 안티고네와 이스메네는 서로에게 개인으로서의 생각의 차이를 구별할 수 있는 존재라고 할 수 있어요. 그럼에도 안티고네가 재판을 받고 처형받는다고 할 때 여느 때처럼 크레온은 사람을 집단으로 보니까 이스메네도 한패라고 말하죠. 이때 이스메네는 "아니, 저는 '한패'가 아닙니다. 매장을 할 때 도움을 준 적도 없습니다" 하고 진실을 말할 기회가 있었어요. 그럼에도 "아뇨, 저도 언니와 똑같습니다. 함께 했습니다. 그 책임을 지겠습니다" 하고 말해버렸죠. M양, 이것은 왜일까요. 놀랐나요?

--음... 그런데 첫 논쟁을 할 때도 언니를 생각해서 그렇게 말했으니 이스메네는 언니를 소중하게 생각하고 있구나 하고 생각했습니다. 마지막에 자신도 매장했다고 말한 것은 그런 고운 마음씨도 작동하지 않았나 생각합니다.

그래요. 우리가 말할 수 있는 것은 이스메네가 언니와 연대하는 길을 선택했다는 것이지요. E양, 그럼에도 "죽음이 기다리고 있죠". 게다가 안티고네도 그렇게 말하고 있었습니다. "너는 살아 있어라" 하고 말입니다. 그럼에도 "아뇨, 저는 언니와 함께 죽겠습니다"라며 이스메네는 말하죠. 이것은 왜 그런 걸까요? 이해했나요?

--이스메네가 언니를 위해 '자기희생' 같은 생각을 하고 있는 게 아닐까요? 소중한 사람이 죽으니까 그렇다고 하면 자신도 함께 죽고 싶다고 하는, 뭐 그런 게 아닐까 생각했습니다.

그런가요? 그런데 그렇게 생각하고 싶어진 마음은 잘 알겠어요. S양은 어떤가요?

--음... 그러니까 저는 이스메네를 별로 좋아하지 않아서요.

--(웃음)

--그 처음 등장할 때 꽤 모순점이 있어서요...

그래요. 있죠.

──이스메네는 처음에는 아버지도 죽고 어머니도 죽고 오빠도 죽어버려서 우리도 다음으로 죽을 차례니까 "잠자코 있자"고 말했죠. 그런데 그렇게 말해 놓고는 그다음은 "도시 사람들에게 저항할 수 없는 성격이거든"이라는 식으로 책임전가를 해서 저는 별로 좋은 사람이라고 생각하지 않습니다.

아하(웃음). '도시 사람', '동네 사람'이라는 변명이 나쁘다고 생각한 거군요. 'to be bias a politician dream'이라는 매우 어려운 말로 '집행력을 동반한 시민들의, 즉 민주적인 정통성을 가진, 정식의 결정에 실력으로 맞서는(맞설 수 없는) 의미입니다. 현대 행정법의 전문용어를 사용했는데요. 앞에서 말한 것처럼 "모두 제대로 결정한 것에 대해 반대하는 행위를 가볍게 봐서는 안 된다"는 의미입니다. 특히 실력행사는 안 된다는 거죠. '언론'으로 반대해야 한다는 의미입니다. 여러분들 이제, 말해 보세요.

──그래서 말인데요. 이스메네의 대사 중에 "부디 언니 당신과 함께 죽어서 죽은 오빠의 공양을 할 자격이 없다는 말은 하지 말아요"라고 쓰여 있지 않습니까. 이대로 이스메네가 살아 있으면 주위 사람은 적인 오빠를 매장한 안티고네를 훌륭한 사람이라고 생각하겠지만, 이스메네는 오빠를 못 본 척하고 버린 나쁜 여자로 보는 게 아닐까요. 단지 그것이 싫어서 이스메네는 언니와 죽으려고 한 게 아닌가 하고.

아하. 매우 순수해서 좋다고 생각합니다. 그런데 조금 더 이스메네를 위해 말해 보자면요. 정치적 결정의 중요한 원칙을 이스메네는 대변하고 있는겁니다. S양이 말한대로 이스메네가 이대로 "안티고네와 한패가 아닙니다. 자신은 억울합니다"라고 말하고 살아남았다고 해도 이스메네는 과연 행복해질 수 있을까요. 〈치카마츠 이야기〉에도 나오는데요. 그때도 만약 혼자서 살아남았다고 해도 남은 인생은 지옥이 아닐까 하는 말을 S양이 말했죠.

그것과 똑같이 여기까지 이야기가 막다르면 크레온인가 아니면 안티고네인가. 어느 쪽으로 갈 것인가. '백인가 흑인가'만 있고 중간은 일절 없고 타협도 없게 되죠. 이것은 그리스적 사고의 특징인데요. 완벽하게 수박을 딱 자르듯이 백이냐 흑이냐 둘 중 하나인 겁니다. 그때 이스메네가 안티고네를 따르지 않은 것은 자신의 생각에 충실했기 때문에 그런 건데요. 그래도 계속하면 크레온 쪽에 붙었다는 의미가 생기고 말지요. 즉 상황이 바뀌어서 정치적 정통성을 존중한 것이 아니라 위법한 권력에 단지 영합했다는 것이 되는 거죠. 그러나 이 이스메네 문제는 간단한 것이 아닙니다. 미묘한 문제입니다. 그런데 애당초 소포클레스는 이 문제도 초월하고 있어요. 그런 어려운 입장에 선 이스메네조차도 입장의 차이를 넘어서서 마지막에는 안티고네와 연대한다고 말했죠.

하이몬은 왜 죽는가?

자, 그러면 마지막 문제입니다. 안티고네의 약혼자인 하이몬이 죽는데요. 그는 왜 죽었나요? 단순한 아버지와 아들의 대립이 문제일까요?

--결국 안티고네가 죽임을 당하게 되어서 아버지인 크레온에게 호소했는데요. 그럼에도 자신의 말을 들어 주지 않아서 자살을 했습니다.

그래요. 아버지와 아들 문제죠. 안토니오와 브루노, 리시다무스와 그 아들 관계를 떠올려 보도록 해요. 크레온이 말하죠. "너 나를 협박하는 거 아니냐"(뻔뻔스럽게도 그런 협박까지 할터인가). "제 말을 들어주지 않으면 저는 죽겠습니다"라며 하이몬이 말했을 때, 아버지가 곤란해하면서 "알았다. 알았다. 미안하다. 안티고네를 살려줄 테니" 하고 말하면 좋을 텐데요. 모두가 말하는 대로 크레온은 고집쟁이라서 그런 말을 하지 않죠. 그런데 크레온과 하이몬의 대화는 이런 느낌이 아니거든요. 짧은 논리적 대사를 주고 받는다고나 할까요. 예리하고 불꽃이 튀는 것 같아요. 게다가 논의하는 내용도 또한 굉장하죠. 여러분들도 알고 있듯이 철학은 그리스에서 탄생한 것으로 여러 생각을 가진 소피스트들이 있어서 '민주정론'이라든지 정치론과 같은 담론이 활발하게 발달하는 시기였는데요. 여기서도 그런 고도의 논의를 각각 인용하고 있는 셈이죠.

그 앞 장면에서 아버지는 이런 말을 합니다. "하이몬과 안티고네는 약혼자다." "그 약혼자의 목숨을 빼앗을 생각입니까?" 하고 이스메네가 묻자 "다른 여자의 밭을 경작하면 된다"고 말해요. 그 아이가 처형을 당해도 다른 이쁜 아이가 있거든. 그것은 밭과 똑같다, 토지와 똑같다고 말한 거죠. "또 살 수 있거든" 하고... 그런데 이것은 설득력이 있을까요?

--아버지는 하이몬이 "안티고네가 죽는다고 하면 또 한 명 죽습니다"라고 말한 것에 대해서 "협박하지 마"라고 화를 내고 있고 안티고네에 관해서는 의견이 다르다고 해서 죽여 버리려고 했습니다. '목숨의 중함까지는 아니더라도' 그것은 좀 아니지 않느냐 하고 하이몬은 열받은 것 같습니다.

와, 훌륭합니다. 말한 대로입니다. 하이몬이 왜 죽는가 하면 크레온에게 "당신이 하는 일은 이런 일입니다"라면서 추궁하고 있어요. 즉 "당신은 안티고네를 쉽게 죽이려고 하고 있죠. 그런데 그것이 무엇을 의미하는지 당신은 알고 있나요?" 그것은 "하이몬을 죽이는 것과 똑같습니다" 하고 말했습니다.

자, 그렇다고 하면 "안티고네를 죽이는 것과 자신을 죽이는 것은 똑같습니다" 하고 하이몬이 말하고 싶다는 것은 무엇을 의미하는가요?

--그러니까... 하이몬은 인간은 모두 다 똑같으니까 안티고네를 죽이면 자신도 죽임을 당하게 된다고 말했어요. 그럼으로써 아빠를 재생시키려고 한 거죠.

그래요. 크레온에게 안티고네는 일단 며느리이긴 합니다만, 법을 어겼으니까 죽어도 어쩔 수 없는 그런 존재죠. 그런데 하이몬은?

--있어야 하는 아들.

그래요. 하이몬은 둘도 없는 존재에 대해서 이야기하고 있어요. 대체가 없는 존재. "한 명 한 명은 누구나 둘도 없는 존재죠." 그래서 안티고네도 "대체가 없는 존재"라는 것을 알게 하려고 "이 사람을 죽이는 것은 저를 죽이는 것과 똑같은 일입니다"라고 하이몬은 말한 겁니다.

이에 비해서 크레온의 입장은 '이익'으로 사고하는 입장이죠. '이익'으로 사고를 한다는 것은 다양한 것을 '환산'할 수 있다는 말입니다. 즉 교환할 수 있으면 좋은 것으로 생각하는 겁니다. 그리고 크레온의 처, 즉 하이몬의 어머니도 죽고 말지요. 어머니의 입장에서 본다면 아들은 둘도 없는 존재입니다. 즉 하이몬의 논리 자체가 이중적인데요. "아버지에게 저는 둘도 없는 존재죠", "그에게 안티고네는 둘도 없는 존재이거든요", "그래서 저는 안티고네를 따라서 함께 죽습니다"라고 말했어요. A와 B 사이에 둘도 없는 관계가 있고 B와 C 사이에 둘도 없는 관계가 있다는 것은 A와 C 사이에도 둘도 없는 관계가 있다고. 어머니도 똑같은 말을 한 겁니다. 대체로 우리는 서로가 서로에게 둘도 없는 관계를 맺고 있고, 연결되어 있는 거죠. T양과 O군은 서로 둘도 없는 존재라고 생각하고 있지 않을지 모르겠지만 T양과 K

군은 그렇게 생각하고 있어서 K군과 O군이 서로 그렇게 생각하고 있으면 T양과 O군이 연결되어서 이론적으로는 전원 그런 셈입니다. 그래서 크레온을 향해서 하이몬은 말한 거죠. "아무도 없는 황야에서도 당신 정치나 하라"고.

그렇다고 하면 좀 굉장한 것이 나와버렸어요. 놀라지 않을 수는 없는 노릇인데요. 사람과 사람 사이의 연결이 여기에 확 나타난 겁니다. 구름 위에서 후지산이 보인 것 같은 느낌이라고 해야 할까요. "와 보였다", 뭐 그런 느낌인 거죠. 확실히 그리스 희곡은 그것을 우리 눈에 보여줍니다. 이 작품은 이런 것을 제시해서 크레온이 말하는 사람의 연결과 확실히 대비를 보이고 있어요. 흑과 백 같은 것이 깨끗이 나누어져서 전면적으로 이 둘은 연결되어 있죠.

고립된 사람들의 연대

점유는 집단이 개인을 희생으로 삼는 것을 곧 블록하죠. 그러나 그것을 모두가 보고 있는 공개 장소에서 갖고 나와서 일단 스톱이….아니 최종적으로 되어야 합니다. 이른바 본 무대의 재판인 겁니다. 거기서는 보스와 패거리 같은 것이 절대 없게 되어야 합니다. 그리되면 리시다무스가 살아 돌아오니까요. 이런 상황은 말을 바꾸면 한 명 한 명 독립해서 자유롭다는 것이죠.

〈카시나〉에 나오는 여자들은 결코 패거리를 형성하지 않았어요. 확실히 절묘하게 콜라보를 하고 있긴 했지만 다들 열려 있었죠. 즉 "이것이 정치다"라는 것을 시사했어요. 그러면 그 정치라는 것은 어떻게 성립하는가?

소포클레스는 사실상 데모크라시의 문제를 다루고 있지, 정치를 논하고 있는 것은 아닙니다. 그래서 지금 여러분에게 그것을 이미지로서 한번 그려보았으면 하고 생각했습니다. '도당'이라든지 '패거리' 같은 것에 오염된 사회조직원리를 해체해서 그것을 대신할 것이 무엇인가를 생각할 때 어떤 원리가 기본이 되는지에 대해서 말이죠.

포인트가 몇 가지 있는데요. 첫 번째가 무엇보다도 '연대'가 중요하다는 것입니다. 사실 무턱대고 어깨를 끼고 술집 같은 곳에서 트로트 같은 것을 떼창하는 걸로는 연대도 아니고 아무것도 아닌 거죠. 여하튼 패거리와는 정반대가 되지 않으면 안 되는 거예요. 중요한 것은 한 명 한 명이 독립적으로 혼자가 되어야 한다는 겁니다. 거의 궁지에 몰렸다고 말해도 좋아요. 그런데 인간은 잘 보면 다들 고독한 한 명입니다. 그렇게 되고 나서야 비로소 "진짜 연대가 가능하게 되는 거야"라고 이스메네라든지 하이몬이라든지 어머니가 표현하고 있어요. 이 극의 주제는 확실히 이런 고독한 한 명 한 명 사이의 연대로 거기에 계속해서 "나도", "나도" 하고 들어옵니다.

소포클레스를 해설한 책에서 말하고 있는 것처럼 "합리적인 국가에 대해서 오래된 친족 관념에 사로잡힌 안티고네 혼자서 반대하고 있습니다"와 같은 이야기가 아닌 겁니다.

  작품을 제대로 보면 알 수 있죠. 나에게 둘도 없는 사람이 죽는다면 "살아갈 수 없다"고 말하고 죽어버리니까요. 이것은 '문학'으로서 표현되어 있으니까 "아, 그래 그래" 하고 수긍을 하는 것까지는 좋은데, 자칫 "모두가 무턱대고 죽으면 되는구나" 하고 생각해서는 안 된다는 거죠. 이 이야기는 전혀 다른 사상을 표현하고 있어요. 크레온의 명령을 단호히 거부하는 안티고네와 연대하는… 중간은 없죠. 왜냐하면 계속해서 우리는 '둘도 없는 존재'라는 사실을 표현하고 있으니까요.

  여기에 좀 설명을 추가해야 할 것 같은데요. 왜 안티고네가 매장을 해야 했을까요. 자신 이외에는 아무도 없기 때문이죠. 그것이 무엇을 의미하는가 하면 앞에서도 이 비유를 가져왔는데요. 여러분들도 기하학을 중학교에서 공부하잖아요. '직선'이라는 것이 있는데 여기에는 '폭'이 없죠. 그리고 '점'이라는 것이 있어서 이것은 연장이 없어요. 이런 유클리드의 점과 점 같은 관계가 폴리네이케스와 안티고네의 관계인 거예요. 모든 사람이 버리고 거들떠보지 않으니까 내가 할 수밖에 없다는 겁니다. 폴리네이케스는 완전히 혼자가 되고 말았죠. 내가 매장하지 않으면 누가 매장할 것인가.

  이 한 섬과 한 점이 서로 맺고 있으면 여기를 연결하는 선은 당연하게도 하나가 됩니다. 직선 A와 직선 B의 점 a와 점 b 사이 직선은 하나밖에 없어요. 그런 단일성이 있죠. 혹은 여기에 두 개의 선이 있어서 이 선을 출생의 계보라고 해봅시다. 제네알로지라고 하는데요. 선조에서 후손까지 사람이 계속해서 죽고 태어나고 죽고 태어나는 일이 계속됩니다. 안티고네와 폴리네이케이스는 그 중의 역사적인 한 점인 거죠. 그런 점과 점이 서로 연결되어 있어요. 이 경우는 형제인데요. 둘도 없는 한 점과 둘도 없는 한 점 사이의 유일한 선을 의미하고 있습니다. DNA 감정을 해봤는데 역시 아니었으니 연대하는 것을 그만두었다는 이야기가 아니죠. 혈연이라든지 친족이라는 것은 안티고네의 머릿속에는 둘도 없는 한 점을 나타내고 있는 겁니다. 생각해 보세요. 카레 가게의 그림이 플라스틱으로 만들어졌다고 해서 카레가 플라스틱으로 만들어졌다고 생각하는 사람은 없겠죠. 그것은 기호니까요.

요컨대 저는 한 명밖에 없고 T군도 한 명밖에 없죠. 다른 그

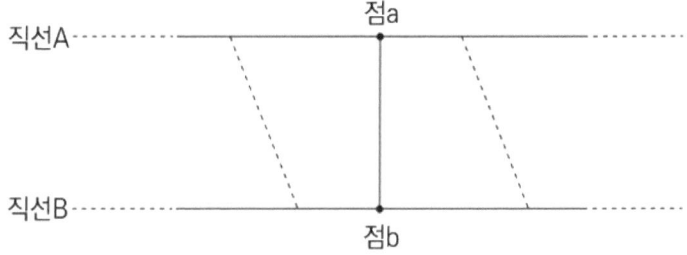

그림 10 - 유클리드의 점과 선

어떤 것과 교환할 수 없어요. 어디까지나 한 명 한 명인 거예요. 이것이 연대하는 겁니다. 더구나 생사를 넘어서 연대한다는 것은 역사를 넘어서 함께한다는 의미죠. 그리고 "이것 이외에는 진짜 연대는 없다"는 강렬한 메시지가 있어요. 그것 이외라고 하면 다 가짜인 거죠.

* * *

자, 그러면 휴식 후 후반은 〈필록테테스〉입니다.

필록테테스(Philoctetes)

소포클레스 작(기원전 5세기 후반의 그리스 비극)

줄거리

트로이를 공략하고 있는 아카이아 군대는 벌써 몇 년이 지났는데도 목적을 달성하지 못한 채 고전하고 있다. 그런 와중에 필록테테스가 가진 활을 사용하지 않는 한 성공하지 못한다는 예언이 내려온다.

그러나 사실 아카이아군은 트로이로 향하는 도중 필록테테스를 절해고도의 무인도에 남겨두었다. (전생의) 악업의 업보로 난치병에 걸린 그는 발작이 일어나면 고통에 몸을 떨다가 비명을 지르며 의식을 잃는다. 필록테테스의 고통스런 소리가 불가결한 '음성'을 생명으로 하는 의례를 망가뜨릴 수 있다. 그런데 그 섬에서 발작이 일어난 것이 그나마 다행으로 여겨져 필록테테스는 혼자 남겨지고 아카이아군은 출발했다. 그러나 섬은 바위투성이고 필록테테스는 화살로 겨우 먹을 것을 사냥해서 겨우겨우 살아가게 된다. 그런데 그 필록테테스를 다시 데려오지 않으면 안 되게 되어서 오디세우스와 네옵톨레모스가 파견된다.

아카이아군은 아킬레스처럼 올곧게 생각하는 무인 유형과 오디세우스 같은 계략에 뛰어난 지장 유형 이렇게 두 파로 나뉘어진다. 아카이아군의 수뇌부는 필록테테스에게 아킬레스의 아들(네옵톨레모스)과 함께 전선을 이탈해서 돌아가는 중이라고 둘러대어 필록테테스를 데려 오는 작전을 세웠다. 왜냐하면 홀로 남겨져 적의를 품고 있을 필록테테스에게 함부로는 가까이 갈 수 없는 노릇이다.

오디세우스는 네옵톨레모스에게 작전을 지시하지만, 이 젊은 이는 "왜 정정당당하게 가서 말하지 못하는가", "왜 당당하게 그를 설득하려고 하지 않는가"라면서 반발한다. 결국 오디세우스는 "숭고한 임무를 완수하면 설령 그것이 계략에 의한 것이어도 영예가 될 수 있다"는 논리로 설득에 성공한다.

동굴 앞에서 필록테테스는 네옵톨레모스를 마주치게 된다. 오랫동안 다른 사람을 만나지 못했던 필록테테스는 네옵톨레모스를 보자마자 자기도 모르게 그리스어로 말하기 시작한다. 그리고 상대방의 그리스어를 듣고서 감동한다. 그리고 앞에 서 있는 사람이 아키레스의 아들이라는 사실을 깨닫고서 필록테테스는 자신의 처지에 대해 푸념섞인 한탄을 한다. 타자 즉 언어와의 단절 그리고 삶을 꾸려나갈 수단이 거의 없으므로 인간임을 박탈당하고 짐승의 조건으로까지 떨어진 자의 절망. 필록테테스는 아카이아군을 이끄는 아가멤논과 메넬라오스, 그리고 오디세우스에 대한 분노가 점점 격화되어 있다. 네옵톨레모스도 그들에 대한 반감을 말한다. 아킬레스와 아이나스처럼 정직함을 신조로 삼는 사람들이 모조리 쓰러지고 아가멤논과 같은 자들만 승승장구하고 있다고 말하는 네옵톨레모스의 대사는 연기 속에서 이루어지는 진실의 말이다. 당연히 필록테테스는 점점 분개한다. 그러한 아카이아군의 상황이 네옵톨레모스의 전선이탈로 일어났다는 사실을 알고 필록테테스는 "함께 고향으로 데려가 달라"고 간청한다. 그것이 받아들여졌을 때의 기쁨이란.

자, 그러면 무엇을 가져갈 것인가. 약초는 빠트릴 수 없다. 그리고 활. 유명한 활이다. 필록테테스는 감사의 표시로 활을 네옵톨레모스의 손에 쥐여준다. 관객은 두근두근한다. 동굴을 뒤로 하려는 그때 갑자기 고통스런 발작이 찾아온다. 필록테테스는 네옵톨레모스에게 활을 맡긴다. 그리고 "결코 누구에게도 주지 마"라고 말한다. 그리고 혼수상태가 지난 후에도 여전히 네옵톨레모스는 거기에 남게 되는 것일까. 이것만이 궁금하다.

몇 번이나 몇 번이나 거듭 다짐을 한다. 필록테테스가 의식을 잃자 어딘가에서 나온 따르는 자들이 "바로 지금"이라고 속삭인다. 그러나 네옵톨레모스는 그렇게 해서 성공해도 치욕밖에 남지 않는다고 거부한다.

이렇게 해서 눈을 뜬 필록테테스 눈앞에는 아직 네옵톨레모스가 있는 것이 아닌가. 그런데 이때 네옵톨레모스가 갑자기 이도저도 아닌 표정을 짓는다. 설마 자신을 데리고 가지 않는 게 아닌가 하고 걱정하는 필록테테스. 사실 네옵톨레모스는 거짓을 더는 견딜 수 없게 된 것이다. 그리하여 필록테테스에게 솔직히 말하고 함께 전선에 복귀하자고 제안한다. 분노하는 필록테테스. 또 속은 것이다. 그리고 활을 돌려달라고 말한다. 어떻게 할지 모르게 된 네옵톨레모스.

바로 그때 오디세우스가 나타난다. 네옵톨레모스에게 활을 건네라고 명령한다. "그런 거였구나" 하고 절망하게 된 필록테테스는 같이 가는 것만은 한사코 거부한다. 그러자 오디세우스는 당신 말고도 활을 쏠 수 있는 사람이 있다면서 필록테테스를 내친다. 활은 유일한 생존 수단이다. 모든 것을 잃은 필록테테스는 자연의 날짐승들과 들짐승들을 향해서 노래한다. 그에게 남은 마지막 말상대다. "활이 없으니 너희는 나를 무서워하지 않아도 된다. 자유다"라고. 그리고 따르는 자들에게 목숨을 끊기 위한 도구를 간청한다.

이 자연과의 대화를 맺듯이 갑자기 네옵톨레모스가 돌아온다. 휙 갑자기 발길을 되돌린 것이다. 그리고 쫓아오는 오디세우스. 네옵톨레모스는 활을 돌려준다고 말한다. 그러자 오디세우스는 돌아온 그를 어리석다고 꾸짖는데 네옵톨레모스는 정의가 이긴다고 반격을 한다. 분노한 오디세우스는 정치적 결정에 어긋나면 결국 그것은 반역이라고 말한다.

네옵톨레모스는 필록테테스에게 다시 한번 말을 건다. 함께 가자고 간곡하게 말을 한다. 필록테테스는 두 번 다시 속지 않겠다고 반응하지 않는다. 다음 순간 기적이 일어난다. 네옵톨레모스는 필록테테스에게 활을 건네려고 하고 오디세우스가 저지하려고 한다. 그 와중에 네옵톨레모스는 필록테테스에게 다시금 말한다. 함께 가는 것은 아카이아군을 위해서만이 아니다. 무엇보다도 당신의 병을 고치기 위해서 제대로 된 치료를 받기 위함이라고 말한다.

말의 힘 덕분에 필록테테스는 망설이고 망설인다. 말은 필록테테스의 마음 속에 하나의 진한 울림을 남긴다. 그러나 불신은 아무래도 사라지지 않는다. 그럼에도 네옵톨레모스가 친구로서 두 사람만 고향에 돌아가자고 제안하는 것을 보고 필록테테스의 마음이 움직인다. 그러자 갑자기 헤라클레스가 나타나서 트로이를 향해서 함께 출발하는 것으로 중재가 이루어진다. 이렇게 결론이 났다고 볼 수 있다. 마지막에 필록테테스는 파도 소리를 들려준 바다와 신음을 메아리로 들려준 바위를 위해서 감사와 이별의 노래를 부른다.

트로이 전쟁

알고 있는 사람도 많을 걸로 생각하는데요. 이 연극의 전제가 되는 것에 대해서 얘기를 나누도록 합시다. 한 집단이 있는데 아카이아 군대라고 몇몇 집단의 오합지졸인데요. 그 대장이 아가멤논입니다. 그에게는 동생이 있어요. 그의 이름은 메넬라오스입니다. 메넬라오스의 부인은 그 유명한 헬레네. 그녀는 유럽에서는 역사상 가장 아름다운 여인으로 알려져 있죠.

　이쪽(트로이)에 또 하나의 집단이 있습니다. 집단의 원리는 좀 다른데요. 역시 여러 작은 집단이 하나로 뭉쳐져서 그들만의 보스가 있죠. 이 보스의 아들 가운데 파리스라는 사람이 있는데요. 세기의 미남이라는 말을 들을 정도로 아주 잘생겼습니다. 파리스는 놀이를 좋아하는 사람이라서 여기저기 유랑하는 사람인데요. 막 돌아다니다 보니 여기(아카이아)까지 오게 된 겁니다. 그런데 이 두 사람, 헬레네와 파리스는 사랑에 빠집니다. 결국 둘이서 도피를 하게 된 거죠. 그리고 지금은 트로이에 살고 있습니다. 이것은 매우 유명한 이야기로 여러분도 들은 적이 있으리라 생각합니다.

　그래서 분노한 아카이아인 이야기입니다. 그들은 사람들을 총동원해서 전쟁을 하게 됩니다. "헬레네를 돌려달라"고 말이죠. 부당하다. "부인을 빼앗아간 나쁜 녀석들이다" 하고 공격을 합니다. 이때 중간 보스, 작은 보스에게 동원 명령이 떨어져서 전쟁할 수밖에 없게 되었죠. 그런데 뭐, 보스의 동생 부인이 바람을 피웠다고? 그런데 왜 우리는 그것 때문에 전쟁을 해야 하는 거야? 여러분들도 좀 의아하게 생각하죠. "왜?" 네 마음대로 하라고. 왜 우리가 해야 하는 거야?

그런데 아가멤논은 "매우 불명예를 입었다." 그래서 꼭 상대를 멸망시켜야 한다고 모두를 이끌고 출정합니다. 지금 세계 지도로 말해보자면 그리스가 있고 에게해를 사이에 두고 이쪽에 튀르키예가 있죠. 이 튀르키예 쪽에 트로이가 있다는 전제를 두고 이야기가 전개됩니다.

그런데 그 도중 어느 무인도에 들르게 되는데요. 여기서 주인공인 필록테테스를 다들 두고 가버리죠. 다른 사람은 전부 트로

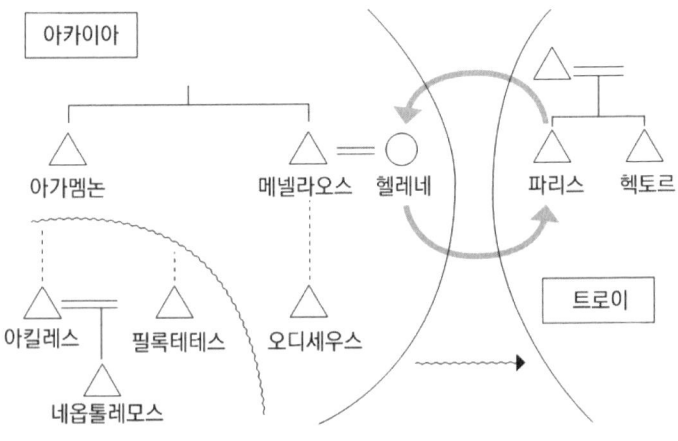

그림 11 - 트로이 전쟁

이에 도착해서 도시를 포위합니다. 그러나 전투에 고전하게 되고 좀처럼 이길 수가 없는 거예요. 열심히 공략하다가 모두 전사를 합니다. 트로이에는 헥토르라는 리더가 있는데요. 이 사람도 왕자 중 한 사람으로 그리스 신화에서도 가장 멋진 인물이었죠. 자신의 형제가 이런 어리석은 일을 하는 바람에 말도 안 되는 일에 휘말리게 된 인물입니다. 그런데 리더로서 싸워야 하는 겁니다. 아주 책임감이 강하고 반은 신이라서 이길 수도 없는 아킬레스와의 싸우다가 장렬히 전사합니다. 그런데 그마저도 헬레네에 대해서 불만을 말하죠. 저 못된 여자 때문에 이런 싸움을 하게 되어 나라가 멸망할지도 모를 일이다. 도대체 무슨 생각인지 따집니다. 단 헬레네도 지지 않죠. 이것은 〈일리아스〉라는 호메로스의 서사시 안에 나오는 이야기인데요. 가슴이 후련해질 정도로 시원시원하게 말해요. "나는 내가 하고 싶은 일을 했을 뿐이다. 당신들도 하고 싶은 일을 하면 되는 것 아닌가", "당신들 마음대로 전쟁을 하고 있는 것 아닌가. 나에게는 아무런 책임도 없다"라고.

확실히 그래요. 파리스는 잘생긴 반면에 메넬라오스는 좀 추남이었어요. 이쪽은 세계의 미남입니다. 헬레나는 "못생긴 남자를 버리고 미남을 선택한 것이 뭐가 나쁜 건데" 하고 말하죠. 저는 이런 당당함을 아주 좋아하는데요. 듣고 보면 그 말은 일리가 있어요. 누구든지 자신의 행동은 스스로 책임을 져야 하는 거니까요. 헬레네는 마음 가는 대로 행동한 것뿐이고 이 사람들도 자기들 마음대로 전쟁을 시작한 겁니다. 헬레네는 말합니다. "여러분은 자신의 의지로 마음대로 전쟁을 시작한 것뿐이잖아요." "나 때문이 아니거든요." 이것도 굉장해요.

오디세우스의 작전

자, 그러면 시작해볼까요. W군, 공격해 들어가는 사람들, 이 집단을 보기로 해요. 여기에 패거리가 있다는 것은 의심할 여지가 없습니다. 집단이 있어서 집단 간에 무력을 행사하거나 하죠. 이 경우에는 전쟁인 거고요. 그런 와중에 이런 사람들은 대체로 어떤 식으로 느끼고 움직이는 사람들인가요?
  --임금님의 명령에 따르는 사람들요.
  음... 정연하게 따르는가요?
  --정연하다고는 할 수 없습니다.
  정연하다고는 할 수 없습니다만 일단은 따릅니다. 그게 중요한 거죠. 이 경우도 제대로 된 국가 또는 정치 시스템이라는 식으로 상정되어 있습니다. 문학적으로. 그래서 여기서부터의 명령은 국회에서 의결된 명령과 같아서 거스를 수가 없죠. 그러나 실제로 이 사람들의 사고방식과 움직임은 좀처럼 확실하지 않아요. 예를 들면 필록테테스를 전쟁을 위해서 꼭 필요하다고 데리고 와야 한다고 하죠. 그리고 데리고 오는 역할을 오디세우스라고 하는 호메로스의 시에 등장하는 영웅이 맡았는데요. 그런데 여기서 그는 정이 안 가는 인간으로 그려져 있어요. 정치가 패거리로 변질된 겁니다. 패거리로 돌아가고 만 거죠.

잠시 옆길로 새겠는데요. 호메로스는 이 똑같은 패거리를 소재로 해서 제대로 묘사했습니다. 잔혹하게 분석하죠. 그리고 패거리를 철저하게 분해하면서 아직 결점투성이의 개성적인 인물들을 부각시켜요. 이러한 인물들이 각자의 사고방식으로 철저하게 대립하고 그중에는 신들도 포함됩니다. 세계관과 원칙이라는 것이 격돌해요. 이렇게 해서 정치라는 행위를 하는 사람들의 깊은 의식을 준비합니다.

소포클레스 같은 비극 작가의 과제는 호메로스와 대립적인 방식으로 만들어 보여주는 것이었습니다. 데모크라시의 문제를 추구하고 있는 거죠. 정치 시스템에서조차 버림받은(남겨진), 완전히 절망적인 개인을 기초로 연대해야 한다고 생각한 겁니다. 그래서 비극은 예리한 호메로스 비판을 포함하고 있어요. 이 작품에서 오디세우스에 관해 그리는 방식이 바로 그 전형입니다. 모두의 이익을 냉혹하게 추구하는 데모크라시 단계의 정치권력과 그 이성과 언어를 나타내고 있죠.

그 오디세우스가 필록테테스를 데리고 가려고 할 때의 방식은 어떤 것이었나요?

--소중한 것을 무리하게 빼앗아서 데리고 가려고 하는 방법입니다.

아, 그런가요. 그것은 다음 다음 다음 정도의 질문에 대한 대답인데요. 바로 나오고 말았군요. 아니, 맞아요. 그런 방식을 취했습니다. 상대방이 소중하게 여기는 것을 팍 움켜쥐면서 말이죠. 지금까지도 그렇게 나왔어요. 이렇게 어쩔 수 없이 말을 듣게 하는 작전을 펼치죠. 비겁하게도.

S군, 또 하나의 면, 일견 그것과는 대조적인 측면이 있죠. 오디세우스에게는 힘을 사용하는 것과 동시에?

--책략을 사용해요.

훌륭합니다. 맞아요. 책략이죠. 매우 예리하고 뭔가를 기도하는 면이 있어요. N군, 어떤 기도를 했을까요?

--(필록테테스를) 사이 좋게 만들어서 데리고 가는 거죠.

맞아요. 이런 패거리는 반드시 그렇습니다만 대체로 두 개의 파로 갈라집니다. 그리고 언제나 서로 으르렁거리죠. 게다가 공명심이 강해서 전리품을 누가 가져갈 것인가, 뭐 그런 다툼을 하죠. 예를 들면 아킬레스라는 유명한 무장이 있는데요. 이 사람이 전사합니다. 그 갑옷과 투구를 누가 물려받을 것인가. 그런 일로 싸우죠. 이익과 명예를 둘러싸고 매번 다툼이 있어요. 이런 쌈박질 속에서 대체로 두 개의 파로 나누어집니다. 한쪽은 이익을 목표로 책략을 꾸미는데 오디세우스가 대표적인 인물입니다. 다른 한쪽은 아킬레스라든지 아이아스인데요. 이쪽은 힘을 바탕으로 곧바로 돌진하는 사람들이죠. 정직합니다만 조금 폭력적입니다. 오디세우스의 경우는 말을 잘하고요. 이런 식으로 두 파로 나누어지므로 오디세우스는 이것을 명확하게 인식해서 여기에 파고듭니다.

  네옵톨레모스는 아킬레스의 아들로 아버지의 사고방식을 이어받았죠. 똑바로 돌진하는 스타일로 그러다 보니 오디세우스 진영에 대해서는 잘 생각을 하지 않아요. 그래서 오디세우스는 바로 이것을 이용합니다. 상대방의 적의를 자신을 위해 이용하므로 굉장한 겁니다. 필록테테스는 아킬레스 진영에 속해 있으므로 이 네옵톨레모스를 파견하여 오디세우스에 대한 증오로 달아오르게 합니다. 그리하여 두 사람을 사이좋게 만드는 전략을 쓰는 거죠. 또한 그렇게 함으로써 데리고 오게 하는 겁니다. 고도의 정치적 이성. 어쩐지 패거리를 그대로 빼닮았어요.

  네옵톨레모스로서는 자연스럽게 행동하면 되므로 연기하기가 편하죠. 그런데 그것도 오디세우스는 계산에 넣어둔 상태거든요. 즉 천연덕스럽게 행동하면 자신에게 걸려드는 거니까요. 네옵톨레모스는 걸죽하게 욕을 하면서 "아가멤논 같은 자가 싫어져서 집으로 돌아가는 중이다"라고 말합니다. 그래서 "함께 돌아가자"고 하면서 데리고 갑니다. 그런데 알고 보니 최전선에 가는 것입니다. 이것이 오디세우스가 만든 언극으로 그대로 장면이 전개됩니다. 데모크라시 단계의 정치는 정밀한 계산을 장점으로 하는데요. 그런데 그런 계산이 중요하다는 것을 밟아 뭉개는 암전이 등장하죠.

네옵톨레모스의 전환

이런 작전을 세워서 거의 성공하는데요. 그런데 마지막에는 실패하고 말죠. 왜 실패하고 말았나요?

--마지막에 네옵톨레모스가 배반을 했습니다.

그래요. 먼저 소중한 활과 화살이 있어요. 이것은 신들로부터 온 것으로 필살기의 활이죠. 그런데 예언이 있어서 "이 활이 없으면 이길 수 없다"는 것을 알게 되었습니다. 그리하여 "이 활을 가져와라"라는 명령이 떨어졌습니다. 그리고 그 활을 쏘는 필록테테스를 계략으로 데려오는 계획이 세워졌어요. 그런데 그 계략을 필록테테스가 알게 되고 맙니다. 네옵톨레모스가 '거짓말'을 견딜 수 없게 되어서 사실을 말했기 때문이죠. 단 필록테테스는 네옵톨레모스를 신뢰해서 활을 막 건네주려던 참이었어요. 그때 오디세우스가 스톱을 걸어서 그대로 네옵톨레모스가 활만을 가져가도록 합니다.

그 결과 필록테테스만을 남겨두게 되죠. 그런데 네옵톨레모스는 휙하고 방향을 틀어서 필록테테스가 있는 곳에 돌아가 버리고 맙니다. 이걸 본 오디세우스는 "뭐 하고 있는 거야. 기다려, 그것은 명령 위반이거든" 하고 쫓아가는데요. 그런 것에 전혀 개의치 않고 네옵톨레모스는 필록테테스가 있는 곳에 돌아가 버리고 말죠. 필록테테스가 왜 휙 돌아보고 말았는가에 관해서 막대한 문헌이 있을 정도로 전문 학자들이 제각기 의견을 말하며 격렬하게 싸우는 큰 문제이긴 합니다. T양, 네옵톨레모스는 돌아가게 되었는데요. '돌아간다'는 것은 네옵톨레모스에게 어떤 입장으로 돌아가는 것을 의미하는 걸까요. 즉 네옵톨레모스는 그때까지 어떤 생각을 하고 행동하고 있었던 것을 이번에는 무엇을 하려고 급하게 생각을 바꾸었던 것인지 이해했나요?

--...

처음에는 필록테테스를 속이려고 했죠. 그럼 이번에는 천천히 생각해 보기 바라요.

--이제는 속여서 데려가는 것이 아니라 진실을 말하려고...

훌륭합니다. 그 대답으로 충분해요. '진실을 말하려고', 이것은 완벽한 대답입니다. 자, 그러면 K군, '진실을 말한다'는 어떤 의미인가요?

--...

이런 유형의 질문은 어렵죠. 제가 하는 질문 중에는 대체로 이런 유형의 질문이 많은데요. 그러다 보니 여러분은 대답하기가 좀 어려울 거예요. "~라는 것은 무슨 의미인가"라고 집요하게 묻죠. 그런데 이런 질문은 중요하거든요. 언제나 저의 수업에서 반드시 한 번은 모두에게 말하는데요. "~라는 것은 어떤 의미인가"라는 식으로 생각하는 것은 인간에게 아주 중요한 일입니다. 제가 수업에서 자주 예로 사용하는 것은 '먹구름이 나왔다는 것은 무엇을 의미하는가?'라는 질문인데요, '"먹구름이 나왔다는 것"은 그야 "먹구름이 나왔다"는 것이죠. "~라는 것은 어떤 의미?" "검은 구름이 나왔다"는 의미죠'라는 식으로 계속 똑같은 평면에 머물고 있으면 안 되죠. 그것이 아니라 '"검은 구름이 나왔다"는 것은, 음... 비가 내린다는 것인가. 자, 그러면 비가 내린다는 것은 어떤 의미인가. 음... 강물이 ~ 말인가'와 같은 식으로 사고가 계속 이어지는 겁니다. 지금 말한 것은 인과 연쇄인데요. 이것 말고도 '해석'이라는 것도 있어요. 조금 전에도 자주 했었죠. 여기서 안티고네가 말한 것은 무슨 의미일까, 왜일까와 같은 식으로 말입니다... 그런데 꽤 여러분을 힘들게 만드는 것 같긴 하군요(웃음).

--왜 '바꾸어 말하기'가 중요합니까?

기호론이라는 분야가 저의 연구주제인데요. paradigmatique한 작용을 paradigmatique로 분절함으로써 개인 간의 관계가 분절적으로 되기 때문입니다. '우향우'라고 이유도 없이 말을 들었다고 해봅시다. 군대라는 문맥에서 말이죠. 여러분은 "왜입니까?"라고 묻습니다. 한번 말했죠. '논증'을 요구하는 것이 중요하다는 겁니다. '이유 대기'죠. 그것만으로 명령을 내린 측의 권력은 크게 교란을 경험합니다. 굳이 논증이 아니더라도 그것, '어떤 의미입니까?', 오른쪽을 향해서, 더 오른쪽으로 한 걸음이라든지. '옆에 있는 녀석, 이쪽을 쳐다봐라. 이것 봐, 거기 오른쪽'이라든지. 'A설이 옳은지 아니면 B설이 옳은지 해석론을 전개합시다' 하고 계속 말하는 동안 여러분은 자유입니다. 그런데 이 '바꾸어 말하기'를 아주 체계적으로 해서 논의를 교환하는 장치(행위)가 정치라는 거지요. 여하튼 '진실을 말하기'라는 훌륭한 대답이 나왔습니다. 그런데 '진실을 말한다'는 것은 어떤 의미일까요?

--마음을 허락하는 거요. 마음을 허용하는 거요.

'마음을 허락한다', 나쁘지 않네요. O군, '진실을 말한다'는 것은 무슨 의미인가요?

--자유롭게 되는 거요.

오호, 그것은 어떤 의미인가요?

--그러니까 (네옵톨레모스는) 오디세우스에게 묶여 있었죠. 지배당하고 있고 자유를 속박당한 채 일하고 있었는데요. 그러다가 오디세우스의 하인이 아니라 한 명의 개인으로서. 그러니 뭐라고 해야 하나요. 속박을 팍...

굉장합니다. 이것은 여러분들의 말을 사용하면 '닭살이 돋는 이야기'죠. 이 대답은 예상하지 못했거든요. 그런데 예상했던 것보다 훨씬 좋은 대답이 나와 버렸어요. 훌륭합니다. '진실을 말한다'는 것은 자유로운 말을 의미합니다. 맞아요. 그런데 T군, 오디세우스의 무엇에 대해서 종속하고 있는가요? 물론 권위에 대해 종속하고 있는 점도 있었을 텐데요. 조금 더 구체적으로 말하자면?

--힘?

그래요. 여기에 '말'이라는 것이 있는데요. 여기에 힘이 추가되어 종속되고 있었죠. 그러나 네옵톨레모스는 그렇지 않은 말로 전환한 겁니다. 여태껏 물론 말을 사용하고 있었지만, 그것은 단지 오디세우스에 따르기 위해 사용한 말이었죠. 오디세우스로부터 "이래라, 저래라"라는 말을 듣고 그대로 따르고 있었는데요. 그래서 여기를 '팍' 하고 끊어서 자유라는 단어를 O군은 발견했군요. 이 말과 같이 있었던 오디세우스의 '힘'이란 무엇일까요? 별로 폭력적인 힘은 아니죠. 네옵톨레모스도 꽤 강한 사람이니까요. 오디세우스가 무서워서 "네, 그렇습니다" 하고 말한 것은 아닙니다. 오디세우스는 네옵톨레모스를 열심히 설득했어요. "이렇게 해야 한다"고 말이죠. 결국 그것은 좋은 점이죠. "우리 전체가 전쟁에 이기기 위해서는 필요한 일이다. 그러니 부탁 좀 하자. 물론 이런 일을 싫어한다는 것은 알고 있다. 올곧은 것을 좋아한다는 것도. 그런데 지금은 내 말을 들어주지 않겠는가" 하고 말하고 있습니다.

--그러니까 말에 따르고 있어요... 말이라든지 마음에?

그래요. 아마도. 의사(意思)라는 것을 말하고 싶은 겁니다. 오디세우스의 의사가 여기에 들어 있다는 거죠. 그것도 한 가지죠. 그런데 K군, 이 두 가지 말은 어떻게 다른가요?

--그러니까 먼저 오디세우스는 전체를 위한다고 하면서 동료를 인질로 삼았다는 느낌이고요. 거기에 또 한 가지를 추가한다고 하면 일단 네옵톨레모스의 명예를 올려주는, 뭐 그런 교환조건을 과감하게 끊어낸 것이 네옵톨레모스의 양심입니다.

좋아요. 즉 자유가 문제인 셈인데요. 반드시 무엇으로부터 자유인가를 생각해야 하는 거죠. 그리고 무엇으로부터의 자유인가 하면... 그러니까 오디세우스는 네옵톨레모스에게 가담하라고 말하고 있어요. 언제나 나오는 집단의 이익교환이죠. 여기서부터의 자유입니다. 집단 이익교환 논리가 책략인 겁니다. 이것을 셧아웃할 수 있는지 아닌지... 이것이 이 경우 자유로운 말의 문제죠.

T군에게 무엇을 물었는가 하면요. '이익 교환의 말'에서 '자유로운 말'로 이동했다는 겁니다. "이것으로 비로소 말이 기능한다"고 그리스인은 생각한 겁니다. 전자는 말이 기능하고 있는 것처럼 보이지만 그렇지 않은 거죠. 그런데 자세히 보면 말만 움직이는 것이 아니며, 사실 이익이라든지 힘이라든지 이런 것들이 실제로 작동하고 있어요. 즉 말만 하는 게 아닌 거죠. 그것은 O군의 말을 사용하면 자유로운 말이 아닌 겁니다. 자유로운 말이라는 것은 그리스인이 아주 좋아하는 어휘꾸러미입니다.

필록테테스는 어떤 사람?

Y군, 필록테테스는 어떤 사람인가요. 즉 누구에 대해서 진짜 말을 사용하는가와 같은 물음을 세우는 거죠? 필록테테스에게 말을 사용한다는 것은 무엇을 의미할까요. 필록테테스는 보통 사람인가요?

--배반을 당한 사람요.

훌륭합니다. 배반을 당한 사람이죠. 배반을 당한 사람에게 말을 사용하는 것은 어렵지 않을까요? 어렵겠죠. I군, 배반을 당했다고 해도 여러 종류가 있을 겁니다. 필록테테스는 어떤 식으로 배반을 당한 걸까요?

--홀로 남겨지게 되었어요.

맞아요. 단지 남겨진 건가요?

--아니요. 다쳐서 다리가 부러졌는데요. 어떤 처치도 하지 않고 방치하고 버림을 받았어요.

버림을 받았다. 맞아요. 다쳐서 다리가 부러진 것이 아니라 지병인 발작이 일어났는데요. M양, 왜 버림을 받은 건가요? 데리고 가도 좋았을 텐데 말이죠.

--전력이 되지 않게 되어버렸죠.

전력이 되지 않게 되었다, 음... 그것뿐만이 아닙니다. 이 사람의 뭔가가 방해되었어요. 무엇이 방해되는 거였죠?

--아, 맞아요. 그 상처로 인해 나오는 고통스러운 소리가 귀에 거슬리기 때문에요.

맞아요. 때때로 그는 참기 힘든 역겨운 소리를 냅니다. 이 군대가 진격하기 위해서는 사기진작을 위해 다양한 의식을 수행해야 하는데요. 아픈 사람이 있으면 이걸 할 수 없는 겁니다. 그러다 보면 통솔이 어려워집니다. 단지 도움이 안 되는 것뿐만 아니라 방해가 되기 때문에 두고 간 거죠.

E양, 그런데 남겨놓고 갈 때 "미안하지만 두고 갈 테니 여기서 헤어집시다. 그런데 혼자서 살면 힘이 들 테니 1년 치 식량을 두고 갑니다"와 같은 조치를 취했나요?

--그런 조처를 하지도 않았을 뿐 아니라 필록테테스가 자는 동안에 배에서 끌어내렸죠. 본인이 모르는 사이에 두고 갔고 식량도 조금밖에 없었습니다.

맞아요. 발작이 일어나는 거죠. 발작이 일어나서 의식이 없어지는 겁니다, 때때로. 발작이 일어났을 때 그 틈을 타서 모두 가버리고 말았어요. 필록테테스는 아침에 눈을 떠보니 말도 안 되는 상황에 놓이게 된 겁니다. 이리되면 타격이 크죠. 보통의 배반과는 달라요. 그리스 비극은 이런 장면을 극적으로 잘 만든다는 생각이 듭니다. 아슬아슬한 장면을 설정해서 우리에게 뭔가 호소하고 있다는 느낌이 들어요. 즉 강렬한 펀치 힘을 가진 셈입니다.

이런 사람에게 말을 사용하는 것은 매우 어려운 일인데요. 그렇다고 말을 사용하지 않을 수 없죠. 왜 사용하지 않을 수 없었던 건가요? 재확인해볼까요?

--싸움에 이기기 위해서. 그...

그래요. 누가 이기기 위해서?

--오디세우스의 군대가 싸움에 이기기 위해서 필록테테스의 활이 필요했으니까요.

그래요. 이 집단은...이라고 말해도 실은 정치 시스템인데요.

그 이익이 걸려있으니 혹은 집단의 존립이라고 해야 할까요. 이전에는 집단이 집단으로 움직이는 데 방해가 되어서 버리고 갔습니다. 그런데 이번에는 집단이 집단으로 제대로 기능하기 위해서 갑자기 이 사람이 필요하게 된 겁니다. 그래서 갑자기 "오라"고 한 거죠. 자, 그렇다고 하면, K군, 이것은 있을 수 있는 일인가요?

--있을 수 있다는 것은?

어쩔 수가 없다는 말이죠.

--조직으로서는 어쩔 수 없다고 생각할지 모르겠으나 개인의 입장에서 본다면 마음대로 행동하니 싫은 겁니다.

그래요. 이것은 견딜 수 없어요. 철저하게 버려진 사람. 그런데 이 사람이 없으면 사회가 성립하지 않는다고 이제서야 자각해서 이번에는 갑자기 그럴듯한 말로 데리고 가려고 했습니다. 어이없는 일인 거죠.

활의 의미

그래서 S양, 네옵톨레모스가 자유로운 말을 사용하려고 했죠. 그런데 제대로 될 리가 없어요. 이렇게 속여서 갑자기 "당신이 필요합니다"라는 말을 들으면 곤란합니다. 헌데 네옵톨레모스는 성공합니다. 물론 마지막은 헤라클레스의 일격이 없으면 안

될 뻔했습니다만. 어떻게 성공했나요?
--어떻게라니요?
즉 말이 이긴 거지요. 자유로운 말이 이긴 겁니다. 물론 조건이 있어요. 네옵톨레모스는 무엇을 했나요? 이것이 포인트인데요. 필록테테스는 네옵톨레모스를 망설이면서도 신뢰를 하죠. 왜? 일단 배반을 하죠. 네옵톨레모스는.
--...?
음... 알겠습니다. 그럼 조금 전으로 돌아가 볼까요. W군, 필록테테스는 계략을 눈치챘지만 이미 늦었죠. 왜 그런가요?
--자신이 반항할 수 있는 활을 빼앗겼으니까요.
그래요. 활을 빼앗겼어요. 이 활은 굉장한 위력이므로 오디세우스라고 해도 필록테테스가 이것을 갖고 있으면 가까이 갈 수가 없어요. 그런데 활을 빼앗긴 거죠. 그래서 그걸 깨달은 시점에서 발을 동동 구르고 후회해도 이미 늦은 겁니다. 자, 그러면 조금 돌아보기로 해요. 왜 활과 화살을 빼앗기게 된 걸까요?
--발작하는 동안에 빼앗겼습니다.
네옵톨레모스, 그렇게 나쁜 녀석인가요?
--아니요. 그런 사람이 아닙니다.
그러면 어떻게 된 건가요?
--빼앗았다고 해야 할까요. 보여달라고 말했으니까요.
"보여주세요"라고 말했나요?
--계속해서 소중하게 갖고 있었다?

그래요. 계속해서 소중하게 갖고 있었어요. 그 말은, 맡고 있었다는 거죠. N군 맡았다-맡겼다는 것은 거기에 무엇이 있는 거죠?

--신용이요.

맞아요. 신뢰해서 맡기는 거죠. 그래서 눈을 떴을 때 필록테테스는 감격을 하죠. 왜 감격했나요?

--아, 어디에 감격을 한 걸까요? "네가 여기에 머물고 나를 돌봐주었다. 이렇게 마음씨 고운 동정을 받을 줄은 생각도 하지 못했다"고 말하는 부분일까요?

그래요. 바로 그거죠. 그렇다고 하면 이 장면은 어떤 장면인까요? 발작이 일어나서 활을 맡기기는 하지만 필록테테스에게 있어 무엇이 불안한가요?

--그 활을 빼앗기는 거요.

그래요. 게다가?

--홀로 남겨지는 거죠.

맞아요. 트라우마가 되었죠. 이전에도 발작에서 눈을 떠보니 아무도 없었으니까요. 그리고 중요한 시점에서 발작이 일어났어요. 그리고 네옵톨레모스는 신뢰할 수 있을 것 같다, 괜찮을 것 같다. 하지만 그때 마음의 상처는 잊을 수 없는 거죠. 눈을 떴을 때 네옵톨레모스가 있어 줄 것인가 생각하면서 의식이 혼미해진 겁니다. 그런데 눈을 떠보니 그가 있는 게 아닌가. 활을 가지고서 말입니다. 이쯤되면 사람은 감격하게 됩니다. 순식간에 신뢰관계가 만들어지는 거죠. 따라서 활을 네옵톨레모스에게 다시금 갖도록 한 겁니다. 그러자 양심의 가책을 견디지 못하고 네옵톨레모스는 진실을 말해 버리고 말아요. 그런데 그 순간을 오디세우스는 놓치지 않았죠. 결국 신뢰관계는 진짜가 아니었던 겁니다. 네옵톨레모스는 필록테테스가 의식이 없는 사이에도 활을 갖고 도망가려고 하지 않았지만, 결국에는 오디세우스의 명령에 따를 수밖에 없어서 활을 갖고 도주했으니까요. 정말 놀라운 연극입니다.

이 극에서는 그전에도 "이 활, 잠시 가져도 돼요"라고 말하는 장면이 있습니다. 그런 장면이 아주 스릴이 넘치죠. 〈자전거 도둑〉의 자전거와 똑같이 이 활을 누가 갖느냐에 따라 관객이 두근두근해서 "건네면 안 되는데…" 생각하면서 보는 겁니다. "앗, 줘버렸다"라든지 "돌아올까?" 등등. 즉 필록테테스에게 활은 적을 무찌르기 위해서 결정적인 것과 동시에 또 하나. 이것을 물어보기로 하죠. H군, 또 한 가지가 중요합니다. 어떻게 생계를 꾸리고 있나요. 이 사람?

--활을 쏘아서 짐승 같은 것을 잡아서 살고 있어요.

이 섬에서는 활을 빼앗기면 살이길 수가 없게 됩니다. 먹을 것이 없으니 생존할 수가 없는 거죠. 이것도 자전거와 똑같아요. 이렇게 우회함으로써 생각할 수가 있는 거죠. 마지막에 네옵톨레모스가 일단 성공하는 것은 왜일까요? 네옵톨레모스가 필록테테스를 설득할 때 한 일은 무엇인가요?

일단 활을 빼앗았죠. 그리고 오디세우스는 굉장한 말을 합니다. 필록테테스와 활을 함께 데리고 가는 계획이었는데요. 그런데 필록테테스가 "싫다"고 반항적으로 나왔죠. 그러자 "그럼 상관없어, 너 같은 것은... 여기서 죽어. 그 활을 쏠 수 있는 녀석은 얼마든지 있으니까". 사실 진짜 활을 쏠 수 있는 사람이 있는지 없는지는 몰라요. 굉장히 강한 활이었기 때문에 한 두 명 정도밖에 쏠 수가 없었을 겁니다. 그럼에도 "어차피 대체가 있으니까 활을 쏠 수 있는 사람은 너뿐만이 아니거든" 하고 말했어요. "활만 있으면 너 같은 것은 필요 없거든", 뭐 그런 식으로 말한 겁니다. 매우 잔혹하죠. 필록테테스에게는 생활수단을 빼앗기게 되는거니까요. 오디세우스의 잔혹함은 굉장합니다. 이것이 문학의 힘이죠. 그런데 네옵톨레모스가 휙 돌아서서 돌아왔죠. 그리고 설득에 성공합니다. 왜 이렇게 잘 된 건가요?

--활을 돌려줬으니까요.

그래요. 활을 돌려주었죠. 오디세우스 입장에서 보면 말도 안 되는 일을 한 거겠지만요. 왜 그럴까요? 활을 가지면 필록테테스는 천하무적이 됩니다. 그런데 네옵톨레모스는 이 활을 돌려주고 설득에 성공합니다. 그것은 왜일까요? 돌려준 활은 무엇인가요?

--생활의...

그래요. 그런데 단지 생활에 필요한 것만이 아니라?

--둘도 없는 것이죠.

오오. 맞아요. 그렇게 되면 둘도 없는 것을 이 사람은 가진 셈이죠. 그것을 돌려준다는 것은? 돌려준다는 것은 무엇을 의미하나요?

--맡긴다.

맡기는 것도 좋은데?

--존중하는 거요.

오호, 맞아요. 존중하는 거죠. 그런데 존중한다고 해도 여러 뉘앙스가 있는데요. 이것은 자유의 조건입니다. 벌거벗은 한 사람으로부터 소중한 것을 전부 빼앗고 "당신 자유입니다. 무인도에서 자유롭게 지내도 돼요. 그리스 바다에서 자유롭게 지내세요"라는 말을 해주면 기쁘다고 생각할까요? 이런 것은 자유가 아니죠. "저는 지금 뭔가 소중한 것을 갖고 있고, M양은 또 뭔가 소중할 것을 갖고 있어요." 이것을 서로 존중하는 겁니다. "이런 것이 있고 나서야 비로소 언어가 기능합니다"라고 이 작품은 말하고 있어요. 그래서 이 활을 둘러싼 어느 쪽이 그것을 가지느냐를 갖고 스릴이 넘치면서 이야기가 전개되는 거죠.

자유로운 말의 조건

자유로운 말은 무엇인가. 그것은 어떻게 하면 기능하는가에 관해서 O군이 정말로 좋은 말을 해주었는데요. 이것을 그리스인들은 철저하게 생각했습니다. 이 작품도 그것을 드러낸 작품 중 하나인데요. 우리처럼 헌법이 있으니까 "아, 자유다. 자유임에 틀림없다"라고 생각하겠지만 그리스 사람들은 그런 식으로 생각하지 않았죠. 언론의 자유라는 것은 그리스에서 나온 원리로서 매우 중요한데요. 거기에 머물지 않고 실질적으로 언어의 자유가 어떻게 하면 사회 안에서 실제로 표현되고 "정말로 자유롭다는 것은 무엇을 의미하는지"에 대해 여러 작품에 나옵니다. 그리고 이 경우도 여기서 만들어진 신뢰관계는 새로운 인간관계를 만들어내죠. 새로운 조직원리가 되어 전체를 해체해서 전부 새로운 색깔로 변신하는 겁니다. 적어도 문학적 이미지로서 이것이 가능한 거죠. 그것은 호메로스가 한 것과는 다른 새로운 버전이었어요.

한편 〈안티고네〉와는 비슷하죠. 궁지에 몰려서 고립된 개인에게 초점이 맞추어졌으니까요. 다만 앞에서 나온 안티고네의 이미지와는 미묘하게 달라요. 〈안티고네〉에서는 정말로 기하학의 점 같은 사람들이 연대하는 이야기였어요. 그런데 이번에는 뭔가 소중한 것을 그 궁지에 몰린 사람이 갖고 있어요. 하지만 데모크라시가 지금은 그것을 빼앗는 방향으로 가버리고 말았죠. 그 병리를 해명하는 겁니다. 그리고 각자의 둘도 없는 것을 아포리아로 승인해서 연대하는 그런 이미지를 우리에게 보여준 거죠. 그것뿐만이 아닙니다. 활은 필록테테스에게 불가결한 거예요. 그러나 그것이 지금은 모두에게 살아남을 것인가 아닌가를 결정하는 것이 되고 말았죠. 첫 번째로 "궁지에 몰린 개인을 소홀히 하면 애당초 사회전체가 파멸입니다"라는 이미지가 여기에 있어요. "그러한 사람을 내쳤기 때문에 모든 것이 제대로 되지 않습니다", 뭐 그런 거죠.

두 번째로, 그렇다고 하면 이제 와서 그 사람을 이용할 것인가. 그것은 안 되는 일이죠. "그런 접근방식은 그 사람을 내친 것과 똑같습니다" 하고 이 작품은 말하고 있습니다. 이 점은 대단히 중요합니다.

세 번째, "모두의 존망이 걸려있다고 해서 궁지에 몰릴대로 몰린 사람으로부터 소중한 것을 빼앗을 수 없습니다"라는 새로운 원리를 전하고 있어요. 그런 일을 하면 또 희생으로 삼는 행위를 반복하게 되는 겁니다. "이 사회의 저주는 풀지 못하고 똑같은 실패를 반복할 것이다"라고 말하고 있습니다. "활만을 가져가도 뭔가 좋지 않은 일이 일어나서 실패하게 된다, 예언을 다시 해석하지 않으면 안 된다"는 이야기입니다.

왜 고향으로 돌아가지 않는가?

이것으로 오늘 수업은 마치겠는데요. 추가 질문을 해보기로 할까요. 플러스 알파 질문입니다. 헤라클레스가 왜 나오느냐와 관련된 건데요. 네옵톨레모스와 필록테테스가 연대해 고향에 돌아가서 이 집단과는 깨끗이 안녕을 고하는, 그런 결론이어도 좋았을 것 같은데요. 그런데 마지막에 헤라클레스가 나타나서 아가멤논이 있는 곳으로 돌아가서 훌륭하게 일하는 것으로 끝이 나니 좀 어안이 벙벙하지 않았나요? 헤라클레스 같은 쓸데없는 인물이 갑자기 나온 느낌이었죠.

  --어안이 벙벙했다고 할까요. 음... 그런 게 아닌가 하고.

  음. 그럴 수도 있을 거라고.

  --신 같은 것도 꽤 나오니까요.

  그래요. 크게 신경쓸 것은 아닌 것 같다, 뭐 그런 말인 거죠. 물론 헤라클레스가 나왔다는 것은 미묘한 점이라고 할 수 있어요. 이 문제는 무승부인 셈입니다. 철저하게 문제만 따져 묻기만 하면 결론은 이차적인 문제라는 것이 그리스의 발상이죠. 만약 이 두 사람이 고향에 돌아갔으면 어떠했을까요? 네옵톨레모스는 필록테테스에게 활을 돌려주고 그렇게 함께 손을 잡아서 각각 고향으로 돌아가는 이야기. "이런 시시한 전쟁 장면에 복귀하다니 이제 질렸다. 이제 돌아가자"고 말하고 돌아가도 좋지 않았을까요. 아가멤논이든 오디세우스든 어처구니없는 녀석들이죠. 정말 말도 안 된다, 부인이 미남과 도망을 가서 한 명이 죽고 또 한 명이 죽어 나간다, 왜 우리는 이런 녀석들을 위해서 전쟁터에서 죽어가야 하는가 하고 도망가도 좋았을 텐데요. 왜 도망가지 않았을까요?

  --지금까지 만들어 온 신뢰, 노력이 없어지니까요.

--헤라클레스가 나온 시점에서 해결이 초월적으로 된 느낌이 듭니다.

　오호, 그렇습니다. 생각해 보면 고향에 돌아가서도 집단 대 집단의 대립이 재현되고 말겠지요. 단순한 분파활동과 비슷해지는 겁니다. 그래서 헤라클레스가 "좀 더 고차원적인 입장에 서라"고 말하는 것은 고향에 돌아가는, 있을 수 있는 선택지를 암암리에 비판하고 있는 해석입니다. 적 대 아군 관계를 어떻게 극복할 것인가 하는 것이 포인트라고 하면 "그것을 재생산하고 있다"는 것은 가능하면 피하고 싶은 거죠.

자연에 대한 노래

마지막으로 이것은 물음이라기보다는 음미해주었으면 하는 건데요. 펠록테테스가 노래를 부르는 장면이 두 번 나오죠. 활을 빼앗긴 채, 네옵톨레모스는 오디세우스에게 가버리고 말았습니다. 좀 읽어볼까요.

　--"오 새 무리여. 눈이 빛나는 날짐승들이여. 이 섬의 야신에 사는 자들이여… 오늘부터는 숨지 않아도 된다. 보금자리에서 쫓길 필요도 없다. 어제와 달라서 내 손에는 활도 화살도 없다. 지금이야말로 나는 비참하다. 그런데 너희들은 자유다".

　그리고 마지막 노래는 역시 감동적이죠.

--"배로 나가기 전에 이 섬에 이별을 고하자. 안녕, 안녕, 밤을 새워 이야기를 나눈 바위굴이여. 건강해라. 생기 넘치는 목장에 사는 님프들이여. 바닷가에 밀려와서 돌아가는 넓고 넓은 바다의 무겁고 무거운 고동이여. 남풍이 불어서 만들어진 큰 파도가 바위 그늘의 내 머리를 몇 번이나 젖게 하고 슬픔으로 실성한 신음소리에 헤르마이온의 바위표면이 몇 번이나 몇 번이나 메아리쳤다".

필록테테스는 지금까지 완전히 혼자였어요. 모든 것에게 버려졌습니다. 이때 남은 것은 자연밖에 없었죠. 그래서 네옵톨레모스가 왔을 때 그리스어가 들렸으므로 감동을 했죠. "와, 이것은 그리스어가 아닌가" 하고 감동을 한 겁니다. '소리'에 감동을 한 거죠. 그 울림에 말입니다. 그 분절되는 방식에 말이죠. 즉 인간은 말을 사용해서 누군가와 이야기를 하지 않으면 살아갈 수 없는 존재인 거예요. 그리하여 홀로 남겨진 사람은 마음속으로 자연과 대화를 합니다. 자연의 형태라든지 변화, 이러한 것들에 대해 반응을 하죠. "앗, 구름이 생겼다"든지 "맑아졌다"든지 "새가 날았다"든지 이런 자연을 보는 겁니다. 이처럼 자연을 보면 거기에 여러 형태가 있어요. 그것은 변화하고 그리고 분절되어 있기도 해요. 이런 것들과 대화하지 않으면 인간은 살아갈 수 없어요. 마지막에 자연이라는 것이 남죠. 사람이 궁지에 몰리면 자연과 대화할 수밖에 없습니다.

왜 자연이 소중한가를 알 수 있는 거죠. 자연이 없어져 버리면 결국 혼자가 되어 궁지에 몰리게 되었을 때 진짜 제로가 되고 말아요. 인간은 온통 붙잡을 데 없이 밋밋하면 살아갈 수가 없죠. 그래서 뭔가 분절이 있어야 하는 거죠. 말이라는 것은 음의 분절입니다. 그래서 다양한 구별을 할 수 있어요. "묘우우우우"와 같은 음 말구요. 깨끗하게 분절된 음 말입니다. 그리하여 말을 들으면 좋은 느낌이 들어요. 시를 읽는다든지 노래, 노랫말은 아주 아름답죠. 따라서 '시'와 '노래'는 아주 소중해요. 그래서 이것 없이는 인간은 역시 살아갈 수 없죠. 이런 것이 표현되어 있습니다. 이 작품에서도 코러스 부분과 노래 부분이 있어요. 대사 부분도 꽤 음악적인데요. 물론 음운이 있어요. 여기에 오페라를 좋아하는 사람이 있을까요?

--음... 그러니까 〈투란도트〉(Turandot)라든지...

와 굉장하군요. 푸치니의 오페라에는 반드시 아주 불쌍한 여자가 나와요. 이 수업과 똑같죠. 원래 오페라는 아리아와 레치타티보(recitativo)라고 하는, 쳄발로(Cembalo)[1]에서 말하듯이 노래하는 혹은 노래하듯이 말하는 부분이 있어요. 이 둘이 엇갈아 나오는 리듬으로 오페라는 성립하고 있는데요. 소포클레스의 희곡 또한 아리아 부분과 합창 부분과 그것과 좀 음악적인 회화 같은 부분이 있어요. 특히 마지막 필록테테스의 노래는 아름답습니다. 아름다운 아리아입니다.

---

1 건반 악기의 한 종류로 바로크 시대에 유럽에서 광범위하게 사용되었다.

내막 공개를 위한 미니 강의

첫 번째 수업에서 문제를 설정하고 두 번째 수업에서 '풀이'(열쇠)가 되는 개념의 핵심 부분을 감각적으로 낚아채는 것에 도전했다. 세 번째 수업에서는 '풀이'의 실상(實像)을 제시하고, 네 번째 수업에서는 그 전제를 '예'로 들면서 푸는 것으로 했다.

그러나 세 번째, 네 번째 접근방식은 수업 중에 재차 시사한 것처럼 틀리지는 않았다고는 하나 시간과 소재면에서 좀 무리한 것 같다. 즉 수업 전개에는 트릭이 숨겨져 있다. 이 점을 좀 정리된 형태로 다시 한번 밝히는 것은 학생들에게도 좋기 때문에 간단한 강의 부분을 추가했다는 것을 밝힌다. 이 부분을 재현하지 않으면 독자에게는 공평하지 않은 것이 된다. 다만 그 장에서는 일단 성공을 거두었지만 사용한 언어는 반복해서 이루어진 것뿐으로 그 미니 강의는 이 논의의 장에는 어울린다고 할 수 없다.

그래서 수업의 맥락을 벗어나서 이른바 바깥으로 나가서 1부터 다시 써 보기로 했다.

1. 정치

이번 수업의 최대의 난점은 대전제인 정치의 성립을 주제로 할 수 없다는 점이다. 그러기 위해서는 호메로스와 헤시오도스를 제대로 읽어야 하는데 최상급의 그리스어 실력과 많은 시간이 있어야만 가능하다. 이것을 할 수 없는 이상은 부정확하고 근시안적인 전달을 할 수밖에 없다.

그래도 한계가 있지만 그 나름대로의 유용한 매체를 우리는 갖고 있다. 정치가 데모크라시로 고도화될 때 그 데모크라시 고유의 병리를 예리하게 응시한 소포클레스가 있다. 그의 처방전은 정치에서 개인간의 연대를 매우 고도화해서 제공하는 것이었다. 데모크라시 그리고 데모크라시의 구조에 대한 비극이라는 매체의 성질상, 늘 네거티브[1]한 이미지를 제시함으로써 정치를 연관시키는 호메로스의 텍스트와는 다르게 하나의 이미지가 제시된다. 그리고 그것이 너무나도 강렬하므로 번역을 통해서도 우리들에게(단 젊은 두뇌의 미디엄으로 수업 후 두세 명이 그리스어를 공부하고 싶어졌다고 뜨겁게 말했으므로 독자 제현도 꼭 그리스어를 시작했으면 좋겠다) 선해지지 않을까 생각했다. 이것이 〈안티고네〉와 〈필록테테스〉를 선택한 이유이기도 하다.

---

[1] 일본어에서 네거티브란 '네거티브 필름'(negative film) 즉 빛 색깔과 밝기가 반전되어 비치는 카메라의 필름'의 생략형인 경우가 많다. 즉 말을 바꾸면 '늘 반전된 형태로 이미지를 제시한다'는 의미다. 즉 '단적으로' '그대로' 그리는 것과는 역의 일을 한다는 것.

이 수업에서 문제는 명확하게 설정되었다. 권력과 이권을 둘러싸고 꿈틀거리는 개인을 희생양으로 만드는 집단의 해체다. 첫 번째, 이 문제를 설정할지 아닐지는 큰 기로라서 설정하고 싶지 않은 사람과 함께 가는 것은 시간 낭비다. 물론 우리의 넘쳐나는 상상력은 그럼에도 커뮤니케이션을 그만두지 않는다. 따라서 그들을 홀로 남겨두고 가지 않겠다. 단 "이쪽 물은 달거든!"하고 보여주며 손을 내밀 뿐이다.

두 번째로 의문을 느끼고 해결하려는 것 자체가 큰 갈림길이고 결정적으로 중요한 아포리아다. 도당(패거리) 해체를 위한 수단은 그러한 총체적인 성찰 이외에는 없다는 것을 의미한다. 정확하게 말하자면 그러한 행위로 사회를 운영하는 것은 기원전 8-7세기의 그리스에서 시작했다. 적어도 오늘날 이러한 행위는 여기서 시작하는 전통을 갖는다.

호메로스와 헤시오도스의 운문은 그 사실을 증명하고 서사시를 공유함으로써 총체적인 성찰이라는 것을 사회의 기초에 두고 완전히 새로운 조직원리로 수립했다. 이 총체적인 성찰은 문학과 다름없다. 비슷한 시기, 아니 조금 뒤에 역사학과 철학 등이 문학에서 분화해 가는데 문학은 정의상 교양이 아니다. 총체적인 결과라고 해도 그것이 교양의 체계와 같은 것이라고 하면 결국 총체적인 비판이 되지 않는다. 즉 자신도 비판의 대상이 되는 매체가 문학이다. 이렇게 도당 해체를 체계적으로 수행해서 개인의 자유를 보장하는 사회조직은 문학에 의해 수립되었다. 우리는 그러한 사회조직을 움직이는 구체적인 활동을 정치라 불린다. 그 행위를 표면적으로 기술하면 (상하관계를 배제하고) 수평으로 결합한 자유로운 여러 개인이 논의해서 사회의 기본 틀을 결정하고 모든 개인이 이 결정에 자발적으로 따르는 것이라고 할 수 있다. 그 결정은 개인의 자유를 위협하는 도당의 형성을 저지하거나 막기 위한 장치를 설정하는 내용으로 한정되었다. 그렇지 않으면 결정이 오히려 개인의 자유를 침해하기 때문이다. 결정할 때 언어만을 사용하는 것은 사회적 권위가 모든 것을 좌우해서는 안 되기 때문이다. 사실 호메로스와 헤시오도스의 운문에 담겨진 깊은 사색을 내면화시키지 않으면 실천할 수 없다.

2. 도시와 영역

데모크라시는 법 내지 점유 원리의 논리적 전제가 아니다. 오히려 그것에 대체되는 것이다. 따라서 데모크라시에 관해서 설명하는 것은 이에 대한 이해를 더욱 쉽게 해줄 것이다. 그리고 정치가 만들어졌을 때의 중요한 문세에 관해서 말해야 한다. 이쪽은 법 내지 점유원리를 이해하기 위해서도 불가결하다. 그 문제란 도시와 영역이라는 이원적 구조의 문제다.

정치의 중핵에는 논의가 있고 그것은 합의를 통해 결정하는 것이다. 그 결론은 패거리를 해체하고 개인의 자유를 보장하는

체제를 구축하는 것이다. 토지는 세력 다툼의 대상이라서 늘 패거리를 발생시킨다. 왜냐하면 구체적 토지를 목표로 일하지 않으면 과실을 취득할 수 없고, 그렇게 되면 살아갈 수 없다. 그러나 이를 둘러싸고 바로 도당과 종속관계가 발생한다. 이렇게 해서 정치를 성립시킬 때 첫째 영역(영토)이 아닌 공간, 언어밖에 통용하지 않은 공간을 엄밀하게 구분해서 준비해야 한다. 이것이 도시다. 도시공간의 설계는 또한 정치적 결정의 가장 전형적인 예로서 이념에 맞게(이념에 기초해서) 백지에 그리는 정치의 성질을 잘 나타낸다.

도시계획, 즉 진정으로 오픈된 공간의 창출은 그리스에서 시작되었다. 도당이 싫다고 하면 모든 공간을 도시로 다 만들면 되는 것이라고 생각할 수도 있겠지만 그렇게는 할 수 없는 노릇이다. 사실 도시가 아닌 공간의 존재를 용인해야 한다. 물론 그렇다고는 하지만 이익을 둘러싼 집단의 꿈틀거림을 완전히 방임할 수 없다. 이렇게 해서 두 번째로 도시 바깥의 생산에 관해서도 존재를 인정해야 하는 그 도당 상태를 최소화하게 된다. 잘 구분된 작은 토지를 개인이 경작해서 누구도 개입할 수 없는 이미지다. 정치적 결정은 그러한 상태를 유지하는 것에 고심한다. 그렇게 해서 통제된 도시 바깥의 공간을 '영역'이라고 부른다. 도시와 영역의 이러한 이원적 구조는 정치기구의 면에도 반영된다. 정치는 집단을 해체하는 것으로 향해 있다(해체하는 것을 목표로 한다). 소인수로 사회를 구성하면 그것 자체가 한 개의 집단이 되고 말아서 개인이 해방되지 않는다. 정치를 구성하기 위해서는 일정한 규모가 되어야 하지만 사실 그렇게 되면 실질적인 논의를 하는 것이 어려워진다.

정치기구는 실질적인 논의를 하는 평회의와 같은 합의체와 그 논의의 결과를 비준하는 모든 개인으로부터 구성되는 민회와 같은 기관으로 이원적 구성에 기초한다. 도시 내에 있어 정치와 관련되는 계층과 민회를 할 때만 도시에 모이는 계층, 이렇게 두 가지 서로 다른 계층의 의견이 반영되는 것이다. 그 결과 도시의 정치기구는 영역으로부터 멀어진다. 앞에서 진술한 두 번째 문제 즉 영역에서의 토지상의 지배복종관계를 최소화하는 과제를 앞에 두면 정치적 결정의 밀도가 부족하다는 것을 의미한다. 이렇게 영역을 구분한 상태에서 각각 제2차적인 정치 시스템을 형성한다. 거기서 다시 한번 자신들 내부에 도당이 발생하지 않도록 체크한다. 이 정치 시스템은 불안전하다. 다수파와 분쟁하게 된 개인은 압박을 받게 되는데 바로 그러한 경우를 위해서 도시의 재판이 존재한다. 애당초 위협에 노출된 영역의 개인이 도시에서 재판을 하기 위해서는 누군가를 소송대리인으로 삼는 등(리시다무스의 활동을 떠올려 보라) 도시이 정치적 계층에 있는 사람에게 의지해야 한다. 게다가 아무래도 '뭔가를 얻고 뭔가를 돌려주는' 정치에 있어 위험하고 종속관계를 발생시키기 쉬운 채널이 만들어진다.

이 경우를 대비해서 영역의 제2차적 연대가 작동한다. 도시

계층이 재판에서 변호해 주지 않았는가, "그것을 넘겨달라"고 말해도 그 물건의 이전에는 제2차적 정치 시스템의 재가가 필요하다고 말하고 막아선다. 이 마지막 국면에서 개인의 불굴의 자유의식을 소리 높이 구가하는 것이 헤시오도스의 서사시이고, 무릇 정치의 원리를 시사하는 호메로스의 운문과 대항적인 포괄적 세계관을 강렬히 내세운다. 프로메테우스와 같은 영웅의 이름과 함께 오늘날까지 이 화성의 베이스·바리톤 파트는 늘 계속 울리고 있다.

3. 데모크라시

그리스에서 정치를 성립시키는 사회는 다채롭게 각각이 독립적인 폴리스가 되는데 기원전 6세기 후반이 되면 각자 그 정치 구조를 변화시켜, 데모크라시로 방향을 튼다. 지금에 와서는 영역의 제2차적 정치 시스템이 주역이 된다. 여기서부터 민주정의 경우에는 제비뽑기로, 귀족정의 경우는 선거로 평의회에서 논의해서 직접 정치에 관련되는 사람을 선출하게 된다.

 재판의 배심도 제2차적 정치 시스템의 멤버로부터 고르게 된다. 제2차적 정치 시스템으로의 귀속으로 말미암아 연대는 폐쇄적이지 않게 된다. 사람들이 자유롭게 움직이게 된다는 것이다. 무엇보다도 영역의 개인의 자유가 아포리아가 된다. 정치 자체,

사적 권력을 철저하게 해체함으로써 개인의 자유를 위한다. 그러나 이를 위해서는 역설적이지만 개인의 자유를 희생해야 하는 장면이 불가피하게 일어난다고 할 수 있다. 지금은 그것도 허용해서는 안 된다. 개인의 자유를 희생하지 않고 개인의 자유를 지키는 방법을 좀 더 생각해야 한다.

이 정신을 우리는 두 가지 비극 작품을 통해서 가까이서 보게 되었다(예를 들면 크레온 비판, 오디세우스 비판으로서). 이 새로운 정신은 두 가지 버전을 가졌다. 하나는 에우리피데스가 산뜻하게 전개해 가는 버전이다. 그의 작품은 모두 '유아살해'를 주제로 한다. 즉 개인의 가장 중요한 것을 그 개인 스스로가 희생으로 삼도록 내몰리는 과정을 "이래도 그렇게 할 것인가?" 하고 해부한다. 뒤집어 보면 여기에서 자유는 개인이 그 둘도 없음을 절대로 침해받지 않는 것, 그것을 희생으로 삼는 쪽으로 내몰리지 않는 것으로 다루고 있다.

이에 비해서 우리가 읽은 소포클레스는 사회에서 소외되어 점처럼 된 개인이 다름 아닌 그런 또 다른 개인을 위해서 연대하는 것을 다루었다. 안티고네를 핵으로 하는 연대, 필록테테스와 네옵톨레모스 사이에 겨우 만들어신 다리이다. 이것은 동시에 새로운 차원으로 정치적인 연대를 재구축하는 구상이었다. 요컨대 데모크라시에 정치적 연대의 고귀함을 회복한다. 아니 한층 더 고귀함을 실현하는 생각이었다. 그렇다고 하면 그가 이처럼 명확하게 제시하는 이미지에는 정치적 연대 그 자체가 들어가 있을 것이다. 이것을 중고생 여러분이 받아들여서 정치란 본래 무엇인가에 관해서 생각하는 계기를 제공하려 했다.

4. 법 혹은 점유원리

로마는 기원전 500년 무렵, 그리스로부터의 강한 영향으로 정치를 성립시킨다. 정치의 성립은 반드시 그때의 사회의 양상과 단절을 (그때까지 어떠했는가를 아무렇지 않은 것으로 생각하게끔 만든다. 그 의미에서 보편적이다) 동반하는데, 로마는 바깥으로부터의 영향이라는 외형을 동반하게 된다. 로마의 경우 영역의 제2차적 정치 시스템, 헤시오도스의 부재로서 결함이 나타난다. 그렇게 되면 데모크라시로의 이행은 어려워진다. 그럼에도 로마는 데모크라시를 목표로 했다. 전승(傳承)은 기원전 450년 무렵에 두 번째 임팩트가 그리스로부터 들어와서 두 번째 단절이 발생했다고 말한다. 이것이 십이진법의 측정이라는 사건이다. 오늘날 이를 이어받은 것이 민사법이고 민사소송이다. 법은 점유라는 원리를 갖는다. 그것이 무엇인가 하면 첫 번째로 한 고유한 개인에게 견고한 독립의 기반을 갖게 하는 것인데, 이것을 둘러싼 다툼, 그리스의 경우 제2차적 정치 시스템이 자치적으로 해결했던 문제를 도시중심의 재판에서 다투게 한다. 그러나 양 당사자의 주장을 동등하게 듣는 정치 시스템에 걸맞은 심리 방법을 배제한다. 세 번째에서 반복해서 설명했듯이 그 기반 구성물(토지 등)이 본래 어느 쪽에 귀속되는지의 문제를 가지고서 한쪽은 견고하게 연결되어 있는데, 다른 한 쪽이 폭력적으로 빼앗으려 했다고 설정해 버린다. 후자가 블록되고 전자에게 점유가 주어진다. 후자는 실력행사를 그만두고 원고로서 그 물건을 빼앗겼다는 것을 계속해서 입증해야 한다. 전자는 그 점유에 의해 피고가 되고 그 승리는 추정된다. 이것은 오늘날에도 민사재판의 기본원리이고 상식인데 기원전 450년의 로마에서 태어났다고 말해도 좋을 것이다.

우리에게 중요한 것은 재판이라는 정치적 결정에서 패거리를 유지한 채로는 원고조차 되지 못한 채, 아무리 옳아도 모든 것을 잃어버리게 되는 로마법의 정신이다. 당한 쪽이 점유소송의 원고가 되어 그 사실을 주장해서 이기면 거액의 배상과 함께 상대의 파멸을 가져올 수 있다(점유 소송에서는 일단 블록하는 측이 소송을 하므로 원고가 되어 통상소송으로 바뀌는데, 증명의 필요는 없다).

이 전제 자격 심사는 정치적 공간=재판 공간에 부속 공간이 설치됨으로 이루어진다. 정치적 공간 자체, 신화의 재현실화 즉 의례에 의해 그려져서 일종의 무대인데, 그 전에 사건을 그대로 재현하는 작은 미니 무대가 설치된다. 여기서 점유 내지 소송요건이 심리를 받는다. 여기를 통과하지 못하면 큰 무대인 재판에 갈 수 없다. 수업에서는 이상의 점유 원리를 직접 전하는 우에르기니아 전승을 다루었다. 그런데 이것은 의례(절차)의 설립 계승을 남기는 것뿐으로 문예화되지 않았다(원래 의례 의존=공의존이라는 정치 시스템의 특질로부터 봐서 문학이 지탱하는 측면이 한정되는—의례와 그 기원 전승의 세트에 의해 지탱된다). 아무래도 임팩트가 약해지고 만다. 그래서 편법을 이용할 수밖에 없었다. 기원전 2세기 초의 플라우투스의 희극이다. 법 내지 점유원리는 계속 발전해서 특히 기원전 2세기 후반에 비약적으로 레벨업이 이루어진다. 로마는 지중해 세계의 여러 도시 사이의 통상교역을 비호(庇護)하게 되었는데 이 관계에 민사법을 적용하는 것이다. 포인트는 신뢰관계에 기초한 계약이다. 혹은 신용을 생명으로 하는 금융이다. 여러 도시 계층은 정치적 연대의 전통을 갖고 있어서 이것이 새로운 신용에 있어 자원이 된다.

그 새로운 의식도 기본의 점유원리를 고려해서 성립한다. 점유원리를 갖춘 개인은 결코 패거리로 향하지 않을 것이다. 희극은 이것을 다양한 형태로 보여주는데 그중에서 "원점의 점유원리야말로 대단히 중요한 것이다. 그것을 잊어서 어떻게 할 것인가요?"와 같은 주제가 자주 등장한다. 거기에는 점유의 정신이 잘 드러나 있다.

그 정신은 자유, 특히 인신(人身)의 아프리오한 자유라는 것이 〈루덴스〉의 작품 의도다. 실제로 단순한 절차의 기술과 달라서 그 정신이 아름답게 조형되어 있다.

* * *

이상은 나의 책 세 권의 요약이기도 하다. I〈정치의 성립〉(1997), II〈데모크라시의 고전적 기초〉(2003), III〈법존립의 역사적 기초〉(2009) 모두 도쿄대학출판회에서 나왔다.

〈카시나〉, 〈루덴스〉에 관해서는 III의 제3장에서, 〈안티고네〉와 〈필록테테스〉에 관해서는 II의 제1장에서 상세하게 논했다.

관련 문헌에 대한 비판도 볼 수 있다. 그리고 호메로스와 헤시오도스에 관해서는 I의 제3장에서 상세하게 논하고 있다. '바꾸어 말하기'와 '논증'이 왜 중요한가하는 이론적 분석 혹은 언어에 관해서는 I의 제1장, 부족사회의 구조와 사회인류학의 학설사와 구조주의비판에 관해서는 I의 제2장, 나아가 삼부작 전체에 걸쳐 언급하고 있다.

삼부작의 입문으로서 〈웃는 케이스 메소드II-현대일본공법의 기초를 묻다〉(勁草書房, 2017)의 서장, 그리고 (로마에 한정되지 않고 그리스에 관해서도) 〈신판 로마법 안내-현대의 법률가를 위해서〉(勁草書房, 2017)의 특히 제1장과 제2장이 도움이 될 것이다.

다른 판례에 관해서는 〈웃는 케이스 메소드-현대일본민법의 기초를 묻다〉(勁草書房, 2015)의 제1장, 그리고 앞의 책 〈공법의 기추〉 제5장을 참조하기 바란다.

헌법9조에 관해서는 〈헌법 9조의 카타바시스스〉(カタバシス, みすず書房, 2018)에 상세하게 논했다. 〈치카마츠〉 작품에 관해서는 桑原朝子가 쓴 「近松門左衛門『大経師昔暦』をめぐって (一)(二)」(『北大法学 論』· 2-3, 2013)를 꼭 읽어보기 바란다.

국가와 종교 그리고 정신의 자유에 관해서는 후쿠오카 아츠코(福岡安都子)〈국가·교회·자유-스피노자와 홉스의 구약 텍스트 해석을 둘러싼 대항〉(Atsuko Fukuoka, The Sovreign and the Prophets. Spinoza on Grotian and Hobbesian Biblical Argumentation,Brill)도 추천하고자 한다. 학문의 하나의 정점이므로 꼭 읽어보도록 하자.

그다음에는 예를 들면 마키아벨리 등의 근대 초기의 고전, 20세기 사회인류학의 고전 등을 읽는 것인데, 모두 여기에 제시한 저서 안에서 추천서로 제시하고 있다. 중요한 것은(일본어를 포함해서) 어학력(혹은 텍스트 해석력)이므로 가능한 한 원문으로 읽을 수 있도록 공부하자. 학생들은 매우 의욕적이었다.

제5회

일본 사회의 실상, 그런데 문제는 똑같다

— 일본의 판례

마지막 회는 일본 최고재판소의 공식재판집의 텍스트를 중고등학생에게 읽히는 시도입니다. 그것 자체가 꽤 큰 모험이긴 한데 이보다 걱정인 것은, 지금까지 명작을 읽고 감동을 한 그들이 여기서 나락으로 떨어지지는 않을까 하는 것입니다. 준비 단계에서 이미 흥이 깨지고 말아서 수업 자체도 시원치 않을까 하는 걱정이 듭니다. 그런데 모인 학생들은 여지껏 구축해 온 신뢰관계가 있어서 그런지 평소와 별로 모습이 달라 보이지 않습니다. 오히려 노교수가 어두운 표정을 짓고 있네요. 괜찮을까요?

줄거리를 써도 '건조물'을 한층 햇빛에 말리는 꼴이 되므로 작전을 좀 바꾸어 보았습니다. 즉흥적으로 해서 좀 미안해요. 판례집 텍스트를 참고로 했습니다. 상당한 정도는 자의적으로 발췌한 것을 다음과 같이 올려놓겠습니다.

법률가분들은 얼굴을 찌푸리겠지만 (부디) 나쁘게(언짢게) 생각지 말아 주세요.

점유 유지 청구 본소송 및 건물수거토지명도 청구반소사건

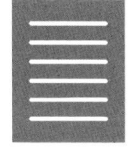

최고재판결 쇼와(昭和)40년-1965년 3월 4일 민집(民集) 19권 2호 197쪽

○ 〈제1 심판의 주문, 사실 및 이유〉에서 발췌 (그리고 학생에게는 판례집 텍스트 전문이 제공되었다)

〈이유 2, 반소(反訴)에 관해서 2 본안에 관해서〉
별지목록(1) 기재의 토지는 A의 소유에 속하고 있었는데, A는 1957년 4월 11일 이것을 B에게 매도하고, B는 이것을 피고 'Y'에 대해서 내금 '21만엔으로 매도하고 Y는 같은 해(동년) 7월 9일 아오모리 지방법무국 을공(乙供) 출장소 접수 제852호로 A에서 Y로 소유권을 이전하는 취지의 '소유권이전등록절차'를 경유한 것, 원고 'X'가 같은 해 11월 22일 쯤 위 토지에 별지목록(2) 기

재의 건물을 이축해서 실제 이것을 소유하고 있는 것은 당사자 간에 다툼이 없다.

(중략) 그런데 X는 ABY사이의 매매계약은 해제되고 게다가 등기는 Y가 A가 부재였을 때 그 처인 a로부터 편취한 것이므로 무효이고 오히려 X가 A로부터 토지 매도를 받고 있다고 주장했다. 한편 Y는 '매매계약은 해소한 것이 아니라 위 등기는 원고의 승낙을 얻고 중간생략의 방법으로 정당하게 이루어졌다'고 주장한다.

B는 전술과 같이 본건인 토지를 A로부터 사들인 후 대금 21만 엔으로 이것을 Y에게 매도했는데, 그 매도한 날은 1957년 4월 19일로 대금은 내금(內金)[1] 5만 엔을 미리 지불하고 잔대금은 소유권이전등록 절차를 함과 동시에 지불할 약속이었다.

그리고 위 매매계약성립일 A, B, Y 세 명이 Y집에 모인 석상에서 A는 B에게 건넨 乙제2호증의 등기제증명이 B로부터 Y에게 교부되었다는 것을 이해한 상태에서 B, Y 사이의 매매계약을 승인한다. 그리고 소유권이전등기 절차는 중간생략의 방법으로 자기로부터 직접 Y앞으로 이루어지는 것에 승낙을 제공하고 곧 자기의 인감증명서를 가져오게 한 상태에서 이것을 Y에게 건네고 그 인감은 다음날 Y에게 부탁하는 약속이었다.

Y는 다음 19일 A의 처인 a로부터 위 A의 인감을 맡아서 위

---

[1] 옮긴이 주: 지급하여야 할 총금액 가운데 미리 지급하는 일부의 금액

인감증명서 및 B로부터 교부를 받은 전술 등록제증명을 지참의 상사법서사 쪽으로 가도록 하고 같은 사람에게 의뢰해서 을제11호의 위임장 그 밖의 소유권이전등기신청서류를 작성했는데, Y의 주민표등본이 필요하다고 해서 그날은 등기절차를 하지 않고 귀가했다.

　Y는 B에 대해서 매매계약성립과 동시에 현금 1만엔을 그 다음날 현금 4만엔을 지불했는데 등기가 안 되었기 때문에 잔대금의 지불을 하지 않았다. B는 금원(金員)을 필요로 하는 긴급한 사정에 몰려 있고, 등기의 조급한 표현, 따라서 매매대금의 조속한 입수를 기대할 수 없다고 생각해서 한편으로는 Y에 대해서 이미 수령한 돈 5만 엔을 돌려주고 매매계약을 해소해야 하다는 취지를 신청했다. 다른 한편으로는 A에 대해서 Y와의 사이의 매매계약은 중지할 테니 자기와 A사이의 매매계약도 해소하고 싶다고 신청을 하는 것과 동시에 별도금 책력을 의논했다. 여기에 같은 달 21일 무렵, A, B사이의 전술매매계약은 양자가 합의한 상태에서 해소되어 양자사이에 A소유의 본건토지에 건재하는 건물을 24만엔, B소유의 건물을 50만엔이라고 각각 평가한 상태에서 이것을 상호 교환하고 A는 B에 대해서 차액금 26만엔을 지불하는 것으로 히는 설정이 이루어졌다. A는 그 무렵 본건 토지를 대금 26만엔으로 원고 'X'에게 매도하고 동대금을 수령해서 B에게 지불했다. 이 동안에 A는 Y에게 맡겨둔 그 인감을 돌려받았다.

한편 Y는 B에게 전도대금 5만 엔의 배가 되는 금액을 돌려 주라고 요구하고 그 매매계약해제의 신청에 응할 수 없어서 같은 월 23일 무렵 주민표등본도 준비해서 아오모리 지방법무국을공 출장소로 향했는데 등기부상에서 원고의 주소 번지에 기재의 오류가 있어 등기절차를 할 수 없게 되었다. 그 후 동출장소직원이 동지방법무국장의 허가를 받고 이 오류를 고치는 것을 기다리고 같은 해 7월 9일 다시 신청 수속을 하고 본건소유건이전 등기를 얻게 되었다. Y는 같은 날 자전거 1대를 1만엔으로 견적을 뽑고 B에게 지참하는 것과 동시에 15만엔을 송부했다.

○ 〈제2심 판결의 주문(主文), 사실 및 이유〉에서 발췌

〈이유, 본 소송에 관해서〉
오른쪽 토지는 원래 A의 소유에 속하고 동인으로부터 동년 11월 21일 공소인(控訴人) X에게 인도되었을 터인데 피공소인 Y는 그 이전에 A로부터 B를 거쳐서 오른쪽 토지를 매수해서 이미 그 소유권 이전 등기도 마쳤으므로 공소인의 오른쪽 건물 이축을 좌시할 수 없었다. 이것을 저지하려고 생각하고 y에게 그 저지의 실행을 의뢰하고 y는 다음날 22일에 폭력집단에 있는 남자 1인을 동반해서 오른쪽 공사이축 현장에 와서 공소인의 남편 x에 대해 오른쪽 이축의 건물을 내일 오전 중에 정리하도록 말하고 거기에 응하지 않으면 오른쪽 이축건물을 철거하기 위한 폭

력을 행사할지 모른다는 기세(気勢)를 보이고...

소송 경과를 기록하면 (1) X가 Y측의 압력에 대해서 보전 처분을 원해 이것에 성공하고 (2) 대응하는 점유 소송을 제기했는데, Y는 소유권에 기초한 명도(비워줌)를 하고 청구의 반소를 제기하여 1심은 반소청구만을 인용하고 (3) 소송심은 X의 본소청구를 인용했지만 반소청구인용은 유지되었다. (4) 이에 대해 X는 점유 소송에서는 본안의 소송을 '반소'로서 수리할 수 없다고 주장해 상고했지만 대법원은 반소는 인정되는 것으로 이것을 각하했다. 그 이유는 '민법 2십2조 2항은 점유 소송에서 본권에 관한 이유에 기초해서 재판하는 것을 금하는 것이다. 따라서 점유 소송에 대해 방어 방법으로서 본권의 주장을 하는 것은 허용되지 않지만 이것에 대해서 본권에 기초한 반소를 제기하는 것은 허용된다는 것이다. 이것이 이유의 전문이었다.

오늘은 일본 최고재판소의 판결을 두 편 읽을 예정입니다. 지금까지 네 번의 수업은 전부 영화를 포함해서 넓은 의미에서 문학으로 게다가 픽션이었습니다. 그런데 이번은 직접적으로 일본 사회의 현실입니다.

자, 그러면 첫 번째 사건부터 살펴보기로 합시다. 첫 번째 판례는 부동산을 다투고 있습니다만 바로 점유를 다룬 것입니다.

사건의 발달은?

판례는 그냥 읽는 것만으로도 매우 어렵다고 생각합니다.

--읽다가 보니 앞에서 다룬 이야기들과 똑같은 일본어라고 생각할 수 없었습니다.

그래요. 이 첫 번째 건은 사안이 복잡해서 더욱 그래요.

먼저 사건의 단서를 들어봅시다. 사건에는 계기가 있죠. 이 계기를 포착하면 그다음은 고구마 줄기처럼 혹은 스웨터를 푸는 것처럼 깨끗하게 전부 풀리니까요. 힌트를 말하자면 발단은 누군가가 조금 곤란한 경우가 많아요. 연쇄 충돌 사고처럼 다양한 사람이 사건에 말려들게 되죠. (손을 들어서) 자, 그러면 K군, 말해볼까요.

--X(원고)가 건물을 짓자 거기에 Y(피고)가 와서 "그만둬"라고 말했습니다.

그래요. 재판소에 가지고 간 계기는 그거였어요. 그곳은 사건 전체의 클라이막스였습니다. 그런데 거기까지 이르게 된 것은 왜죠? 자, 그러면 S군.

--A가 뭐라고 해야 할까요. 앞뒤 모순된 말을 했어요.

대학에서도 '이중매매'라고 정리되는 사건이죠. 이것은. 그런데 여기에 이르기까지에도 사정이 있어요. 자, 그러면 K군.

--그러니까 A가 B에게 토지를 팔았어요.

음... A가 B에게 토지를 팔았죠. 왜인가요?

--B가 돈이 없었으니까요.

그래요. B에게 돈이 필요했어요. 이것이 사건의 발단이죠. 가족 중에 누가 병에 걸렸는지 아니면 사채업자에 쫓기고 있든지…

자, 그러면 두 번째로 갑니다. 그래서 다음 B는 어떻게 했나요?

--피고인(Y)에게 팔았어요.

음… 그런데 그 전에? 하나하나 차근하게 풀지 않으면 이 스웨터는 풀리지 않아요. 여하튼 "이것 참 곤란하구나" 하고 그때 생각한 것이 뭐였죠?

--A에게 의지하려고 했습니다.

당연하죠. A에게 의지하려고 생각했어요. "A씨 어떻게 좀 안 되겠습니까", 그러자 "네 알겠습니다"라고 말하고 A씨는 B씨에게 돈을 빌려주었나요?

--그냥 단지 빌려준 것은 아닙니다.

그것은 그래요. 단지 그냥 돈을 빌려주지 않았어요. 뭔가 묘한 일을 했어요. 그것에 대해 앞으로 여러분과 함께 해명해가도록 하겠습니다.

돈이 없다

그런데 왜 A는 "알겠습니다. 돈이 필요하군요. 빌려주겠습니다. 사람들은 다들 돕고 사는 것 아닙니까. B씨 가져가세요" 하고 돈을 건네고 신용서를 쓰고 그리고 B씨는 결국 A씨에게 돈을 건넸습니다. 뭐 이런 종류의 이야기가 되지 않았을까요? 이 경우에는 조금 추리가 필요해요. 왜 그렇게 되지 않았을까요. 상상하기가 좀 어렵겠지만요.

--음…

자, 그러면 좀 옆길로부터 가겠습니다. A는 B에게 부탁을 받고 "아 곤란하다"고 A도 곤란을 느꼈죠. 그래서 무엇을 시키는 것으로 했나요? 결국?

--Y

그래요. Y에게 의지하게 되었죠. 그런데 왜 Y에게 의지를 한 건가요?

--토지를 사주니까요.

왜 Y가 토지를 사주지 않으면 안 되는가요?

--돈이 필요하니까요.

'돈이 필요하니까' 그 말은 A는 돈을 주면 되는데. 그게 안 되는 거죠. 왜 그런 걸까요. 단순하죠.

--A에게는 그 돈이 없었으니까요.

맞아요. 토지를 갖고 있어도 아마도 예금이 없었겠죠. 설령 있었다고 해도 움직일 수 없는 겁니다. 아주 단순한 논리입니다. B에게는 돈이 없다. A에게도 돈이 없다. 그래서 Y에게 돈을 내게 할 수밖에 없는 노릇이죠.

그런데 Y는 "아, 그렇습니까. A씨 돈이 없습니까. B씨도 곤란합니까. 그러면 제가 대신해서 돈을 내겠습니다"...라고 말했나요? Y씨는 아주 좋은 사람이었나요?

--(고개를 젓는다)

전혀 좋은 사람이 아니죠. Y는 어떤 식으로 생각했나요? 오늘은 어른의 생각이니까, 특히 일본 어른의 생각이라서 몹시 어렵죠. 일본의 민법학자도 이런 것은 별로 생각하지 않아요.

그런데 그들이 아주 기묘한 일을 한다고 생각할 수밖에 없지만 아무도 생각하지를 않죠.

그런데 여러분도 느끼겠지만 이 사람들은 왜 이런 기묘한 일을 하는 건가요?

자, 그러면 여기서 힌트. 출구부터 들어가 보기로 하죠. A에게는 돈이 없다. B에게는 돈이 없다. 자, 그러면 Y에게는 돈이 있었습니까?

--없었습니다.

어떻게 그것을 알았나요?

--한 번에 다 지불할 수 없었습니다.

맞아요. 그다음에? 여러분 눈치를 챘나요? 아주 이상한, 기래 사회에서는 있어서는 안 되는, 아주 어이없는 행동을 Y는 취했죠?

--일단 만 엔을 지불했습니다.

그래요. 그것도 있어요. 게다가? 다음 날 사만 엔이니까 일단 오만 엔이죠. 그렇게 갖고 또 갖아요. 그런데 또 하나.

--자전거요.

--(큰 폭소로 수업 중지)

맞아요. (웃음) 이 수업은 뭘 해도 자전거가 나오죠.

--하하하.

--자전거를 만 엔으로 감정하고 가져온 것 같은…

그래요. 오래된 자전거를 말이죠. 돈이 없어요. 이 이야기에도. 그래서 "이것으로 참아라"라고 말했습니다. 그런데 여러분 잘 생각해 보세요. 여러분이 돈이 없다고 사채를 빌리러 갔습니다. 사채업자가 이렇게 말할까요? "앗, 돈이 없군요. 자, 그러면 이 오래된 자전거를 갖고 가서 적당히 돈으로 바꾸세요"라고 말할까요?

--아니요.

그래요. 말하지 않죠. 이것은 마치 몰리에르의 〈수전노〉의 주인공인 아르파공이 아닌가요. 나중에 〈수전노〉를 읽고 나서 다시 한번 웃어보세요. 두 번 즐길 수 있거든요.

자 그렇다고 하면 Y에게도 돈이 없어요. 부분적으로밖에 없는 셈이죠. 그래서 문제가 발생한 것인데요. 이 A씨와 B씨는 아마도 오랜 친구일 겁니다. 그래서 B씨는 A씨에게 돈을 빌리고 싶었던 거죠. 그런데 돈이 없었어요. 그래서 A씨는 Y에게 부탁할 수밖에 없겠구나 하고 생각한 겁니다.

반대 방향을 봐라!!

실제로 Y씨는 "좋아"라고 말했어요. 그런데 돈이 없으니 나올 리가 없죠. 그럼에도 Y씨는 "좋아"라고 말하고... 여기가 포인트인데요. 단순히 그냥 "빌려주겠습니다" 하고 말했나요? 그렇게 말하지 않았죠. 그것은 여러분이 이미 말했어요. 자 그렇다면 무엇을 한 거죠? 어떤 형태로 돈을 주겠다고 말했나요?

즉 돈이 여기에 이렇게... 지금 자전거도 그래요. 돈이 적어도 부분적으로 들어왔죠. 그런데 이것은 어떤 돈? "빌려주겠습니다" 하고 말한 것이 아니라?

--다시 한번 질문 부탁드려도 될까요?

네... 결국 Y가 돈을 내게 되긴 했지만, 이 돈은 왜 확 나오게 되었죠? "돈을 빌려주겠습니다"라고 했던가요. 아니죠? 그 대신에 뭔가 움직이고 있지 않았나요?

--...?

음... 그러니까 어떤 일이 이렇게(칠판에 화살표를 그린다) 오른쪽에서 왼쪽으로 갈 때는 무엇을 보지 않으면 안 될까요? 자, 보면 움직이고 있지요. 특히 돈과 같은 것이 이렇게 움식이고 있을 때는 무엇을 보게 될까요. 예를 내가 만년필을 갖고 있다고 하고 "너에게 주겠다"고 말했을 때 "와, 대박"이라고 말하면 말도 안 되는 일이...

--(O군) 등기(登記)가 아닙니까?

굉장하군요. 그 대답은 음... 그래요. 일단 만년필 이야기를 먼저...(웃음)

--(웃음)

"만년필을 줄게" 하고 소중한 것이긴 한데. "와, 대박"이라고 말하고 순수하게 받아들여도 될까요? 위험하죠. 왜 위험한가. 물론 고바 선생님이 나쁜 사람이니 위험하긴 합니다만.

--받는 것에 상당하는 대가를...

맞아요. 대가가 있죠. 당연한 말입니다. 반드시 이런 흐름(칠판에 반대 방향의 화살표를 그린다)이 예정되어 있으므로 경계를 해야 합니다. 자, 그렇다고 하면 I군으로서는 이 아저씨는 무엇을 시킬 생각일까 하고 아주 조심하지 않으면 안 되는 겁니다. 여학생 같으면 좀 더 조심해야겠죠?

그래서 O군이 말한 것처럼 이 경우에는 반대 방향으로 등기가 움직이고 있어요. 등기가 움직인다는 것은 Y는 무엇을 노리고 있는 걸까요? 등기는 무엇을 나타내는 건가요?

--소유권요.

그건 아닌데요. 지금은 일단 토지 그 자체라고 생각해주세요. 토지를 삽니다. 그래서 이것은 매매대금입니다. 그래서 돈이 오는 거죠. 순수하게 돈을 빌려주는 게 아닌 겁니다. 돈을 토지의 매매대금으로서 지금 현재는 B입니다만 이쪽에 지불하는 거죠.

자, 그러면 지금부터는 어려워집니다. 왜 이런 일을 하는가요? 순수히 빌려주는 일을 왜 하지 않는 건가요?

--담보가 중요하니까요.

와, 굉장하군요. 맞아요. 여러분, 알겠나요? 담보. 즉 돌려받을 수 있을지가 매우 불확실한 상황입니다. 그런데도 빌려줄 수 있을까요? "정말로 빌려줄 마음이 있는 거야, 당신? 자, 그러면 담보를 잡아 두겠어" 하고. "담보인 토지를 잡을게요" 하고 담보를 잡았죠.

4월 18일은 맑았습니까?

좀 이상한 것이 있었죠. 이것은 누가 말해볼까요. 좀 어려운 문제이긴 하지만 말입니다. 사실 저의 이야기가 지금까지 일관되게 아주 애매하죠.

--아무도 돈이 없어요.

아무도 돈이 없다는 것도 있긴 한데요. Y가 돈을 지불하고 자전거를 가져왔다고 했을 때 저의 이 발언은 매우 애매하죠. 어디가 애매한가요? 여러분은 아 그런가, Y는 돈을 지불했구나 하고 감동하고 멍청하게 있으면 안 돼요.

--아, 누구에게...

그래요. K군 말대로예요. 누구에게!! 그런데 '누구'라고 말해도 두 사람밖에 없죠. 어느 쪽인가요? A한테 지불했는가, 즉 A에게 빌려주었나요 아니면 B에게 빌려주었나요?

――B요.

B입니까. 그래요. B이지요. B이긴 한데요. 이것 B의 토지인가요?

――아. 그렇군요. 등기 자체는 원래 A에게 있어서 거기서 Y로 이동했으니까 애당초 B가 갖고 있었던 게 아니므로 B에게 돈을 주는 것은 이상해요.

이상하다. 맞아요. 그런데 B에게 돈이 갔죠. 왜 그런 묘한 속임수가 일어난 걸까요?

――A와 건물을 교환했으므로?

음... 그것은 이다음 이야기죠. 이것도 재미있어요, 미리 말하지만.

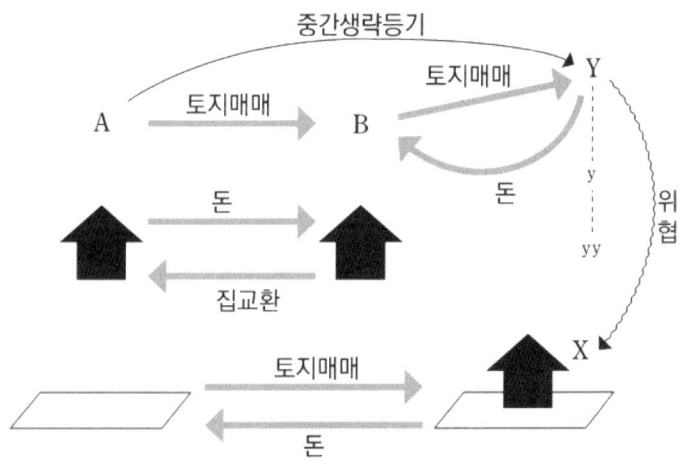

그림 12 – 사건의 전체도

--(웃음)

점점 재미있어집니다. 아주 지루했었죠, 읽었을 때는. 다들 자버렸어요. 다들 자버렸지만, 지금처럼 생각하면 점점 재미있어져서 잠을 잘 수 없게 되어버리죠.

--후후.

지금 문제 또한 희한하지 않나요. A인지 B인지 어느 쪽입니까. A의 토지죠. 그런데 돈은 B에게 왔죠. 왜 그런 이상한 일이 벌어진 건가요?

--등기 이전을 생략했으니까요.

맞아요. 등기 이전을 생략했어요. 그러면 그것을 거꾸로 말하자면? 등기 이전은 여기(A)에서 휙 하고 날아서 여기(Y)에 오죠. 그러나 그렇다고 하면 A와 B 만으로 승부를 보고 돈이 Y에서 B로 왔습니까? "왔다왔다" 돈이라고 말해도 "B씨에게 빌려주었습니다"라고 하면 되었을 텐데요. 그렇게 하지 않았죠. 그런 식으로는 말이죠. 왜 그런 걸까요?

--중간을 생략했으니까?

그래요. 맞아요. 애매하게 해버린 거죠. 일부러. 알겠습니까. 일부러 A인지 B인지 알 수 없도록 한 겁니다. 조금 더 제대로 말하자면 중간 생략이라는 말은 실제 매매는 A→B, B→Y 두 개였죠. 그러나 등기만은 여기(A)가 휙하고 이렇게 (Y)에게 갔어요. 그런데 이 일을 생각한 것은 언제였나요?

--4월 18일이요.

훌륭합니다. 4월 18일이죠. 바로 그 생각을 말한 것이 굉장하군요. 4월 18일에 이 사람들은 무엇을 했나요?

--모여서...

모였다는 것이 포인트죠. 이 사람들 모였어요. 4월 18일에. 그래서 이걸로 가자고 서로 이야기를 나눈 겁니다. 이것은 정말로 제가 흥분할 정도로 재미있네요. 그 사람들은 이상한 일을 했어요. 저는 역사학을 공부했으니 뭐니 뭐니 해도 제게 맛있는 음식은 실제 현실의 사람들이 기묘한 짓을 한다는 점이에요. 이때는 반드시 얻는 것이 있죠. 거기에는. 낚싯줄을 풀면 큰 생선이 팍팍 걸리는 겁니다.

자, 그러면 돈을 낸 Y의 걱정은?

--돈이 돌아올지 안 올지?

그래요. 그래서 어떻게 되었죠?

--토지를 담보로 잡기 위해서 등기를 이전했습니다.

토지를 제공하는 것은 A죠. 대신에 돈이 옵니다. 그런데 그것을 B에게 주지 않으면 안 됩니다. 생략하고 A는 제치고 Y는 B에게 직접 주겠죠. 아니 그것이 아니라 B가 Y에게 판 것으로 한 거죠. 그렇게 되면 B가 대금을 받았다고 해도 이상하지 않은 겁니다. 자 그렇다면 지금 걱정인 것은 누구일까요?

--A입니다. B가 돈을 빌려줄지 모릅니다.

그래요. A로서는 B에게 압력을 가하고 싶은 겁니다. 재크는 엄마에게 암탉을 팔아오라는 말을 듣고 심부름을 하러 갔습니다. 도중에 돈 대신에 콩으로 교환을 해와서 야단을 맞아요. 그런데 재크는 어머니에게 제대로 콩을 전달하려고 했습니다. 집으로 돌아오는 도중에 냠냠 먹지 않았어요. 그래서 뜰에 버리게 되었고 다음날 하늘까지 자라는 줄기가 생겨났어요. 그런데 먹어버렸으면 이런 일은 일어나지 않았을 겁니다. 재크는 왜 먹지 않았을까요?

--어머니가 무서우니까요(웃음).

그런데 재크의 어머니는 아주 마음씨가 고운 사람이었어요. 몰랐나요?

--아, 물건이 돌아오지 않으면 시끄러우니까요.

그래요. 어머니는 콩 한 톨로는 수지가 맞지 않았다고 생각한 겁니다. 그런데 어쨌든 물건이 돌아오는 힘을 목표로 하고 있었죠. 그래요. 신비적으로 말하자면 '물건'에는 돌아오는 힘이 있습니다. 재크는 이 힘에 끼워져 있는 거죠. 그래서 물건과 함께 돌아가요. B의 입장에서 보면 끼워져 있는 거죠. 그런데 그것은 왜일까요?

--A로부터 토지를 구입해서 이것을 Y에게 판 것이 아니니까요.

맞아요. 그렇다고 히면 A에게 내금을 지불해야 하는 겁니다. A의 토지를 팔게 했죠. 혹은 "나중에 지불해줘요" 하고 Y에게 팔았어요. 미리 돈을 지불했으면 A와 B 사이의 이전도 등기가 되었을텐데요. 그러나 그것이 아니라 B는 샌드위치가 되었으므로 중간 생략이 된 겁니다.

그렇게 되면 A 토지에 대한 보상인 돈의 흐름에 강한 탁류가 A에게 돌아오죠. Y로부터 나온 돈은 B에 일단 멈춰서기는 하는데 결국 그 후에 B에서 A로 흐르죠. 중간생략 등기는 "흐름은 제대로 A로부터 Y이니까 기억해 두기 바란다"는 의미입니다. 이것으로 A는 B를 속박한 셈이지요.

두 번째 틀

그러나 4월 18일에 결정한 이 틀은 무효가 되고 말지요. 그래서 모순되는 말을 한 거죠. 즉 A로부터 보면 "토지를 B를 경유해서 Y에게 팝니다"라는 계약을 하면서 "앗, 이것은 아니다. 그만두자. 다르게 해야 되겠다"가 된 거죠. 먼저 애써 만든 틀은 왜 안 되게 된 거죠?

--급하게 돈이 필요했는데, Y는 전혀 돈을 지불하지 않으니까요.

맞아요. 이것은 보통의 매매죠. X는 곧 돈, 게다가 현금을 가져왔어요. A로서는 좋았죠. "자, 드디어 돈이 왔습니다. 자, 그러면 B씨에게 빌려주도록 하죠"라고 말하고 그냥 B씨에게 돈을 빌려주었나요?

--(고개를 가로젓는다)

또 뭔가 이상한 짓을 했죠.

--A와 B가 건물을 교환해서 B에게 돈이 가도록 했습니다.

맞아요. A와 B의 건물은 똑같은 건물은 아닌 거죠.

--금액이 달라요.

그래요. 왜인지 돈 때문에 곤란을 겪고 있는 B는 조금 훌륭한 건물이고 A 건물은 다 허물어져 가는 거죠. 다 허물어져 가는 건물을 교환한다. 그렇게 되면 실질적으로?

--A가 B의 건물을 담보로서 갖게 되는 거죠.

실질적으로 돈이 A로부터 B로 이동합니다. 그리고 A가 B의 물건을 잡고 있으니 담보를 잡는 것이 됩니다. "돌려주지 않아도 되거든. 돌려주지 않으면 B의 좋은 집을 내가 가질 수 있으니까", 뭐 그런 이야기입니다. 완전히 상상을 넘어서는 이야기죠. 여러분한테는요.

저도 이들의 전략에는 의표를 찔렸어요. 스왑(Swap)은 비즈니스의 최첨단에서도 하긴 하지만요.

A와 B는 친한데도 서로를 믿지 않지요. 그래서 이런 이상한 짓을 하는 거죠. 물건을 잡아 두는 겁니다. 첫 번째 틀에서도 똑같아요. 신뢰할 수 없어서 물건을 잡아 두는데 그러다 보니 진흙탕 분쟁이 되는 거죠. 악순환입니다. 대기업에서도 이런 거래를 하고 있어요. 일본 경제의 메이지 시대 이래의 문제입니다. 뭔가 수상한 속셈을 하고 있어서 "나를 배신하는 게 아닌가" 하는 불안을 떨칠 수 없으니까 만약을 위해 물건을 잡아 두는 거죠. 채무자로부터 물건을 잡는 것이 아닙니다. 문제는 다른 채권자를

어떻게 앞지르냐이죠. 저쪽도 신문 기자들이 취재를 위해 아침 일찍 또는 밤늦게 불시에 요인(要人) 등의 집을 방문하면서 노리고 있어요. 변호사조차도 파산할 때 파산선고 전에 값나가는 물건을 날치기하듯 가져간다고 하는 것 같더군요. "아직 잠이 덜 깬 거야. 하이힐 같은 것 신고 뭘 하자는 거야. 운동화 신어야지" 하고 인턴 여학생이 야단을 맞았다고 들었습니다. 물건을 맡아두면 오히려 더 불안해지는 거죠. 신용을 할 수 없으니 실력을 행사하는 겁니다. 그런데 그렇게 되면 더욱 불안해지죠. 이렇게 점점 심해지는 겁니다. 결국 투명성이 없고 도당(패거리)이 들끓게 되니 이러한 불모의 경제가 되고 맙니다. 〈카시나〉에서 여자들이 세상에 드러냈죠. 일본 사회의 거래는 암운 속에 이루어지고 있어요.

X가 생각하는 토지

이렇게 해서 대략 어떤 사건이었는지 좀 풀어보았는데요. 자, 그러면 X측과 Y측 실은 양쪽 모두 여성인데요. 여기에는 조그마한 대비가 있습니다. 이것을 검토해 보기로 하죠. 먼저 X측은 이 토지를 어떻게 보고 있었을까요.
  --자신의 집을 옮겨서 거기에 살려고 생각했어요.
  맞아요. 토지를 보고 "아, 좋구나", 여기에 살자고 생각한 거죠. 그러면 Y측은 어떤가요. 여기에 살고 싶다고 생각한 걸까요?

--아뇨. 생각 안 했어요.

그게 아니면 뭐라고 생각한 걸까요?

--물건 매매를 위한 도구요. 팔거나 사기 위한 도구죠.

그래요. 돈을 주거나 받거나 할 때 이것은 '좀 도구가 되거든', 뭐 그런 느낌인 겁니다. 이 사람들이 돈을 주거나 받을 때, 빌리거나 돌려주거나 상대방을 배신하거나 앞지르거나, 그것으로 돈을 벌 때는 어떻게든 토지가 필요한 것 같아요. 그리고 이런 인간들이 지금도 일본 사회를 뒤덮고 있죠. '거품경제'라는 말을 들어본 적이 있을 텐데요. 그때는 이런 일이 다반사였죠. 모두 토지를 보면 고양이가 개다래를 보듯이(아주 좋아하는 것의 비유) 모여드는 거죠.

--(웃음)

이렇게 되면 수상한 흥정을 하고 싶어지게 됩니다. 특히 주택 같은 게 헐려서 황폐해진 곳이 좋은 거죠. 이것을 보면 음... 좀 굴려보면 재미있는 일이 있을지도 모릅니다. 여러분은 상상할 수 없죠. 집 따위가 헐려 황폐한 토지를 보면 여러분은 무엇을 하고 싶은가요. H군 같으면 무엇을 하고 싶을까요, 당연히?

--축구일까요?

축구겠지요.

--(폭소)

제가 좀 무리한 대답을 시킨 것 같군요(웃음). 여하튼 여러분은 공터가 있으면 뛰어다니든지 삼각 베이스 같은 걸 하겠죠. 저도 계속 놀았어요. 노는 것은 정말 중요합니다. 특히 강과 산 같은 공간에서 노는 것은 매우 좋아요. 공간적 상상력이 아주 많이 발달하니까요.

더불어 시간 감각도 중요해요. 아오모리의 이른 봄이죠. 4월 18일에 수상한 모임이 있었죠. 7월 정도에 등기 이전이 이루어졌고 11월에 클라이막스가 옵니다. 사안을 볼 때는 이런 시계열을 0에서 1, 2, 3, 4로 플롯하는 것은 매우 중요합니다.

자, 이렇게 봄으로써 X와 Y측이 서로 다른 생각을 하고 있다는 것을 알 수 있죠.

Y는 토지와 어떻게 관계를 맺었는가?

다음 포인트로 넘어가 보도록 해요. X와 Y는 생각의 차이와 관련해서 토지에 대해서 취하는 태도가 대조적이죠.

--11월이 되어서 X가 집을 이축하려고 했을 때 Y가 뛰어들어서 공사 방해를 했어요.

그때 Y는 혼자서 갔나요?

--폭력배 같은 사람을 데리고 갔어요.

맞아요. 폭력단 같은 남자를 대동했다고 항소심 판결에 나와 있죠. 일본 법률가는 점유에 민감하지 않아서 법률문제-권원(權原) 문제라고 생각해서 이런 사실에 반응하지 않아요. 그래서 이런 설정이 이루어지는 것은 매우 드문 일이죠. Y측은 수상한 집단을 만들어서 이 토지에 달려드는 겁니다. 즉 그 결과 어떻게 되었는가 하면 Y측은 실제로 실력을 행사하죠. 즉 폭력을 행사합니다.

한편 X측은 전혀 달라요. 좀 전에도 말했듯이 X에게 있어 이 토지는 여하튼 자신이 평화롭게 살고 싶은 것뿐입니다. 아, 그런데 '이축'이라는 말 이해했나요? 옛날에 일본 집은 일종의 동산으로 목조로 간단하게 움직였죠. 이 시절 저는 중학생이었어요. 도쿄에서는 이미 볼 수 없는 풍경이었지만 아마도 아오모리였으니 그게 있었던 게 아닌가 생각해요. 그래서 건물을 영차영차 옮겨 온 곳에 무서운 사람이 나타나서… 아, 예. H군… 말해봐요.

--그 I, X는 혼자이고 Y는 패거리를 형성해서 지금까지 수업에서 공부한 것과 비슷하다고 생각했어요.

그래요. H군은 저의 계략을 완벽하게 간파하고 있군요. 그 패턴〈치카마츠 이야기〉이래의 그 패턴이 "보였다"고 생각해 주면 좋을 것 같아요. X측은 딱 부부 두 명이죠. 그래서 X는 깨끗해요. 반면에 Y측은 여러 사람이 얽히고설켜 있어서 깨끗하지 못합니다.

일단 제어(Block)를 할 수 없으면?

자, 이게 결말입니다. Y가 실력을 행사했죠. 이때 실력행사를 우선 막아야 한다는 것을 지난 시간에 했어요. 만약 Y의 실력행사 막을 수가 없었다고 한다면 하면 어떻게 되었을까 이것을 생각하는 시간을 갖도록 하겠습니다.

 Y가 날선 목소리로 "나한테 등기가 있거든. 왜 불법으로 이축을 하는 거야"라고 말해서 두려움을 느낀 X는 도망갔습니다. 그래서 Y의 실력행사는 성공했습니다. 만약 이렇게 되었다고 하면 어떤 문제가 발생할까요? 아마도 Y는 그것을 자신의 것으로 해버리겠지요. 그래서 철조망 같은 것을 설치하고 'Y소유'라는 팻말과 함께 "여기서 캐치볼을 해서는 안 됨"이라고 써놓는 거죠.

 --(웃음)

이렇게 되면 어떻게 될까요.

 --(S양) A가 돈을 X에게 갚지 않으면 안 되게 됩니다.

그래요.

 --그렇게 되면 B와의 계약도 없어져서 Y도 등기를 돌려주지 않으면 안 되게 됩니다.

왜죠?

 --그 계약이 전부 파탄나 버리니까요.

그래요. 맞아요. 예리하군요. 올곧으니까(순수하니까) 계약법의 기본(낙성 계약; 당사자의 합의만으로 성립하는 계약.–諾成契約에서 원상회복의 논리)을 아는 거죠. 대신에 배상을 하면 된다고는 생각하지 않아요. 실제로 배상을 받기까지 쉽지 않은 일입니다. 조금 어려운 말을 사용하자면 AX 간의 매매계약이 이행불능이 되어서 AB간의 교환계약도 연결된 대가를 A가 지불할 수 없으니 파탄하는 거죠. 그리고 Y가 대금을 낼 수 없는 것이 문제가 되어 A는 반환을 요구해요. 그런데 실제로는 Y는 "지불했다"고 강변할 정도이므로 아무것도 하지 않아요. 그리고 A도 또한 X에게 돈을 돌려주지 않겠죠.

--그런데 A는 X와 토지와 돈을 교환했으므로 만약 X가 토지를 획득하지 못했을 경우는 A는 돈을 돌려주지 않으면 안 되는 것 아닌가요?

맞아요. 그런데 "A씨 돌려줘요"라고 말했을 때 A는 뭐라고 할까요. 그 토지는...

--그 토지는 Y씨가 등기를 갖고 있으니 Y씨가 이긴다고.

그래요. 자신이 판 것은?

--Y씨요.

Y씨죠. "이것 봐요, X씨. 당신 팔았다고? 계약서?" 눈앞에서 계약서를 북북 찢고 나서 "자, 봐, 없지" 하고... 자, 그러면 X는 어떻게 하든지 팔아야 한다면?

--소송을 거는 거죠.

맞아요. 소송을 거는 겁니다. 재판할 때 X는 뭐가 되는 거죠?

――원고?

맞아요. 원고가 되어야 하죠. ABY간의 매매는 X로부터 보면 전부 해제되었거나 무효입니다. "정말로 판 것은 X에게지요"라고 말하고 싶은 겁니다. 그런데 이것을 전부 증명해야 해요. A는 "뭐라고요. Y에게 팔았으니 Y의 소유잖아요. 당신한테 판 기억이 없거든요"라고 말하죠. Y에게 판 증거로 "여기 봐봐요. Y에게 등기가 있지 않나요"라고 말해요. 한패끼리 싸움이 일어나 분열했지만 패거리니까요. 특히 이 경우 A의 부인이 중요한 역할을 맡죠. 아주머니 한 사람이 나와요. 사정을 잘 모르는 A의 부인을 적당히 꼬셔서 도장을 가지고 와서 마음대로 등기를 해버렸다고 X는 주장하고 있어요. 확실하게 말할수 있는 것은 이 등기의 이전 절차는 투명하지 않다는 겁니다.

법무국도 바보가 아니니까 제대로 된 서류와 도장이 없으면 등기를 접수하지 않습니다. 몇 번이나 퇴짜를 놓았죠. 단 X는 등기의 부정을 증명하지 않으면 이길 수 없어요.

아, 맞아요. 그것은 왜죠? 확인해보기로 해요. X가 전부 증명하지 않으면 안 되는 것은 이것은 왜죠? 물론 X가 원고라서 그렇긴 하지만 왜 X가 원고인가요?

――...

그래요. 여기는 제대로 확인을 해둘 필요가 있어요.(칠판을 향해서) X가 여기에 있고, 이쪽이 개인이고 그리고 집단이 공격해 들어온 겁니다. 이때 X에게 점유가 있다는 말이죠. 이것은 점유의 개념입니다. 그런데 지금 Y가 압박을 가해와서 "비켜라"라고 말했어요. 결국 Y가 성공해서 Y집단이 여기에 딱 진을 친 거죠. 철조망을 설치하고 캐치볼도 못 하게 하겠다고 말하고 있어요. 이때 무엇이 일어나고 있나요.

--Y가 독점하고 있어요.

그래요. Y에게 점유가 발생했어요. 왜냐하면 Y는 개인 시늉을 하는 거죠. 그래서 Y는 "나 개인입니다. 나 점유하겠습니다" 하고 말하는 겁니다. 실제로는 무서운 형님이 퇴거시킨 건데요. 나중에 Y, 이쪽도 여성인데요. 어슬렁어슬렁 나타나서 "여기는 내 토지니까"라고 말하면서 들어와요. 그런데 X는 어떻게 되고 말아서 "그렇네요. 한 달이나 지났으니 훌륭한 점유네요"라고 말하고 말죠.

그래서 S양이 말하고 있는 것처럼 X가 어떤 형태로 역습을 해요. S양은 앞질러 가서 "하다못해 돈이라도 돌려줘"라고 이런 소송을 X가 하는 장면으로 점프한 겁니다. 그전에도 물론 "내 토지니까 돌려줘"라는 말이 있었어요. 그것이 안 된다고 해도 하다못해 "돈이라도 돌려줘" 그러면서 S양처럼 하는 것이 자연스럽죠. 그런데 이것이 전부 X 부담이 되어 버려서 전부 증명하지 않으면 안 되는 겁니다. 특히 ABY측이 전부 사기꾼이다, Y는 돈조차도 지불하지 않았다, Y가 지불한 것은 자전거이다 등등을 전부 말하지 않으면 안 되죠.

·

어떠한 이유가 있어도

일단 블록이 없으면 곤란한 것이 또 하나 있지요. 플라우투스 희극에서 조금 다루었는데요. 리시다무스가 카시나를 덮쳤죠. 그러자 "그만" 하고 소송을 거니 그 후 재판소가 이것저것 조사를 하게 되었습니다. 그러자…?

　--…?

〈루덴스〉에서도 포주인 라브락스가 말했죠. 이 여자는 내 것이다. 능력이 있어서 샀는데 뭐가 나쁘냐 하고 말이죠. 이번에도 그래요. "이 토지 내 것이거든." 등기 같은 걸 손으로 흔들면서 말이죠. "봐봐. 이것이 증거, 이것이 등기증이다. 불만 있어?" 하고 말입니다. Y는 등기가 있는 이상 자신의 토지라고 생각하고 있는 거죠. 잘못된 일을 하고 있다고 생각하지 않아요. "나에게 권리가 있으니 실력으로 X를 물리친 것이 뭐가 나쁜데?" 그런데 이래도 괜찮은가요?

　--아니요. 괜찮지 않습니다. 아무리 권리가 있어도 그것은 안 되는 겁니다.

　그래요. 〈자전거 도둑〉에서도 했었죠. 어떠한 이유가 있다고 해도 괜찮지 않아요. 해서는 안 되는 일이라는 것이 있는 겁니다.

　--브루노를 때린 것도 그랬죠.

　그래요. 그것도 좋지 않았어요. 어떤 일이 있어도 해서는 안 되는 논리였죠. 이 경우도 그렇습니다. Y가 등기든 뭐든 가져와도 조폭을 데리고 와서 실력행사를 했죠. 그런데 그것만으로도 레드카드입니다. 사실 로마 같으면 그래요. 거기서 승부가 끝나는 겁니다. 그리고 더는 상대해주지 않죠. 플라우투스의 희극에서도 조금 했습니다. 일단 블록을 했을 때, 정말로 블록을 해도 좋은 케이스였는가를 조사를 합니다. 그때 "아, 리시다무스는 이런 나쁜 짓을 했다"는 것이 판명되자 "당신은 레드카드로 실격이야, 나머지 것은 조사하지 않는다" 하고 재판관이 말합니다. 그 짓을 한 것만으로 이미 아웃이니까요. 일단 블록의 절차가 없으면 실력행사만으로 판단한다는 기회를 잃어버리죠. 이것이 두 번째의 큰 문제입니다. 반복하자면 일단 블록의 절차가 없으면 Y가 X를 쫓아내고 토지상에 자신의 점유를 확립해 버려서 X가 거의 노찬스가 되고 맙니다.

두 번째로 일단 블록 절차가 없으면 논의에 들어가기 전 단계, 전제 문제로 "당신 심한 일을 했군요. 그렇게 되면 자격이 없어요"라는 판단을 못하게 됩니다. 이 두 가지 문제가 있는 거죠.

한 가지 더 있긴 한데 본건에서는 문제가 되지 않아요. 무엇인가 하면 일단 스톱이 없어서 실력행사가 진행되면 둘이킬 수 없게 되는 경우가 있다는 거죠. 빼앗은 너석이 닥치는 대로 먹고 "돌려줘"라고 말해도 늦는 경우가 있어요. 그래서 긴급 스톱은 아주 중요합니다.

등기와 점유

이상은 "만약 방어를 할 수 없었다면"이라는 가공의 상황을 설정한 질문이었습니다. 실제로는 이 사건, 일단 방어에 X는 성공했습니다. 여러분은 읽기가 어려웠을 거로 생각하는데요. 출입금지 등의 가처분 절차(보전소송)를 사용해서 X는 일단 Y를 다시 내쫓는 데 성공합니다. 그리고 한 걸음 더 나아가서 점유소송을 제기했습니다. 즉 가처분의 결과를 확인하고 싶었기 때문에 점유소송을 했죠. 그래서 이것은 일단 블록이 좋은지 아닌지를 다투는 사안입니다. 점유소송 자체가 일본에서는 예외적인 일로, 역으로 말하면 이 사건의 결과로 말미암아 이후 한 건도 이루어진 적이 없었어요. 그만큼 큰 사건이었던 겁니다.

여하튼 일단 방어에 성공한 X가 그럼에도 결승에 나가서 "이 등기 이전은 사기로 이루어졌다"든지 "ABY간의 매매는 실제로는 해소되었다"든지 열심히 증명해야 했었죠. 반송당했다고 해도 반송에서는 X는 피고였으니 증명하는 것은 원고(Y)였을 텐데요. 결론적으로 X의 그 주장은 받아들여지지 않고 X는 지게 됩니다. 이것은 왜죠?

--X가 등기를 갖고 있지 않았으니까요.

맞아요. 문제는 등기죠. 등기를 갖고 있지 않았던 겁니다. 이중매매의 경우 어느 쪽도 제대로 된 계약을 갖고 있죠. 그때 등기가 필요합니다. 매매할 때는 "팔았습니다", "샀습니다"라는 계약만으로는 안 되고 넘겨주어야 하죠. 예컨대 "샀다. 내 것이다"라며 외치고 힘으로 가져가서는 안 되는 겁니다. "네, 여기 있습니다" 하고 파는 사람이 제대로 양도해야 하는 거죠. 이것은 점유의 작용입니다. 토지의 경우는 등기가 그 역할을 합니다. 토지의 관계는 복잡하고 불투명하게 되기 십상이죠. 그래서 투명하고 오픈된 장부 위에서 양도하는 겁니다. 그래서 등기는 좀 고급스러운 점유를 나타내고 있어요. 그래서 Y는 폭력을 행사하여 점유에 실패했음에도 등기가 있으므로 점유에 성공하는 것과 똑같아져 버린 겁니다.

Y는 등기에 걸맞은가

--(견학을 오신 ○○선생님) 그런데 등기가 그렇게 중요하다고 하면 등기도 확인하지 않고 돈을 지불한 X도 잘못한 것이 아닌가요? 이중매매의 경우에는 등기를 갖고 있는 쪽이 이긴다는 것을 왜 X는 몰랐을까요?

좋은 질문이군요. 제대로 사실 인정을 하지 않아서 어렵습니다만 X가 간단하게는 등기를 얻지 못한 게 아닌가 하고 생각합니다. 먼저 등기와 교환으로 대금을 지불해야 했다고는 말할 수 없습니다. 법률 낙성 계약, 당사자의 합의만으로 성립하는 계약이라고 해도 계약은 계약이고 먼저 지불한 것은 칭찬을 받을 지언정 비난받을 일은 없습니다. 하물며 지불한 시점에서는 아직 Y에게 등기가 이전되지 않았습니다. 이런 부분을 판정한다는 것은 현재의 판례 룰에는 전혀 없고 법학도 카운트하지 않는데요. 큰 문제입니다. 사실 등기를 얻기 위해서는 파는 사람의 협력이 필요한데도 첫 번째 틀이 파탄난 후에도 ABY의 수상한 관계는 계속되었고 등기는 최종적으로는 Y손에 들어갑니다. 그 후 소송 단계에서도 A는 권력자인 Y를 거역하여 X의 신뢰에 응하려는 자세는 전혀 보이지 않았습니다. 아마도 증언을 할 때도 그러했을 테지요. 이렇게 되면 첫 번째, Y는 등기에 걸맞은 일을 했을까가 문제가 되는 거죠. 진실을 말하자면 하지 않은 거죠. 등기라는 것은 퍼블릭한 성질이 없으면 안 되거든요. 퍼블릭이라는 것은 광장처럼 열린 공간에서 모두 뭔가를 확인하는 일이죠. 그런데 ABY 간의 등기이전은 그 반대로 매우 불투명한 경위를 거쳤습니다. 그런데도 Y는 등기가 가진 신용의 힘을 이용해 버린 거죠. 아주 악질인 겁니다.

두 번째로, 그 경우 X가 실질의 점유를 갖고 있다. 정정당당하게 진짜 물건의 양도를 받았다는 일이 갑자기 일어났어요. AB도 결탁하고 있으면 X의 점유는 빛나는 거죠. 애당초 등기는 점유의 양상을 추정시키는 것뿐입니다. 등기가 점유를 나타내지 못하는 경우도 상정되어 있습니다.

그러나 이것은 일본 등기제도의 큰 문제인데요. 전혀 다르게 사용되고 있습니다. 즉 이런 수상한 경과 속에서 등기를 획득하면 그다음은 "내가 등기를 갖고 있다. 입 닫아, 입 닫아" 하고 아무도 반대할 수 없는 대의명분에 다들 굴복하게 됩니다. 기호인데도 점유 본체와 착각하는 거죠. 아니 점유가 아니고 '소유권'과 똑같다고 보고 있는 겁니다. 실제 재판에서도 반드시 이긴다고 생각하고 있어요. 그리고 물건 그 자체를 서로 맞붙잡은 걸로 해서 등기를 취급하는 겁니다. 물론 예외에 관한 규칙은 조금 발달해서 '배신적 악의자의 이론'이라고 하는데요. Y가 더러운 방식으로 등기를 손에 넣었을 때는 예외죠. "등기를 갖고 있어도 지게 되어 있거든요"와 같은, 겨우 간신히 유지하는 규칙이 있긴 합니다만 그것뿐인 겁니다.

또 똑같은 풍경이다.

조금 어려워졌습니다만 그럼에도 포인트는 알 수 있죠. 앞에서 H군이 한참 앞을 달려 나갔는데요. 고립한 X와 ABY집단이라는 똑같은 광경이 나왔죠. X와 토지의 명쾌하고 강한 관계, 이것이 점유입니다. 이 관계를 지키지 않으면 사회의 질은 어떻게 될까요? 이것을 지키는 것이 아니 이것을 원리로써 삼는 것이 법이 아니었나요? 그런데 일본 사회의 경우에는 이 사건이 말해주고 있듯이 X는 완전히 당하고 말았죠. 오늘은 여러분에게 미안합니다. 왜냐하면 지금까지 여러분들과 좋은 작품을 봐 왔거든요.

물론 〈치카마츠 이야기〉도 〈자전거 이야기〉도 거기에 그려져 있는 것은 매우 비참한 상황입니다. 그럼에도 그것을 예술작품으로 보았을 때는 마음이 남는 것이 있기 마련이죠. 그런데 오늘 이야기는 정말 미안하지만… 그 정반대입니다.

판례를 읽었을 때는 뭐가 뭔지 전혀 몰랐을 텐데요. 그런데 제 수업을 듣고 난 후에는 모래를 씹는 듯한 느낌밖에 남지 않죠. 이것이 일본 현실로 이 판결에 관해서도 의문을 제기하는 사람은 거의 없습니다. 그래서 아주… 뭐라고 해야 할까요. 오늘은 어두운 기분이라서…

--(웃음)

--등기를 가진 쪽이 이기는 것은 재판으로서는 어쩔 수 없다고 생각하면서도 한편으로는 그럼에도 저 자신은 확실히 ABY의 결탁이 나쁘다고 생각해서 "재판을 하는 의미가 있는 거야?" 하고 생각했습니다.

그래요. "어차피 등기를 갖고 있는 Y가 승리할 테니 수고를 줄여서 Y의 승리로 해도 되지 않는가"라는 판결을 대법원은 내렸으니까요. '반송'을 허용한다는 것은 그런 것을 의미합니다.

테크니컬하게는 좀 어려워서 동일 심리(審理)로 다툴 수 있는 성질의 원고, 피고가 교체하는 소송을 '본송'과 '반송'이라고 하는데요. 점유와 본건에 관해서 이것을 하면 점유 쪽이 죽고 말죠. 그런데 이것은 점유의 성질로부터 옵니다.

(중략)

자, 그러면 후반으로 들어가겠습니다.

자위대 등에 의한 합사(合祀)절차의 취소등 청구사건

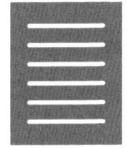

최고재판결 쇼와 63년 6월 1일 민집(民集) 42권 5호 277쪽

○ **최고재판소판결 주문(主文) 및 이유에서 발췌**

1. (1) 피상고인 〈X〉는 소화 33년(1958년) 4월 4일 일본 기독교단 야마구치 신애(信愛) 교회에서 세례를 받고 이래 기독교를 신앙으로 삼아왔다.

   (2) 피상고인은 소화 34년(1959년) 1월 1일 자위대원인 x(중략)와 종교적 행위를 동반하지 않은(배제한) 결혼식을 올리고 주로 모리오카시에서 결혼생활을 했는데, 소화 43년(1968년) 1월 12일 x는 이와테 가마이시(釜石)시내에서 공무에 종사하던 중 교통사고로 사망했다.

(3) 피상고인은 x가 사망한 직후 자위대 이와테 지방연락부의 준비로 이루어진 x의 불교식 장례의 상주로서 참례하고 그 후 x의 부친인 Z가 야마구치현 호우후(防府)시에서 치른 불교식 장례에도 참례하고, Z는 x에게 법호(法號: 승려가 죽은 사람에게 지어 주는 이름)를 부여하고 유골을 불단에 안치했다.

(4) x의 사후 피상고인은 일시적으로 Z집에 기거했지만 약 두 달 후 x의 유골의 일부를 갖고 Z집을 나와 다른 곳에서 살게 되었다. Z의 마음을 고려해서 불단과 위폐를 두고 승려를 불러 독경을 하게 했지만, 2, 3개월 후에는 불단을 정리하고 쇼와 44년(1969년) 교회의 납골당에 유골을 안치하고 매년 11월 동교회가 하는 영면자 기념 예배에도 자식 T와 함께 매번 출석했다. 그 이래 피상고인은 기독교 신앙 하에 일요일에는 교회에서 예배하고 x의 죽음의 의미를 찾고 추도하고 기독교 신앙에 마음을 의지하면서 생활했다.

(5) 게다가 x는 생전에 종교를 신앙으로 삼는 일은 결코 없었다.

(중략) 한편 사단법인 대우회(隊友會)의 야마구치 지부연합회는 쇼와 39년(1964년) 이후 야마구치현 호국신사에 순직 자위관의 합사를 위해 움직이게 되었다. 소화 46(1971년)년 3월 자위대 야미구치 지방연합부(이하 '지연')에서 '유족수호업무의 일환'으로서 현 대우회에 의한 합사신청을 적극적으로 추진하는 태세가 갖추어지는 사태까지 이르게 되었다.

동년(쇼와 47년-1972년) 3월 30일 무렵 현 대우회는 동회장명의를 갖고 동년 3월 당시의 야마구치현출신 순직 자위대원으로서 x를 포함한 27명의 합사를 현 호국신사에 신청해서(중략), 동년 4월 19일 동신사는 위의 순직 자위대원을 새롭게 제신(祭神)으로서 합사하는 진좌제(鎭座祭)를 제행하고 직회의 의를 거행하고 다음 20일 위령대제를 제행했다.

○ **제1심판결의 주문, 사실 및 이유에서 발췌**

〈본안전의 주장, 제1, 원고〉

(1) 사단법인 재우회(중략)는 '국민과 자위대와의 교량으로서 상호 이해를 깊게 하는 것에 공헌하고 이를 통해 우리나라의 평화와 발전에 기여한다. 동시에 자위대 퇴직자의 친목과 상호부조를 도모하고 그 복지를 증진하는 것'을 목적으로 하여 소화 35년(1960년) 12월 27일 설립되어 "방위의식의 보급고양"과 "자위대 제업무에 대한 각종 협력" 등을 그 사업으로서 수행하고 있다.

〈청구의 원인 제2, 피고등의 행위〉

(2) 〈중략〉『지연공보계의』a는 동년(쇼와 47년-1972년) 3월 23일 오후 5시 경 원고측을 방문해서 원고에게 망x의 제적등본의 교부를 받아둘 것을 의뢰했다. 원고가 그 사용목적을 질문했지만, 동인은 그 이유를 밝히지 않았다(중략).

동인은 4월 3일 오후 4시부터 5시경에 다시 원고측을 방문하여 제적등본 건에 관해서는 언급하지 않은 채 사용 목적을 설명하지 않은 채 순직증명서를 가져오게 했다. 그리고 동인은 4월 5일의 동시각 무렵 원고측을 방문하여 전기(前記) 두 통의 서류는 언급하지 않고 망x의 계급과 훈장 제시를 요구하고 원고가 수상하다고 생각하면서도 여기에 응하자 동인은 훈장과 위기(位記)를 메모했다. 그래서 원고가 그 사용 목적을 묻자 동인은 망x를 순직 자위관으로서 현 호국신사에 합사하게 되었다고 대답하고 세 번에 걸친 방문의 목적을 밝혔다.

(중략) (원고는 지연에 연락해서 합사를 단념하는 의도를 전했는데 대우회 및 지연은 합사 절차를 진행해서 동년 4월 19일 진좌제가, 다음 20일일 위령대제가 제행되었다.)

2. 원고는 부재중에 도착한 '봉제통지서'를 보고 다음 날 지연에 전화로 항의를 하자 '지연사무관' Y는 망x는 나라를 위해서 죽었으므로 호국신사에 합사하는 것은 당연하고, 현직 자위대원에게 자부심을 갖기 위해서 '사공(私共)'이 호의로 모시고 제사 지낸다고 답변하고 합사를 정당화하려고 했다.

(중략) (원고, 및 원고에 상담을 받은 목사는 항의를 계속한다. 7월 27일이 되어 신문에 보도되었기 때문에 지연은 일단 합사 단념을 약속한다.)

6. 그런데 '지연'의 B 부장은 다음 날인 28일 Y를 시켜 급한 일로 원고를 만날 수 없다는 내용을 전하게 하는 한편 동일 T부국장과 Y에게 호오후(防府) 주재의 망x의 아버지 Z 집을 방문하게 해서 동인을 통해서 원고를 설득하게끔 기도했다. 이것은 Z가 앞의 신문기사를 통해 처음으로 합사 사실을 알고 지연에 전

화로 합사에 찬성하겠다는 말을 전한 것을 계기로 B부장 등이 동인의 권위를 이용해서 원고의 합사 취하 요청을 단념시키려는 목적으로 나온 것이다.

(중략) 원고가 석명(해명)을 요구하자 지연 B부장 및 대우회 F회장은 "부모 자식 싸움 문제이므로 부모 자식끼리 이야기를 나누었으면 한다"는 말을 반복했다.

9. 망x의 아버지 Z는 '집' 논리를 일방적으로 내세워 며느리 입장을 하나도 인정하지 않는 태도를 보였다. Z는 야마구치현 자위대 부형회부회장을 지낸 사람으로서 자위대에 협력적인 경력을 가진 것으로 파악된다. 그리하여 이를 이용하기 위한 피고 현대우회와 일체가 되어 움직였다.

그 결과, 동인은 8월 6일 '친족회의'를 열어서 피고 현대우회 F회장 앞으로 원고를 제외한 망x의 친족은 전원 합사에 찬동하므로 합사를 단념하지 않도록 하는 탄원서를 송부했다. F회장은 지연의 지시에 따라 8월 17일 위 탄원서를 그대로 인용한 편지를 원고 앞으로 보내고 합사취하 요청을 단념시키도록 했다(중략).

제4 원고가 입은 정신적 고통(중략)

(2) 망x가 업무사한 것을 알게 된 원고는 유체가 안치되어 있던 병원의 영안실에서 망x와 대면했는데 동야(同夜)를 죽은 남편

과 함께 보내고 싶다는 희망을 품고 있었음에도 이와테 지연부장으로부터 대면 후 30분 만에 퇴석을 요구받았다. 다음 날 동지연 청사내에서 고별식이 이루어지고 계속해서 이와테현 지부재에서 원고를 형식상의 상주로 하는 장례식이 불교식으로 이루어졌다. 그러나 방식과 진행에 관해서 원고와 의논하는 일은 없었다.

(중략) 자위대의 위와 같은 생각, 처리 방식은 순직한 자위관은 유족이 사적으로 다루어서는 안 된다는 기본적인 발상에서 유래하고 있어서 그 발상이 본건 합사 강행의 큰 요인을 이루고 있다.

소송의 경과는 다음과 같다.

1심은 그 시점에서 (대우회로부터 호국신사로) 합사신청은 취하되었으므로 이 부분에 관한 소송을 각하, 그러나 일련의 피고의 '피고적격'을 인정함과 동시에 원고의 손해배상청구를 인용(認容)했다.

2심은 대우회의 피고적격을 부정한 것 이외는 1심의 판단을 지지, 나라가 상고한 것에 대해서 받아들여 원판결을 파기하고 원고의 청구를 기각했다. 그 이유 중 하나는 합사신청행위에는 큰 종교적 의미가 없으므로 정교분리위반에 해당하지 않는다는 것이었다.

"그 종교와의 관계는 어디까지나 간접적이고 그 의도, 목적도 합사현실에 의한 자위대원의 사회적 지위의 향상과 사기를 고양하는 것에 있다고 추인되므로 그 종교적 의식도 희박하다고 말해야 할 뿐만 아니라 그 행위의 양태로부터 봐서 나라 혹은 그 기관으로서 특정한 종교에 대한 관심을 불러 일으키거나 이것을 원조, 조장, 촉진하고 또는 다른 종교에게 압박하고 간섭을 하는 효과를 가진 것으로 일반인으로부터 평가받는 행위라고는 인정하기 어렵다."

두 번째로 사인(私人)인 호국신사에는 고인을 제사 지내고 기릴 수 있는 종교적 자유가 있다. 따라서 여기에 대해서 원고도 관용적이어야 한다는 것이었다.

"오히려 상대방의 신앙의 자유를 방해하는 결과가 되는 것에 이르는 것은 심히 아쉬운 점이다. 종교의 자유 보장은 어느 누구도 자기 신앙의 자유를 방해하지 않는 한 관용해야 한다. (중략) 몇 명인가를 그 신앙의 대상으로 삼고 혹은 자기가 신앙하는 종교에 의한 몇 명인가를 추모하고 그 혼의 안락함을 추구하는 등의 종교적 행위를 할 자유는 누구에게든 보장되어야 하기 때문이다."

'이치가오 56'[1]

자, 그러면 누구라고 하면 바보스러운 질문을 해도 좋을까요?

--(S군)저는 무조건 가능합니다.

--(학생 일동 폭소)

자, 그러면 S군부터 하기로 하죠. S군, 우리 친구는 아주 인기가 있죠. 인기 아이돌 그룹의 '이치가오56'의 멤버죠.

--네, 그렇습니다.

전국적으로 인기 상승이었죠. 여자들한테도 엄청 인기가 많았는데 안타깝지만 S군은 젊은 나이에 이 세상을 뜨고 말았어요.

--갑자기 죽었죠(웃음).

불쌍하게 말이죠. S군의 가족은 장례식을 치르겠지요. 우리도 장례식에 가서 울면서 조문을 합니다. 슬프구나. 당연히 모두가 그냥 있을 수 없죠. 여성 팬들은 대성통곡을 하고.

이 사실을 눈여겨본 이치가오 역전의 파친코 주인이 동네에서도 장례식을 하려고 했어요. 우리 친구도 그렇게 나쁘게는 생각하지 않겠죠. 장례식에 두 번 나오는 것은 말입니다.

--죽은 몸으로서는 말이죠.

---

[1] 일본에서 인기가 있는 아이돌 그룹 중에「ＡＫＢ４８」이라는 그룹이 있다. (AKB는 '아키하바라(秋葉原)를 의미한다). 그 후에「노기사카(乃木坂)４６」이라는 그룹 등 여러 그룹이 나왔다. 그래서 '장소+숫자 2행'은 아이돌 그룹의 이름이라는 정형이 생겨났다. 여기서는 수업이 이루어진 토인가쿠엔(桐蔭学園)의 가장 가까운 역이 '이치가오(「市が尾)역'이었다는 것에서 '이치가오 56'이라는 아이돌 그룹 이름이 (장난삼아) 만들어진 것이다.

그래요(웃음). 그래서 파친코 주인은 인터넷에서 우리 친구의 얼굴 사진을 캡쳐해서 사진과 꽃을 장식하고 이렇게 홍보하는 거예요. "오늘은 S군의 장례식입니다. 특별 서비스입니다". 이걸 본 그 지역의 수상한 금융업자가 "음, 그러고 보니 이거 괜찮네. 우리도 젊은 사람을 고객으로 모시고 싶으니 여기에서도 S군의 장례식을 치르자"라고 생각하겠죠. 그러자 그 모습을 본 수상한 사이비 종교 집단이… 사이비 종교와 장례식은 관계가 깊죠. 그래서 S군이 사실은 신자였다고 거짓말을 하고 성대한 장례식을 치르게 됩니다.

그뿐만 아니라 수상한 정치집단이 "앗, 좋은 기회다. 이번 선거에 활용하자"고 생각해서 S군의 가족이 그 정치집단의 지지자였다고 유언비어를 퍼뜨리고 또 S군의 장례식을 치릅니다. 그리고 입을 모아서 "장례식을 치르는 것은 자유입니다. 누구든지 장례식은 치를 수 있습니다. 대법원도 그렇게 말하고 있습니다"라고 말했죠.

여러분들은 자각했나요? 이번에 읽은 대법원의 판결은 "장례식을 치르는 것은 자유다", "장례식의 경우에는 관용의 마음이 필요하다"고 말하고 있습니다. 즉 S군의 가족만이 장례식을 치른다는 그런 생각을 가져서는 안 됩니다. 가족뿐만 아니라 A씨도 B씨도 C씨도 하고 싶은 사람은 하면 된다는 그런 이야기입니다. '관용의 마음을 가지세요'하고 대법원은 설득하고 있는 거죠.

어떤가요. S군 이쪽에서도 장례식을 치르고 저쪽에서도 장례식을 치르는 것이 좋을까요?

--미묘한 구석이 있는 것 같습니다.

미묘한 구석(웃음). 그런데 사채금융업자도 개입하는 것은 별로이지 않나요?

--좀 별로인 것 같습니다.

그래요. N군은 어떤가요? N군이 이치가오 56의 멤버였다고 하면?

--자신의 죽음으로 다른 사람이 돈을 버는 것은 좀 그렇습니다.

그래요. 선의로 해준다고 하면 모르겠으나 사람 죽음을 이용해서 돈을 번다는 것은 용서하기 힘들어요.

무엇이 싫은걸까?

Y군은 어떤가요?

--싫습니다.

딱 잘라 말하는군요. 그린데 왜쇼'! 좋지 않습니까. 여기도 저기도 Y군 얼굴 사진이 돌아다니는 것 멋지지 않나요.

--죽은 후의 이미지 다운과 연결된다고 생각합니다.

--(웃음)

확실히 그래요(웃음). 다들 "이건 좀 아니다" 하고 확실히 인지

하고 있는 것 같은데요. 무엇이 싫은 걸까요? 상처를 받았다고 하면 어디에 상처를 받는 걸까요?

--역시 사람의 죽음이라는 것은 민감한 문제가 아닙니까. 그래서 타인의 사리사욕을 위해서 사람의 죽음을 이용하는 것은 역시 감정의 문제이거든요. 그래서 다들 싫다고 느낀다고 생각합니다.

그래요. K군은 어떤가요? 대법원의 체면을 세워주는 것이 나을 것 같아서 참을 건가요?

--그럴 수는 없는 노릇이죠. 그 사람이 살아 있었을 때 공감하고 있었던 생각이 있었는데 말이죠. 그렇지 않은 생각에 이용당하는 것은 좋지 않아요. 예를 들면 자신은 커피를 좋아했는데, 홍차 회사 사람의 선전에 이용당한다고 하면…

--하하하…

그래요. K군은 오페라를 좋아해요. 게다가 푸치니를 좋아하죠. 그런데 그것과는 상반되는 수상한 음악에 이용되고 싶지 않은 거죠. T군은?

--장례식을 화려하게 '보여주기' 하는 시점에서 싫어졌습니다.

그래요. 그 생각은 저도 공감합니다. 설령 가족이라고 해도 장례식을 '보여주기'한다는 느낌이 드는 단계에서 기분이 나빠지는 거죠. 그럼 천천히 따져가 볼까요. 무엇이 싫은지(기분이 나쁜지).

--무엇이 싫은지 모르겠습니다만 자신의 죽음보다도 돈벌기를 우선해서 장례식을 치른다는 것은 장례식을 치르는 원래 의

미와는 어긋나니까요. 어처구니없어요.

--똑같은 생각인데요. "정말로 이 녀석들 내 죽음을 아파하는 걸까"라는 생각이 듭니다. 설마 아내에게 이런 짓을 하는 조직이 내 죽음을 아파해준다고는 생각할 수가 없습니다.

그렇군요(웃음). 그렇네요. 아파한다는 것은 어떤 의미일까를 생각하게 해주는 것 같군요. I군은 어떤가요?

--저는 돈 벌기는 싫긴 한데요. 그런데 예를 들면 그것이 저와 가까운 사람, 아내라든지 그런 사람에게 번 돈이 몇 퍼센트 정도 들어간다고 하면 상관없습니다.

--(웃음)

그렇군요. 그것도 하나의 생각이지요. A양은 어떤가요?

--다른 친구들과 비슷한데요. 그런데 돈이라고 해도 예를 들면 유니세프가 주최해서 모든 돈은 백신 개발에 이용한다든지 가난한 아이들이 몇 명 목숨을 구했다든지… 그런 것이라고 하면 괜찮지 않을까요.

S군도 참아줄 거라고(웃음).

--그럴지도 모르겠습니다. 그리고 '목숨'에는 차이가 없다고 생각합니다. 이 사람은 전국적인 아이돌이니까 모두 추도하려고 한 거구요. 그게 아니라 아무도 모르는 사람이 죽었다고 하면 누구도 신경을 쓰지 않을 것 아니겠습니까. 그런데 유명한 사람이 죽었다고 이렇게 소란이 일어나는 것은 목숨에 등급을 매긴다는 느낌이 들어서 저는 싫다고 생각합니다.

그래요. 지금 이 생각은 중요하죠. 아주 중요하다고 생각해요.

--남동생 시선으로 말해도 될까요?

예, S군. 말해보세요.

--저의 형이 스타이프로 저잣거리에서 뭔가 하고 있으면 "이봐, 지금 뭐 하는 거야. 우리 형이거든. 너 나에게 허가받고 그 짓을 해라"라고 말할 것 같아요.

--(웃음)

그래요(웃음). "우리 형이거든", 그거 아주 중요하죠. 다들 좋은 지점까지 온 것 같군요. S양은?

--만약 제가 죽었다고 하면 아니 뭐든지 좋습니다.

그런가요(웃음).

--저는 누구의 돈벌이 수단이 되든지 상관없다고 생각합니다. 그런데 만약 그 때문에 가족이 손해를 보거나 상처를 받았다고 하면 싫을 테지만 말입니다. 만약 가족이 손해를 보지 않고 그냥 다른 사람이 돈을 버는 선에서 그쳤다고 하면 저의 죽음을 이용했다고 해도 상관없습니다. 가족이 죽었다고 해도 만약 가족이 똑같은 마음이라고 한다면 그다지 상관없다고 생각합니다.

이것도 중요한 지적이군요. 조금 본론에서 벗어날 수 있는데요. 아마도 말하고 싶은 것은 이런 것이겠죠. 즉 그 대답은 상대적이겠지요. 그것은 본인과 가족이 어떻게 생각하는가에 달려 있을 겁니다. 이런 생각은 말이죠.

--자신의 감정은 주위 사람과는 관계가 없다고 생각합니다.

예를 들면 부모가 죽었을 때 주위 사람이 무엇을 하든지 슬픈 것은 변하지 않으니까요. 주위 사람을 보지 않고 자기 생각을 소중하게 여기고 싶습니다.

음… 음… 그래요. '상대적'이라는 말이 나빴던 거죠. 중요한 것은 본인 그리고 다음으로 가족의 마음으로 이것은 절대적입니다. 무엇을 하더라도 이것이 상처받지 않으면 그것으로 된 거죠. K군은?

--제가 무엇이 싫은지 좀 생각을 해보았는데요. 장례식이란 고인과 공유한 기억 같은 것을 생각하는 장이라고 봅니다. 따라서 사채라든지 파친코 같은 것은 공유한 기억이 없다고 생각합니다.

그렇군요. 잘 이해할 수 있는 생각입니다. 마지막으로 W군은 어떤가요?

--W군, 원래 주인공은 마지막에 등장하는 거잖아! (주위로부터의 성원)

--제가 죽고 나서도 여러 파친코 사장이 저를 이용해서 엄청 돈을 많이 벌 수 있다고 하면 "내 가치가 굉장하구나" 하고 천국에서 생각할 수 있으니… 그래서 좋다고 생각합니다.

--하하하…

마음이 넓군요. '나는 꽤 거물이있구나' 하는 느낌인가요. 그것도 나쁘지 않을지 모르겠군요.

어떤 사안이었나요?

자, 그러면 사실에 관해 다루어 보기로 하죠. 자위대 사람이 교통사고로 사망했어요. 그런데 일단 자위대 주도로 불교식 장례식을 치렀습니다. 그 다음 해가 되어서 돌아가신 분의 부인은 기독교도였으므로 기독교 방식으로 장례를 다시 했습니다. 그리고 사망 후 4년이 지나고서 자위대가 현의 호국신사에서 모시고 싶다고 말했습니다. 이것은 신사신도(神社神道)가 되는 겁니다. 즉 종교의 하나죠. 그런데 "싫다"고 부인이 소송을 걸었어요. 실제로는 재판 도중에 망자를 '모시는 것' 자체는 그만두게 되었지만 그동안 호국신사에 안치되었기 때문에 "아주 고통스러웠다. 그것은 불법행위임에도 그 일을 당하고 말았다. 그 부분을 배상하라"고 주장을 한 겁니다. 그런데 배상이라고 해도 돈의 문제라기보다는 잘못된 것을 바로 잡고 싶어서 부인이 소송을 걸었죠. 이런 사건이었습니다.

부인 생각이 우선인가?

포인트 중 하나는 부인이 자기 생각대로 장례식과 매장을 하는 것이 무엇보다 우선되어야 하는지가 문제죠.
 --부인 생각을 존중합니다. 망자의 생각을 가장 잘 알고 있었

던 것은 부인이 아니었을까 하고 생각합니다.

그렇군요. S양은 어떤가요?

--호국 신사에 관해서 조금 조사해보았는데요. '자위대의 사기 향상을 위해서'라고 쓰여 있습니다. 일본의 자위대는 공식적으로 싸우지 않는 걸로 되어 있으니까 그런 군대적인 발상을 가질 필요는 없다고 생각합니다. 부인과 새로운 생활을 시작하고 있으니… 그렇다고 하면 가장 옆에 있는 사람의 생각을 존중해야 하는 게 아닌가 생각했습니다.

가장 옆에서라는 말이 나왔습니다. 아주 명료하군요. K군은?

--부인 생각을 우선해야 한다는 생각이긴 합니다만… 모든 것을 부인 생각대로 진행하는 것은 좀.

음… 어떠한 경우라도 부인에게 우선권을 준다는 것은 좀 그렇다는 말이군요.

--그 정도까지는 아니라고 하더라도 이 남편 분, 그 정도까지 자위대에서 훌륭한 건 아니지 않나 하는 느낌이 들었습니다.

--(웃음)

--자위대에게는 남편은 대체 가능한 존재였다는 것에 비해서 부인에게는 유일무이한 존재였죠. 그래서 이십 년 삼십 년을 살아도 생각이 나곤 하는 겁니다. 그런 의미에서는 부인이 우선되어야 하는 게 아닌가 하고 생각합니다.

와, 굉장하군요. 그렇군요. 훌륭합니다. S양은?

--어느 쪽이 옳은지 뭐라고 말하기가 좀 그렇습니다. 죽은 자

위대 사람은 어쩌면 부인보다도 자위대를 더 좋아했을지도 모를 일이고. 그런데 지금 살아 있는 사람을 생각한다고 하면 부인이 돌아가신 분을 좋아한 게 아닌가 하고…

음… 유언, 법률 세계에서는 유언이라고 하는데요. 그런데 갑자기 돌아가셔서 없는 겁니다. 그래서 본인의 의사는 이 케이스라고 하면 모르는 거죠. 사실 본인은 기독교도는 아니었어요.

그렇다고 하면 K군의 생각과 조금 가까워서 상대적인겁니다. 모든 경우에 '부인이 잘했다'가 아니라 이 케이스에서는 '부인이 잘하지 않았을까', 뭐 그 정도 수준이죠.

--저… 논점에서 벗어날지 모르겠는데요. 일본에서는 대체로 사람이 죽으면 일단 절에서 장례를 치르니까 다들 그다지 심각하게 생각하지 않는 게 아닐까요? 그런데 부인은 무조건 기독교식으로 해야 된다고 생각하고 있으니 여기에 우선권을 주는 것이 필요치 않을까 생각합니다.

좋아요. 확실히 다른 논점이군요. 논점을 어긋내 보는 것은 아주 좋은 시도라고 생각해요. 이 문제는 나중에 다루기로 하죠.

친족회의

또 하나, 지금까지 이야기 나눈 것 중에서 나오지 않은 것인데요… 자위대와 부인뿐인가요?

--아버지?

아, 그래요. 그런데 아버지뿐인가요?

--친족이 있어요.

그래요. 친족이 나오죠. 이 사람들은 사건 속에서 어떻게 움직였나요?

--돌아가시고 나서 자위대와 아버지가 중심이 되어 불교식 장례를 치렀어요. 부인하고는 한 마디 사의도 없이 말이죠. 자위대 시설 안에서 고별식도[2] 했고 그때 부인은 사실 없는 존재로 취급을 당했어요. 부인 입장에서 본다면 일이 자기 뜻과는 상관없이 진행되어 버린 거죠.

그래요. 부인은 불교식으로 진행되던 단계에서 겉으로는 이의 신청을 하지 않았습니다. 그런데 이미 불만을 느끼고 있었는지도 모를 일이죠. 조금씩 불신감이 쌓여서 기독교 방식의 장례를 다시 했을 수도 있을 겁니다. 그렇게 불교식으로 끝냈는데 다음에는 신사에 모시겠다고 주장한 거예요.

그런데 이 단계에서 부인을 완전히 무시할 수 없었죠. K군, 그것은 왜일까요?

--친족 동의가 필요하지 않았습니까? 그런데 속임수 같은 것을 써서…

그래요.

---

2 망자의 혼령에 대해서 친족과 지인이 마지막 이별을 고하는 의식

──필록테테스? 필록테테스의 활을 빼앗은 것과 똑같은 일을 했으니 일단 이상해요.

음… 과연.

──또 하나 있습니다만…

좋아요, 좋아요. 계속 이야기 해봐요.

──그러니까 가부장적인 아버지가 친족회의를 열어서 모두 이 합사에 찬성했다는 것을 말했는데요. 거슬러 올라가면 그 아버지라는 사람은 자위대 부형회의 회장이었습니다. 사실 자위대와 깊은 관계를 맺고 있는 사람이므로 이것은 의심해 볼 만한 사안이지요.

저는 상대적으로 봐야 한다는 의견에는 약간 반대하고 있습니다. 두 사람의 관계가 신뢰로 맺어져 있었다면 무조건 부인 입장을 인정해야 합니다. 장기제공 문제로 바꾸어서 생각하면 이해하기 쉽지 않을까요. 공공을 위해서 남편 장기를 제공해라는 말을 들었을 때 유족은 "노"라고 말할 권리가 있다고 생각합니다. 그것과 완전히 똑같은 일이 아닐까요. (제 의견에) 좀 무리가 있을지 모르겠습니다만…

아뇨, 아뇨. 몇 가지 아주 중요한 이야기가 나왔어요. 첫 번째는 경위의 문제죠. 합사를 위해서는 유족의 신청서류가 필요해요. 그래서 불교식 장례 과정에서는 그동안 대놓고 무시하던 부인을 갑작스럽게 존중하게 되었습니다. 그런데 처음에는 진실을 이야기하지 않았죠. 여기서 필록테테스 사례를 연상하는 것은 정말로 놀라워요. 자위대 측은 애초에 호국신사 합사 이야기를 하지 않은 채 서류를 차지하려고 했습니다. 왜 이런 질문을 받는가 하고 부인은 생각을 했었죠. 적어도 원고는 그렇게 주장했어요. 일종의 속임수가 아닌가. 이것이 저는 꽤 크다고 생각합니다. '어느 쪽이 옳은가' 따지기 전에 여기서 이미 피고측은 참패죠.

두 번째로 여러분이 말해준 것처럼 자위대 측은 부인이 합사에 반대하니까 아버지와 친족회의로부터 승낙을 받아 강행하려고 했어요. 그런데 이것은 야비한 짓이죠. "활만 빼앗으면 그 이외에도 활을 쏠 수 있는 사람이 얼마든지 있으니 또 다시 버려두고 가겠다"고 말한 오디세우스의 말을 떠올리게 합니다. 이것도 매우 크다고 생각합니다. 결정적이죠.

--음. 확실히 다른 친구들이 말한 대로 부인도 중요하지만, 만약 부모 입장에서 생각해 보면 아들이 죽었는데 평소에 자신들이 하는 방식이 아니라는 것은 좀 그렇지 않나요. 부인만을 존중한다는 것은 조금…

그래요. 부모자식관계, 이것도 대체가 되지 않는 거죠. 그렇게 되면 부인을 방해하는 것은 아니므로 아버지가 "나도 하게 해줘"라고 말하는 것도 일리가 있다고 생각할 수 있어요. 그런데 그 생각을 인정했다고 해도 이 사건의 경우는 완전히 문제인 겁니다.

여기서 부모자식은 둘도 없는 관계로서 등장하고 있지 않아요. 집단으로서의 친족관계의 일부에 지나지 않지 않나요. 친족회의 같은 것을 하는 걸 보면 바로 알 수 있어요. 부인에게 우선권이 있다고밖에 볼 수 없는 겁니다. 게다가 K군이 말해 준 것처럼 친족회의에서는 저번 수업에서 나온 말로 말하자면 '자유로운 말'로 아버지와 친족 회의가 이루어진 것은 아니었어요. 거기에는 확실히 자위대 측의 의도가 작동하고 있는 겁니다.

소송을 당한 것은 누구입니까?

다음 문제로서 피고 측을 보기로 하죠. 소송을 당한 것은 누구였나요? 자위대입니까?
 --그러니까 소송을 당한 쪽은 대우회와 야마구치의 지연(자위대 지방연락부)입니다.
 그래요. 먼저 대우회가 무엇인가요? 우리가 알 수 있을 리가 없죠(웃음).
 --자위대와 국민 사이의 교량역할을 하기 위해 설립된 단체로 자위대가 헌법상의 제약으로 움직일 수 없는 곳을 커버하는 역할요.
 그렇게 쓰여 있죠.
 --(웃음)
 --퇴직한 자위관들요.

그래요. 퇴직한 자위관들이죠. 그런데 왜 이런 대우회 같은 것이 생긴 거죠?

--아마도 동아리 활동으로 말하자면 학교를 졸업한 선배들로 구성된 OB회 같은 것 아닐까요? 일본의 전통으로 보자면 선배 말은 무조건 복종이다, 뭐 그런 점이 있는 거겠죠. 자위대를 뒤에서 움직이는 그런 단체요.

아하. 그렇게 생각할 수도 있겠군요. 그러면 왜 대우회일까요? 최종적으로는 신사는 피고가 되지 않았지요.

--대우회에서 신사에 부탁을 했으니까?

그래요. 대우회가 아무래도 움직인 거죠. 그밖에 수상한 것은?

--아, 나라, 아니 자위대요.

그래요, 그래요. 즉 대우회는 나라와는 다른 곳인가요?

--대우회는 사적인 단체라서 움직이기 쉬워요.

사적인 단체. 맞아요. 사실 신사에 뭔가 제스처를 취하는 것은 공적인 단체가 하기에는 위험 부담이 있다고 생각한 거죠. 그래서 대우회에 시킨 겁니다. 물론 실제로 움직인 것은 자위대 사람들이죠. 그래서 원고는 나라를 대상으로도 소송을 걸었습니다.

자 그렇다고 하면 M양, 원고는 "용서할 수 없다(괘씸하다)"고 소송을 생각했을 때 나라, 자위대, 대우회, 그리고 신사 여러 곳이 있죠. 진실을 말하자면 대우회의 지부가 독립 당사자가 될 수 있는가 하는 문제도 있습니다. 그렇다고 하면 어떤 느낌인가요? 제 수업은 대체로 감각에만 의존하는 수업이므로 생각할 필요는 없어요. 느껴보면 되는 것이니까요.

　소송을 하려고 생각했을 때 뭔가 싫은 느낌이 들지 않나요?

　--상대방이 빠져나갈 것 같은 느낌이 듭니다.

　훌륭합니다. N양, 어떤 식으로 상대가 빠져나갈 것 같은 느낌이 드나요?

　--보기 어렵습니다. 즉 누가 적인지 알 수 없습니다… 상대방이 움직인다고 해야 할까요.

　움직인다. 그래요. 변환 자재(자유롭게 나타나거나 사라지거나 형태를 바꿀 수 있는 것, 또는 그런 모양)라고나 할까요. 그리스 신화에 프로테우스라는 마음먹은 대로 변신하는 수상한 신이 있습니다. 해치우려고 해도 자유자재로 변하니까 어느 쪽이 진짜인지 알 수가 없어요. 개구리가 되거나 용이 되거나 도대체 무엇이 되었을 때 해치우면 그 녀석을 잡을 수 있을까.

　즉 이 사건에서는 이런 현상을 '피고적격'이라고 하는데요. 재판에서 누구를 대상으로 소송을 거는 것이 좋을지가 다툼이 되는데 피고는 이것을 이용해서 도망을 다녔죠. 누가 당사자인지 일부러 모르도록 만들어 버리는 겁니다. 그래서 Y군을 목표로 하면 "아니야, 틀렸어. 이쪽이야" 하고 M양이 말하고 "아, 그런가" 하고 조준을 하면 이번에는 N양이 "아니, 이쪽이거든" 하고 손짓을 해서 또 그쪽으로 가면 이번에는 Y군이 "내가 바로 당사자야" 하고… 여러분 무슨 말인지 알겠죠.

　--(웃음)

이렇게 도망가는 겁니다. 이것은 고전적인 방어 수단이지요. 즉 누구를 상대로 소송을 걸어야 하는지를 모르게 만들어 버리는 거죠. 즉 피고적격의 문제. 이것 때문에 원고측 변호사가 고생을 합니다. 요컨대 "이것은 우리하고는 아무런 관계가 없는 대우회의 이야기입니다" 하고 자위대가 말하는 거죠.

피고적격으로 도망가고 있다, 즉?

단, A양, 이 문제가 피고 측에 있다는 것은 무엇을 의미할까요. 이것은 좀 어렵죠. 점프하지 않으면 안 되는 질문이긴 합니다. 그러나 한 번 생각해볼만한 문제입니다.
　--지금까지 이야기를 의식하기 때문인지 모르겠습니다만…
　아뇨, 의식하는 편이 좋아요.
　--그러니까 피고측이 그룹으로.
　맞아요. 피고적격이 아주 불명확할 때는 이 세 명은 아마도 패거리일 가능성이 높아요. 혹은 그 뒤에 아주 불명확한 조직이 있죠. 즉 일종의 미궁과 같은 것이 있다는 것을 의미합니다.
　그렇다고 하면 피고측은 '도당'이죠. 그것과 비교해서 원고측은 상대적이긴 하지만, 혹은 K군이 말하고 있듯이 절대적이라는 '설'도 있습니다만 여하튼 서로 대체 불가능한 관계입니다. 즉 남편과 부인. 특히 부인의 입장에서 보면 그런 것인데요. 자위대의 입장에서 보면 어차피 큰 조직 안의 한 명이 죽은 것에 지나지 않은 것이죠. 그래서 정해진 방식으로 계속 장례가 진행되게 됩니다.

그것에 비해 부인에게는 모든 것을 잃어버린 것과 같은 거니까 차이가 있는 겁니다. 자, 그러면 이런 원고와 피고가 나왔을 때는 법세계에서는 어떤 개념이 히트를 할까요? 슬슬 이 말을 해볼까요.

--점유?

맞아요. 아주 망설이면서 말해준 것 같군요. 여전히 이 말은 알기 어렵죠. 그래도 이런 상황에서는 부인 측에 점유가 있다고 해요. 이 경우에는 지금 법학에서는 '점유'라는 말을 사용하지 않지만 말입니다(그러면 어떻게 부르는지 나중에 다루도록 하겠습니다). 이론적으로는 점유와 똑같이 작동하고 있는 겁니다.

자, 그렇다고 하면 또 하나가 보이죠. 한쪽에는 패거리가 즉, 도당이 있어요. 수상한 정글처럼 서로 얽혀 있는 사람들이 있어요. 그런데 다른 한쪽은 그렇지 않아요. 앞에서는 부인이라는 지위로 모든 게 정해지는 것이 아니라고 말했습니다. 점유는 일의적입니다만 권원(權原)에 의해 절대적으로 정해지는 것은 아니라는 것에 해당하죠.

처음에 함께 S군의 장례식 문제를 다루었는데요. 그때 저는 파친코 가게라든지 사이비 종교 집단이라든지 일부러 집단만을 예로 제시했습니다. 여하튼 S군을 잊을 수 없어서 개인적으로 S

군을 추도하는 모임을 만들고 싶다는 것과 이야기가 다르죠. 여러분 모두 집단(패거리) 측은 집단의 이익으로 움직이고 있다고 '키워드'를 말해주었어요. 그리고 여기에더해 A양이 이런 말을 했습니다. 단체의 경우에는 일반적으로 '의문부호'가 붙죠. 그러나 단체라고 해도 유니세프처럼 제대로 운영되고 있는 공정한 단체일 경우에는 조금 이야기가 다르지 않는가 하고 말입니다. 이것은 또한 인상적인 대답으로 보입니다.

'나라'란 무엇인가?

이야기를 처음으로 돌려서 여러분과 의논을 하고 싶은데요. 피고 측은 이렇게 말하고 있죠. 대우회가 취한 방식은 확실히 문제가 있었다. 그래서 반성하는 의미에서 합사를 단념하지 않았는가. 여하튼 나라는 관여하지 않았다. 이것은 순전히 대우회와 부인 사이의 문제다. 아니 설령 나라가 관여를 했다고 해도 '합사' 정도의 일은 괜찮지 않은가. 그게 보통이니까. '정교분리'를 어기고 있지 않다고 말하고 있이요. S양, 크리스마스 파티 하죠?
 ――하지 않습니다.
 아, 하지 않습니까(웃음). 자, 만약 한다고 해보죠. 모두가 하는 말인데요. 크리스마스 파티를 했다고 해서 종교와 관계하고 있는 것은 아니죠. 혹은 새해에 시메카자리[3]를 했다고 해서 신도를 신앙으로 삼는 것은 아닙니다. 이를테면 일본인은 결혼식은 교회에서 교회의식으로 하고 장례식은 절에서 하지 않느냐고 말하죠.

그런데 말입니다. 보통 사람은 말이죠. 나라가 관여하면 '크리스마스 트리' 정도는 "그냥 눈감고 지나가자"라고 할 수 없는 노릇이죠. 나라 책임은 벗어날 수 없다고 말입니다.

나라에 책임이 있는지 없는지는 어떤 사고를 해야 판단할 수 있는 걸까요?

--'나라'는 무엇인가.

그래요. 나라란 무엇인가를 모르고 국가의 책임을 논할 수 없는 노릇이죠. 그리고 자위대의 행위가 문제가 되었으므로 '자위대'란 무엇인가. 나라와 자위대의 관계는 어떻게 되고 있는가. 그리고 종교는 국가와 어떤 관계에 서는가 등등…

나라란 무엇인가. 여러분 나라를 본 적이 있습니까?

--음… 나라?

어디에 있나요?

--여기에 있습니다… 음…

그러니까 즉 정교분리를 생각하기 위해서는 이 문제를 풀지 않으면 안 됩니다. 나라란 무엇이가. 그리고 나라와 자위대와의

---

3 설을[새해를] 맞는 표지로 금줄을 쳐, 장식함; 또 그 장식

관계를 확실히 규명하지 않으면 안 되죠. 국가는 종교에 가담해서는 안 된다고 말하는데요. 애당초 '나라'란 무엇인가요? 그런 것 본 적이 있나요?

--너무 추상적입니다.

너무 추상적이죠. 자, 그러면 A양, 말해보세요.

--입법제도라든지 행정조직 같은 것 아닌가요?

그렇군요. 여기서 '나라'라고 말하는 것은 영어로 말하자면 'state'가 되는데요. '국가'입니다. 아주 추상적인 존재죠. 국가는 도대체 무엇을 위해서 있는 것일까. 혹시 알고 있나요? 본 적이 없어서 알 수 없는 것일까요. 이것은 저번 수업 혹은 저저번 수업 내용을 상기시켜 주었으면 하는데요. 나는 뭐라고 말했죠?

--정치 시스템이요.

그래요. 정치 시스템이죠. 정치 시스템에서 파생하는, 정치 시스템의 골격이라든지 외벽 같은 것을 '국가'라고 하죠. 이 정치 시스템은 무엇을 위해서 이 세상에 있는 걸까요?

--자유요.

그래요. 그러면 자유란 무엇이었죠? 무엇을 싫어한다고 했죠?

--그룹, 패거리 일당요.

그래요. 도당과 패거리죠. 이것을 어떻게 해체해서 개인의 자유를 표현할 것인가. 그 첫 번째 방법이 정치 시스템이라는 녀석이죠. 이 알맹이는 별로 다루지 않았는데요. 이미지는 포착했습니다. 자유를 추구하는 사람들이 연대하고 있어요. 두 번째 방향으로서 데모크라시가 있고, 세 번째 방향으로서 점유를 중요하게 여기는 것이 있었죠. 이것을 갖고 해체를 하는 셈인데요. 그런데 그리스인 흉내는 좀 힘들어요. 아니, 할 수가 없어요. 왜냐하면 우리는 좀처럼 안티고네처럼 될 수가 없거든요. 그럼에도 이스메네를 철저하게 비판하고 있던 S양 같으면 될 수 있을 것 같은 느낌이 듭니다만(웃음). 그런데 저는 S양만큼 강하지 못해서 이것은 좀 흉내낼 수가 없어요.

이런 역사가 있고 17세기가 되어 정치 시스템의 에센스를 추출해서 국가라는 것을 만들게 되었습니다. 홉스(1588~1679)는 그리스 정치 시스템을 다 간파하고 있었죠. 그럼에도 그 재현은 무리라고 알고 있었으므로 맹렬한 원심분리기를 돌려서 '본질'은 무엇인가를 시험관에서 분석해서 "아, 이것이 본질이구나. 이것을 합성하기 위해서는 어떻게 하면 좋을까" 생각해서 근대국가를 만들었어요. 그렇다고 하면 근대국가도 비록 (지금의) 꼴은 이럴망정 도당(패거리)을 해체하기 위해서 존재하는 거죠. 그래서 가장 해서는 안 되는 것은 이 정치 시스템과 패거리를 융합하는 것입니다. 나라와 도당이 서로 침투해서 출입이 자유로워지는 상태. 혹은 어디까지가 나라이고 어디까지가 도당인지 애매하게 되는, 이것이 최악의 상태입니다.

'대우회' 같은 정체가 불분명한 것을 만들어서 민간 분위기로 기분을 들뜨게 해서리 마치 자발적으로 하는 것처럼 꾸미죠. 그리고 그 말단은 친족회의까지 연결되어 있으니… 어디에 선이 있는지 알 수 없는 노릇입니다. 어디까지가 국가이고 어디까지가 국가가 아닌지를 모르는 거죠. 게다가 "나 국가가 아닙니다. 아닙니다. 아닙니다" 하고 말하고 있으니까 말이예요.

그것은 결국 "나 어둠입니다. 어둠입니다. 어둠입니다" 하고 말하는 것과 똑같은 거니까요. 게다가 이 사적인 조직은 종교단체와도 연결되어 있습니다. 국가와 종교 사이의 관계는 대단히 엄밀하게 생각해야 합니다. 그것을 위해서는 '종교'란 무엇인가, '국가'란 무엇인가 대단히 치밀하게 생각해야 하는 겁니다. 나중에 조금 다루겠습니다만 두터운 논의의 전통이 있습니다. "뭐 그런 딱딱한 말 하지 말고 적당히 넘어갑시다"라고 말하는 것은 사실 위험합니다.

예컨대 "크리스마스와 샴페인을 연결하는 것은 종교가 아니니 그렇게 진지하게 생각할 필요는 없지 않나요?"와 같이 국가와 종교는 전혀 관계 없는 것처럼 취급하는 것이 사실은 가장 악질적인 발상이죠. 그리고 그렇게 두루뭉술하게 이야기하는 것은 국가와 종교가 밀착하고 있음을 스스로 신고하는 겁니다. 국가와 종교의 두루뭉술한 연결이라는 가장 악질적인 것을 스스로 신고하는 것입니다.

자위대란 무엇입니까?

그리고 또 해서는 안 되는 것이 있습니다. 국가기구에는 다양한 것이 있는데 이 경우는 무엇이었죠?

--자위대요.

자위대란 무엇입니까?

국가를 지키는 조직요.

어떻게 지키는가요?

--군사로요.

맞아요. 군사조직이죠. 그러면 무엇을 위해 군사조직이 있는 건가요?

--나라의 외교적인 자위를 위해서요.

그건 그렇지만?

--그러니까 일본이라는 정치조직이 다른 정치조직으로부터 자신을 지키기 위해서요.

그래요. 조금 더 말해보자면 '나라'라는 패거리를 해체하기 위한 정밀 기계였죠. 덕분에 내부의 도당은 해체가 되었습니다. 그런데 바깥에 좀 더 강한 슈퍼 도당 같은 것이 있어서 그 잘 만들어진 기계를 폭력적으로 부수려고 해요. 어쩔 수 없이 조직을 만들어서 대항을 하는 셈입니다. '어쩔 수 없이'라는 점이 포인트죠. 정말 위험하니까요. 이 조직이 말을 듣지 않고 정치 시스템 쪽으로 향하게 되면 어떻게 될까요?

--제2차 세계대전이 일어나고 말죠.

음… '군사화'라는 말이 있는데요. 전체가 군대가 되면 더는 수습이 안 되는 겁니다. 그렇다고 해도 군사조직을 안 만들수 없으니 굉장히 신경을 써야 하는 법이죠. 언제나 체크를 해야만 합니다. 게다가 가장 곤란한 것은?

--군사조직이 패거리가 되었을 때요.

맞아요. 군사조직과 패거리가 상호침투해 버리면 큰일이 일어나요. 그래서 엄밀하게 분리되어 있지 않으면 안 되죠. 상호침투해서는 안 되는 겁니다. 대우회 같은 것을 만들어서 경계를 애매하게 만들어 버리고 그럼으로써 '전의(戰意)의 고양' 같은 것을 합니다.

군사조직이라는 것은 사실상 자신을 물어뜯을 수 있는 맹견을 키우는 일이에요. 이것을 어떻게 컨트롤할 것인가는 정치가 시작된 이래 커다란 화두로, 그리스와 로마에서는 그 정치철학이 굉장히 발달했어요. 로마를 예로 들어보면 군사화는 달력 메커니즘으로 1년 단위로 해산이 됩니다. 군지휘권은 선거의 결과이며 지휘관은 원로원의 권위를 따라야 합니다. 최고사령관이 두 명 있어서 서로 거부권을 갖고 있을 정도죠. 그래서 컨트롤하는 데 각각 500년 정도나 걸렸어요. 그런데 근대국가는 좀 더 빨리 실패하고 말았습니다.

그래서 이 건이 아주 중대한 것은 자위대가 공공의 군사조직이라서 좀 더 경계를 확실히 해야 하는데도 상호침투하고 있죠.

즉 아주 수상한 패거리와 함께 하는 겁니다. '합사'라는 것은 그런 것을 의미하고 있습니다.

헌법 9조와 홉스

이야기가 나온 김에 번외편 서비스로 헌법 9조 문제가 지금 화제가 되고 있어서 이야기해 보도록 하겠습니다. 먼저 무력충돌의 문제는 점유를 모델로 해서 규율해야 된다는 것은 알 수 있겠죠. 실력행사를 해체하기 위한 원리이니까요. 국제간에도 똑같습니다. 근대 초기에 국제법이 만들어졌을 때 완전히 로마법에 의거하고 있었죠. 대략 1600년 전후에 국제법이 만들어지는데요.

젠틸리(Gentili)라든지 후고 그로티우스(Hugo Grotius) 같은 이들이 점유를 포함하는 로마법의 개념에 기초하여 국제법을 구축했죠. 그런데 국제법뿐만 아니라 법은 전부 그래요. 그렇다고는 하지만 그들의 점유 이해는 불충분했습니다. 점유원칙이라고 하면 반드시 한쪽이 도당이고 다른 쪽의 개인을 공격한다고 생각하죠. 개인 측이 이 공격을 방어(블록)하는 것은 위법이 아닙니다. 아니 재판소가 명령으로 블록을 합니다. 이때 중요한 것은 어느 쪽이 옳은가, 권리를 갖고 있는가를 묻지 않는 것입니다.

국제법은 이 사실을 비교적 잘 이해했습니다. 어느 쪽 주장이 옳은지와 관계없이 먼저 실력 문제를 보는 거죠.

  그런데 그 취지에서 조금 벗어나서 "공격한 쪽이 나쁘다", "공격당하면 나쁜 녀석을 해치워도 좋다. 반격해도 된다. 제재를 가해도 된다. 공격할 것 같으면 미리 무너뜨려도 된다", 이런 식으로 되어갑니다. 게다가 이것이 확장되어서 "저쪽이 지금 하고 있는 일도 우리에게 해를 끼칠 것 같으니 무력행사를 해야 된다"는 식으로 전개되었습니다. 뭔가 이유가 있으면 일체의 무력행사는 무조건 오케이가 되고 말았죠. 그러다가 겨우 제1차 세계대전에서 그 '말도 안 됨'을 우리는 자각하게 되었습니다. 통칭 〈부전조약〉, 원래는 〈Kellogg-Briand Pact〉라는 것이 체결되어 일체의 무력행사는 금지라는 원칙이 선언됩니다.

  그런데 "자위를 위한 무력 행사는 예외지요", "자위권은 부정되지 않죠", "저 멀리서 일어난 일이라고 해도 저렇게 되어 버리면 우리에게도 위험하지. 그래서 우리를 지키기 위해서 군사행동을 해도 괜찮아"와 같은 생각이 나오게 된 겁니다. 이런 잘못된 생각으로 2차 세계대전이 일어났으니 국제연합을 만든 겁니다. 만약 실력행사가 있으면 국제연합군이 출동할테니 일절 반격을 해서는 안된다고 생각하는 겁니다.

  그런데 그 설립 이유를 망각하다보니 자위대가 국제연합의 제재가 있을 때까지는 "친구와 결탁해서 자위해도 된다", "아니 애당초 자위권은 부정되지 않는다" 등등의 방향으로 달리기 시작한 거죠. 지금도 위법이라고 지적을 받음에도 "저쪽에서 하면 이쪽도 가만있지 않겠다", "당할 것 같으면 먼저 공격해라"와 같은 기풍이 세계를 덮고 있습니다. 국제연합 헌장은 충분히 작동하고 있지 않습니다. 심지어는 "집단적 자위권을 조직화했다"고까지 오해되고 있습니다. 국제연합은 정치 시스템이 없고 모두가 리벤지하는 모임이 되고 말았습니다.

그런 와중에 일본국 헌법은, 무력 행사금지라는 것은 "자위도 안 되는 거야", "자위권은 없는 거야"를 확실히 했습니다. 9조 1항이지요(국권이 발동하는 전쟁과 무력에 의한 위협 혹은 무력행사는 국제분쟁을 해결하는 수단으로서는 영구히 이것을 포기한다).

이것은 〈부전조약〉과 별로 다르지 않은데요. 그것을 마음대로 해석한 것을 반성해서 다시 한번 썼다는 것은 확실합니다. 물론 공격당하면 저항해도 되지만 반격을 해서는 안 됩니다. 블록하는 것은 허용됩니다. 이것은 점유지 권리가 아닙니다. 일단 뺏기면 다시 뺏기 위한 실력행사는 위법이 되기 때문입니다. 하물며 복수와 선제공격은 아무리 지키는 것이 목적이라고 해도 허용되지 않습니다. 아무리 옳다고 해도 실력행사는 다른 것을 묻지 않고(다른 것과 상관없이) 그것만으로 위법이 된 거죠.

일본 헌법의 특별한 점은 점유에 기초한 이 방어조차도 구실로 사용되는 것을 간파한 점이죠. 제2차 세계대전의 반성이 철저히 이루어졌다는 것입니다. 그것이 무엇인가 하면 외측에 생명선같은 것을 긋고 블록하고 있을 뿐이라고 말하거나 "결코 우리는 침략 같은 것 안 해", "선 안에 머물러 있거든", "하지만 '공격해 들어오면 너희가 무서울 텐데'와 같은 공포를 제공하고 지키고 있는 거야", "안쪽을 고도로 군사화해서 완벽을 도모하고 있어. 그게 징병제라든지 핵병기야", 뭐 그런 느낌이죠. 그런데 이것이야말로 "가장 위법이다"라고 9조 2항(전항의 목적을 달성하기 위해서 육해공군 그 밖의 전력은 이것을 유지하지 않는다. 나라의 교전권은 이것을 인정하지 않는다)에 쓰여 있습니다. 이것이 전쟁의 큰 원인이 된다고 생각해서 금지한 것이죠.

9조 2항은 '육해공군 그 밖의 전력은 이것을 유지하지 않는다'고 쓰여 있는데요. 이 '전력'이란 무엇인가 하면 영어 원문을 보면 war potential로 여기에 potential(잠재력)이라는 것이 나오죠. 즉 설령 침략하지 않더라도 큰 무력공격의 잠재력을 갖추는 것, 이것이 '위법'이라는 것이 2항의 '전력을 유지하지 않는다'는 것의 의미입니다. 절대로 선은 넘지 않지만 그것도 바깥에서 보면 '위험하기 그지없다'는 상태를 만드는 일입니다. 이것은 바깥으로부터 봐서도 위험한 일이지만 안에 있는 사람의 눈에서 보면 군사태세가 늘 유지되어 있어서 자유가 없고 정치 시스템이 파괴된 상태입니다.

그래서 오늘 읽온 이 판결의 사안은 아주 의미가 깊다고 생각합니다. 나라가 한 짓은 9조2항 위반이 아닌가 하고 생각합니다.

단 9조 2항의 생각도 완전히 새로운 것이 아니라 로마에서 점유개념의 발전단계에서 나온 생각입니다. 일견 점유침해가 없어도 자신의 점유 내부를 용해시키고 있으면 점유침해라고 간주하는 거죠. 근대초기의 국제법의 아버지들도 키케로(기원전 106~43)의 텍스트로부터 이것을 자각했습니다. 새로운 점유개념에 기초한 법정변론입니다. 오늘날에도 '명백·현존 위험의 원칙'[4]이라는 법률용어에 반영되어 있습니다. 그런데 점유개념을 완전하게 이해하지 못했으므로 충분히 발전시킬 수가 없었던 거죠. 사실 점유 개념의 작동원리는 정치 시스템이 있으니까 그리스에서부터 발현된 법철학을 제대로 파악하지 않으면 점유에 대한 이해도 부정확해지는 겁니다.

그리스어를 진정한 의미에서 제대로 읽기 시작한 사람이 홉스였습니다. 맹렬하게 군사력의 위협을 여봐란 듯이 과시하고서야 비로소 상대의 침략을 저지할 수 있다는 발상, 이런 것을 '억지력 이론'이라고 하는데요. 이것이 공포를 선동하는 심리적 메커니즘에 의해 쌍방을 파멸로 이끌곤 합니다. 게다가 이것은 '데모크라시의 병리'라는 것을 기원전 5세기의 역사가인 투키디데스가 굉장히 통찰력 있는 분석으로 훌륭하게 해명했습니다. 그리스어를 제대로 이해한 홉스만이 투키디데스를 완전하게 이해하고서 냉정하게 비판적으로 본 것이죠. 그런 사고로 움직이는 사회를 어떻게 극복할 것인가를 근대에서 처음으로 생각한 사

---

4 명백·현존 위험의 원칙(明白·現存危險-原則, rule of clear and present danger)은 미국에서 언론·출판 등의 자유를 제한하는 표준으로 채택된 원칙으로, 언론과 출판이 국가기밀을 누설하거나 타인의 명예 또는 사생활의 비밀을 침해하려고 하는 경우에 법원이나 관계기관이 정지명령 등으로 이를 억제하려 할 때 사용하는 기준을 말한다. 미국의 솅크 판결(Schenck v. United States, 1919)에서 홈즈 대법관에 의해 처음 사용되었다.

람입니다. 그래서 9조 2항은 그러한 비판을 계승한 것이죠. 그러나 홉스의 이 사상은 잠시 잊힙니다. 국제법은 점유의 표면적 이해로 오늘날에 이르게 됩니다. 아니 오히려 역설적이게도 현대에 이르기까지 투키디데스와 홉스는 '억지력 이론'의 원조로 알려졌습니다. 그리스어를 홉스처럼 읽지 못하므로 '비참함'을 그린 부분을 문자 그대로 '모범'으로 삼은 것이지요. 이러한 오독을 지적하고 '억지론자'를 비판하는 것은 최근 20년 사이에 이루어진 일입니다. 국제사회는 자연상태로 "늑대에게는 늑대를"의 세계이므로 군비를 강화할 수밖에 없다고, 그것은 "홉스가 말한 대로다" 등등 일류 학자가 그렇게 설파를 하고 있으니 부끄러운 일입니다. "그런 말을 해도 국제사회는 공권력이 없으니까 각자가 총을 들고 자신은 스스로 지킬 수밖에 없는 게 아닌가" 하고 말이죠. 홉스는 그런 사회에 미래는 없고 그 상태는 필연적으로 극복된다고 말했습니다. 각 국가는 9조 2항과 같은 준칙을 갖고 있죠. 애당초 국가라는 것은 강한 녀석이 나와서 난폭한 녀석을 벌하니까 안심이다와는 전혀 달라요. '억지력 이론'으로 쌍방 모두 파멸하게 될까? 어쩐지 제2차 세계대전 후와 같죠. 일본의 경우는 후자일까요? 여하튼 홉스는 점유원리의 광대한 지하 부분을 간파하고 토대가 되는 철학을 구축했다고 할 수 있습니다. 전후 우리는 어느 순간 홉스의 통찰에 도달했습니다. 그리고 나온 것이 헌법 9조였습니다. 그러나 홉스의 시야를 좀 더 깊게 하고 점유원리도 본격적으로 재건하는 일을 하지 않았습니다. 그래서 9조를 이해할 수 없게 되고, 한편 국제정치도 국제기구도 국제법도 조잡한 것으로 머물러서 9조가 고립의 길을 걷게 되었지요.

눈에 보이지 않는 점유 침해

자, 그러면 마지막 부분입니다. 개인이 도당에게 압박을 당한다는, 일종의 점유같은 모델이 작동하는 것이 이 사건입니다. 이 X(원고)와 남편 사이에는 둘도 없는 관계가 구축되어 있었는데 패거리가 여기를 침해한 거죠. 그런데 실제로는 재판에서 "그 정도 일은 참아라"라고 된 거죠. 즉 일단 방어 같은 것 해주지 않았습니다. 문제는 만약 일단 방어에 성공했다고 하면 어떻게 되었을까 하는 겁니다.

　--?

　피고에게도 피고 나름의 주장하는 바가 있는지 없는지 원고의 주장과 비교해 볼까요?

　--검토하지 않는다?

　그렇습니다. 맞아요. 검토하지 않아요. 예선에서 끝나는 겁니다. 보통으로 일단 스톱이 걸려도 본 재판에서 증명을 하면 원고가 되찾는 예도 있죠. 그런데 이 경우는 어떤가요? 무엇이 다른가요?

--앞 사건은 물질적인 것이 걸려 있습니다만 이번 건은 정신적인 것과 관련이 있어요. 그것을 피고측은 자위대의 사기를 높인다고 하는… 그러니까 일종의 선전 같은 것으로 상대방에게 굴욕을 주고 있죠.

좋군요. 정신적인 것이죠. 점유의 문제이긴 합니다만 조금 업그레이드했습니다. 이전에도 고차원의 점유의 경우에 본 재판으로 가는 것은 아주 드물고 간다고 해도 이길 수 없는 경우가 많았죠?

--물건이 아니라 사람이요.

훌륭합니다. 예를 들면?

--가족이요.

가족 중에서도 특히?

--아이?

아이죠. 아이를 침해했다고 하면 그 사람이 결승전에 올라가는 일은 극히 드물었어요. 그래서 레드카드였었죠. 그리고 플라우투스의 희극에서도 사람의 자유 신분이 관계가 있으면 그것이 우선되었죠. 노예일지라도 자유라고 주장한 쪽이 승리했습니다. 단 그 연극의 경우에는 실은 자유 신분이있기 때문에 이겼다는 요소가 남았지만 말입니다.

이 경우는 원고의 무엇이 침해를 받았으므로 문제가 된 건가요? 그 정신적인 것은 무엇이죠?

--신앙의 자유?

음… 신앙의 자유라는 것은 무엇 중 하나인가요?

――자유권?

대법원도 "당신이 천주교인로서 매주 일요일에 예배를 보러 가는 것은 전혀 방해하지 않습니다. 부디 자유롭게 다니시길 바랍니다. 우리는 신앙의 자유는 방해하지 않습니다"라고 말하죠. 기독교인지 무엇이든지 좋으실 대로. 그 대신에 "우리도 좋을 대로 보국신사에서 재를 올리겠습니다. 당신도 좋아하는 걸 하고 우리도 좋아하는 걸 하는 양쪽 모두 자유권을 갖고 있으니까요" 하고 말하는 거죠. 어디가 나쁜가요? 아니면 나쁘지 않은가요? 그런데 여러분 모두가 부인을 지지하고 그 전제로서 S군의 그 말도 안 되는 장례식은 기분이 나쁘다고 말했습니다. 어디가 기분이 나빴나요?

――부인은 오랫동안 기독교도라서 호국신사에 남편이 합사됨으로써 자신의 남편이… 뭐라고 해야 할까요, 신격화까지는 아니라고 하더라도 신격화 비스무리하게 되는 거죠. 그렇게 되면 자신이 믿고 있는 기독교에서는 신은 예수인데… 그것과는 다른… 그것에 반하고 마니까 싫다고 생각한 게 아닐까요… 아닌가요?

아뇨, 아뇨, 아주 좋습니다. 그것은 통틀어서 뭐라고 할까요. 예를 들면 지금 말한 것 말이죠. 인간은 다들 갖고 있어요. 그 사람이 혹은 우리 한 명 한 명이 뭔가 소중한 것을 갖고 있다는 것은 확실하죠. 그것은 무엇일까요?

--정신의 자유요.

그래요. 한 명 한 명의 정신. 정신의 자유 혹은 양심의 자유입니다. 신앙의 자유는 그중 하나죠. 정신적인 무엇인가가 아니라 정신의 자유 그 자체입니다. 결국 심리적인 것이 아닌거죠.

예를 들면 토지 위에 성립하는 점유, 이것은 그것 자체로서는 그렇게 중요한 것은 아니지만 그래도 그것이 있음으로써 공격받기 어려워져요. 저는 자주 헬멧에 비유하는데요. 토지나 집 같은 것을 계속 빼앗겨서 마침내 맨몸이 되어 버리면 어떤 느낌일까요. 그래서 그 주변을 지키는 것은 중요해요. 그래도 역시 뭐니뭐니해도 이 신체, 게다가 이 신체의 깊숙한 곳에 있는 정신이 당한다면 가장 문제인 거죠. 인간에 있어 특히 중요한 점유는 이 정신과 신체입니다.

정신과 신체에 관해서는 점유의 원리 중에서도 반드시 '갑자기 레드카드' 원리를 작동시키게 됩니다. 그렇게 하면 결승전은 아포리아가 없게 되죠. 어떤 이유가 있어도 정신과 신체의 침해는 해서는 안 되는 일입니다. "이런 경우는 침해해도 됩니다"라는 것 자체가 없어요. 이유를 불문하고 말입니다. 그래서 "잘 이야기를 들어보니 폭력도 지당했디. 네가 나쁘다"는 것이 절대로 있을 수가 없어요.

인권

여기에 이르면 이미 점유라고 부르지 않는다고 말했습니다. 여러분들 지난 수업에서도 이 주제를 가지고 얘기했던 것이 기억이 날까요? 이런 것을 보통은 뭐라고 하지요.

　--인권이요?

　그래요. 인권입니다. 이것이 기본적인 인권이죠. 여러분은 '자유로운 말'이라고 말했죠. 정신이 자유롭지 못하면 '자유로운 말'이 나올 수가 없어요. 스스로 판단하고 스스로 생각하며 권위에 굴복하지 않는 것. 그런데 이것은 권리가 아닙니다. 점유입니다. 양자가 어디가 다른가 하면 권리라는 것은 지금 갖고 있지 않은 것을 획득할 수 있는 겁니다. 행복의 추구 같은 것에도 말할 수 있는데요.

　사람을 죽임으로써 행복에 젖을 수 있는 사람이 있다고 해봅시다. 행복 추구에도 제약이 있는 등 논쟁을 하게 되는데요. 인권은 '인권'이라고 말하지만, 결코 공격적으로는 사용할 수 없습니다. 왜냐하면 그것은 권리가 아니라 점유이기 때문입니다(그래서 '행복추구의 자유'라든가 '자유권' 같은 말은 애매합니다). 우리는 전원 아포리아하게 정신의 자유를 갖고 있습니다. 그래서 지금 갖고 있지 않은 것을 획득하는 것이 아닙니다. 그것을 침해받기 때문에 점유 모델로 방어를 하는 거죠. 게다가 토지와 달라서 본안으로는 진행시키지 않죠.

만약을 위해 말해 두겠는데요. 그리스와 로마에서도 인권의 사상이 있습니다. 아니 거기서부터 왔다고 말하는 것이 정확할 겁니다. 단 '무릇 사람인 한 권리로서 갖고 있다'는 생각은 없었어요. 점유와 같은 것이라는 감각은 있죠. 적어도 좀 더 구체적으로 생각해서 보장하려고 했어요. 근대는 그 '보편성'을 선언한 점은 훌륭했지만, 선언만 한 것에 그쳐 버렸다는 것에 문제가 있습니다. 그리고 그것을 '권리'로 취급하는 바람에 일일이 원고가 되어서 소송을 할 수밖에 없게 된 거죠. 사실 인권은 소유권이라든지 채권과는 근본적으로 다른데도 말입니다. 인권의 범위가 어디까지인가 하는 것은 큰 문제입니다. 예를 들면 경제적 자유라는 것은 어디까지가 아포리아이고 어디까지가 결승전인지 하는 것은 다툼의 대상이 되죠. 경제의 자유의 경우는 공공의 복지와의 균형을 생각합니다. 단 그 공공의 복지는 개인의 자유를 실현하기 위해서 정치의 작용을 생각하는 것이 아니면 안 되죠.

그에 비해서 정신의 자유는 공공의 복지와의 균형을 생각해서는 안 됩니다. 비유적으로 말하자면 설령 국민 전원에게 불이익이 가더라도 그 인권은 지켜야 하는 것이죠. 넘버원으로 절대로 움직이지 않는 것은 정신의 자유입니다.

다음으로 신체의 자유죠. 신체도 신성불가침으로 절대로 침해해서는 안 됩니다. 그래서 학교에서도 체벌은 아포리아로 잘못된 거죠. 또 하나 절대적인 것으로서 언론의 자유가 있습니다. 자유로운 말이 정치의 모든 토대니까요. 그중 하나에 정치적인 의미의 표현의 자유가 있습니다. 이것과는 구별되어서 정신의 자유와 불가분으로 표현의 자유가 있습니다. 정신은 기호행위를 필요로 합니다. 구체적인 매체와 이것을 받아들이는 사람을 한 명 한 명에게 주어야 합니다. 필록테테스에게는 그리스어 소리를 내기 위한 자연적 리소스와 이것을 받아들이는 다른 인격이 필요합니다. 적어도 소리를 메아리로 돌려줄 자연이 있어야 합니다. 표현수단과 받아들이는 측이 구체적으로 주어지지 않으면 정신 그 자체가 죽어버리고 맙니다.

정교분리와 신앙의 자유

종교에 관해서 논의할 시간이 없었으므로 살짝 보충하도록 하겠습니다. 본건은 개인의 정신의 자유를 도당이 압박한 이야기입니다. 그리고 그 도당에 국가, 그것도 군사조직이 가담했으므로 위법성이 높습니다. 가만히 생각해보면 도당이 국가에 침투했다는 것만으로도 위법입니다. 이 경우 그 도당은 정교와 연결되어 있으므로 위법성이 증가합니다. 이것이 정교분리의 문제입니다.

 '종교란 무엇인가', '신들이란 무엇인가'와 같은 주제는 이야기 할 시간이 없습니다만 정치 시스템이라는 것은 자유로운 논의만으로 일을 결정한다는 것입니다. 특권적이고 권위 있는 논거를 인정하지 않는다는 거죠. 종교는 정의상 비판을 허용하지 않는 논거라는 것을 설정합니다. 게다가 그 논거 하에 결집하는 집단을 만들죠. 그래서 종교는 정치 시스템에 큰 문제를 들이댑니다.

그리스·로마에서는 종교를 철저한 문예화를 통해서 이것을 완수했습니다. 그리고 그 종교를 의례화해서 사용했습니다. 즉 현실이 아닌 다른 차원을 설정하는 것이죠. 그 상태에서 그것을 연기해 보는 겁니다. 그렇게 하면 다른 차원이지만 현실이라는 것이 본래의 현실과 나누어져 또다른 현실 안에 등장하죠. 이 현실의 다른 차원의 나눠진 공간을 정치를 하는 공공공간으로 설정해서 사용했습니다. 비극 자체가 그렇습니다. 그 콩쿨은 시민 전원의 투표에 의해 정했습니다.

〈안티고네〉는 기원전 443년, 〈필록테테스〉는 기원전 409년의 그랑프리 작품입니다. 극장은 공적인 공간에 인접하고 있지만, 이것과는 별도로 존재했습니다.

근대의 정치 시스템이 종교를 어떻게 다룰 것인가는 어려운 문제입니다. 종교단체에 절대적인 해석권한을 맡기지 않고 오로지 공권력에 모든 것을 판단하게 하는 것을 꿈꾼 사람이 있습니다. 바로 홉스죠. 교의를 둘러싸고 사람들이 다투고 그 다툼으로부터 도당이 날뛰게 되어 정치 시스템이 성립하지 못하게 되는 것이야말로 가장 경계해야 합니다.

그런 홉스의 구상을 비판하고 결정적인 성찰을 한 것이 스피노자(1632~1677)였습니다. 정치 시스템이 그런 방식을 취한다고 해도 홉스의 방식은 충분한 근거를 갖지 않는다고 생각했습니다. 철저하게 개인이 스스로의 성찰을 완수하는, 이 자유야말로 비로소 종교 문제를 해결한다는 것입니다. 정치 시스템은 자유로운 논의다, 게다가 한 명 한 명을 존중하는 데모크라시 단계의 논의라는 거죠.

홉스와 스피노자에 관해서는 후쿠오카 아쓰코(福岡 安都子) 씨의 연구에 기대고 있습니다. 때마침 큰 폭으로 개정한 영어판이 나왔는데 도전해 보길 바랍니다. 지성의 폭격이라고 할만큼 대단히 훌륭합니다. 개인의 정신적 자유와 정교분리가 어떠한 논리 구조 안에 놓여있는지 스피노자에 의해 처음으로 해명되었다고 할 수 있습니다.

일본의 경우 그 종교라는 것이 종종 종교 바깥과 상호침투하고 있는 악질 도당이라는 것입니다. 그래서 수상한 집단이 신앙의 자유랍시고 날뛰고 그다음에는 종교가 아닌 척 공적 공간에 잠입하는 거죠. 이 사건, 그리고 다른 사건에서도 대법원이 말하고 있는 것은 "이런 것은 종교의 문제라기보다는 일상적인 의례라든지 사회적인 습관과 같은 문제입니다. 그렇게 종교라든지 딱딱한 말을 하지 말기 바랍니다"입니다.

벽은 어떻게 해서 돌파하는가?

좀 전 휴식 시간에 선생님으로부터 중요한 질문이 있었습니다. 자, 그러면…

(견학온 O선생님) 선생님 이야기를 듣고 1대 1의 둘도 없는 관계라든지 아이에게 손을 대서는 안 된다든지 그것이 매우 중요한 포인트라고 생각을 했는데요. 일본 사회 전체에 그런 생각은 매우 소수파가 아닌가 하고 조금 느꼈습니다.

아, 예.

--왜냐하면 도당이라는 것과 1대 1의 관계라는 말을 들으면 1대 1의 관계가 중요하다고 생각을 하는데요. 보통은 말이죠. 그 두 가지를 어떤 식으로 사람들이 이해하냐면요. 개인적 사정과 사회를 구성하고 있는 공적인 질서 중 선택을 해야 하는 상황으로 생각합니다.

오호, 예리하시군요.

--혹은 입헌주의 문제도 그래요. 본래 국가는 개인이라는 것에 기반을 두고 만들어졌다든지 그런 이야기를 해도 듣는 사람은 전혀 그렇게 생각하시 않죠. 안티고네 같은 항의를 해도 소용이 없는 겁니다. "뭐야, 왜 그런 말도 안 되는 소리를 하는 거야"하고 일축당하고 말죠. 그렇다면 그런 주장을 한 사람은 무력감을 느끼게 됩니다. 그렇게 되면 어떤 식으로 싸우면 좋을까를 생각하게 되죠.

예. 지금은 어떤 식으로 공략을 하면 좋을지가 문제인거죠. 선생님께서 질문하신 취지는 잘 알겠습니다. 단 가르치는 입장이 되면 조금 달라지죠. 젊은 세대는 일단 달라요.

그렇기 때문에 그리스에 대해 열심히 찾아보고 연구하는 거죠. 그리스를 살펴보면 역시 그들도 아무것도 없었습니다. 안티고네의 전통 같은 게 있을 리가 없죠.

자, 그러면 도대체 어디서부터 만들어진 것일까, 이것이 제 평생의 연구 주제입니다. 문학은 매우 강합니다. 이를테면 안티고네의 그 강렬한 개성은 누구라도 확 와닿죠. 필록테테스도 그래요. 희한하게도 확 와닿습니다. 이것만큼은 확실합니다.

희극의 효과는 또 각별합니다. 예를 들면 세익스피어의 〈템페스트〉 같은 것을 읽으면 기분이 좋아집니다. 뭔가 청량한 기분이 들어요. 그래서 행복해지는 거죠. 〈루덴스〉도 읽는 사람을 행복하게 해줍니다. 특히 암펠리스카라는 또 한 사람도 구하죠. 라브락스는 응징을 당하지 않아요. 마지막에는 손을 맞잡고 "춤을 추자. 친구잖아"가 되는 거죠. 관객도 함께 무대 안과 바깥에서 함께합니다. 이렇게 해서 극이 끝납니다. 이것이 연극의 진수입니다. M양, 그래요.

사회 수업에서도 좀 더 예술, 연극과 문학을 다루었으면 좋겠다고 생각합니다. 국어 시간과 연동할 필요가 있죠. 모리 오가이의 〈산소다유〉(山椒大夫)를 읽었을 거로 생각하는데요. 사실 제대로 가르치는 것이 필요해요. 그것도 어쨌든 해피엔드죠. '산소다유는 행복하게 살았습니다'로 끝나요. 이것은 원작인 셋쿄부시(説経節)[5]라는 전통이 있긴 해요. 인과응보로 나쁜 산소다유는 지옥에 떨어지는 이야기죠. 그런데 산소다유와 그 패거리도 자각해서 노예를 해방합니다. 그 결과 나라 전체를 풍요롭게 만들어서 산소다유와 아들들이 매우 부자가 되어 행복해졌다는 것으로 끝나요. 〈산소다유〉를 알고 있나요? 초등학교 때 배웠나요? 중학교때 배웠나요? 안 한다고요? 지금 〈산소다유〉를 읽히지 않나요?

--읽은 적이 없습니다.

읽은 적이 없다… 문제군요.

--(웃음) 이름도 처음 들었습니다.

--이름밖에 모릅니다.

자, 〈산소다유〉는 읽어야 합니다. 〈산소다유〉는 중학생이라면 충분히 읽을 수 있으니까요. 초등학교, 5, 6학년 정도에서도 읽을 수 있어요.

--'안쥬와 즈시오우마루(安寿と厨子王丸, あんじゅとずしおうまる)'라고 하면 알 수 있을지도 모르겠습니다.

아하, '안쥬와 즈시오우마루'군요. 그렇군요. '안쥬와 즈시오우마루'라고 하면 이야기로서는 알 수 있다.

--중학수험의 텍스트에 나옵니다.

---

[5] 근세 초기부터 성행한 민중 예능(藝能)

알겠습니다. 모리 오가이가 아니면 안 됩니다. 보통은 나쁜 녀석은 '결국은 이렇게 지옥에 떨어진다'는 그런 시시한 이야기가 되고 말죠. 모리 오가이 이야기는 그렇지 않아요. 일본어 문장으로서 소설의 문체로서 하나의 정점이니까요. 그래서 아주 기분이 좋아요. 모리 오가이의 〈산소다유〉를 읽으면 뭐라고 해야 할까요. 특히 위기 장면에서 안쥬(安寿)의 정신이 얼마나 투명했는지가 문장으로 전해져 오니까요. "그런 일이 가능할까?" 보통 이것을 일본어로 전하고 있어요. 이런 진짜 문학, 물론 〈치카모츠 몬자에몬〉(近松門左衛門)을 원문으로 읽는 것도 좋습니다. 이런 것도 아주 아름답습니다. 그래서 일본어도 좋은 거죠. 요컨대 좋은 것을 많이 접하는 것만으로도 상상력이 만들어집니다. 가르치는 측은 좋은 것을 많이 접하게 하는 것. 문학은 아닙니다만 헌법 9조 같은 것도 그렇습니다. 얼마나 빛나는 전통에 기초하고 있는가 '이 쪽 물은 달거든 이론'이라고 저는 부르고 있는데요. '이쪽이 밝거든, 즐겁거든' 하고 보여주지 않으면 설득할 수 없습니다. 그것밖에 방법이 없어요.

사람의 죽음은 어디에 속하는가?

--저, 사람의 죽음은 어디에 속하는가 알지 못했습니다만…
　삶과 죽음은 사람을 분열시키죠. 삶의 세계와 죽음의 세계를 나누어 버리고 맙니다. 소포클레스의 〈안티고네〉는 거기에 다리를 놓는 것을 목표로 하고 있는 작품으로 이것은 역시 중요한 발상이라고 생각합니다.

왜인가 하면 인간 사회는 역사를 갖고 있어서 죽고 태어나고 죽고 태어나면서 세대를 거듭해 가는 겁니다. 영원히 계승하죠. 잊지 않고 말입니다. 0부터 새로 시작하면 조금도 진보가 없으니까요. 무슨 말인가 하면 세대를 뛰어넘고 생사를 초월해서 연대하고 있다는 것입니다. 이것이 또 의미하는 것은 망자에 대해서 그 각자가 둘도 없는 존재였다는 것을 의식하는 일이죠. 잊지 않고 말입니다. 죽은 사람에 대해서 존중한다는 겁니다. 그리고 쌓아가는 겁니다. 그래서 학문의 세계에서도 지금까지 자신이 하고 있는 일은 보잘 것 없는 일이긴 하지만 그럼에도 어떻게든 쌓아가는 것. 굉장히 훌륭한 것을 과거부터 계속 쌓아 왔기 때문에 이것을 어떻게든 다음에 연결하고 바톤 터치를 해서 또 바톤 터치를 해서… 이렇게 해서 삶과 죽음의 경계를 넘어서 가는 거죠. 이런 일이 없으면 사회에 어떤 가치도 없어요.

이런 일을 하는 과정에서 가까스로 정치라든지 데모크라시 같은 발상을 획득하는 겁니다. 그것이 문화라는 것입니다. 우리는 100%의 가능성을 갖고 있는데요. 그런데 가능성을 갖고 있다고 게으름을 피워서는 안 되는 일이죠. 삶과 죽음을 초월해서 쌓아나가는 것은 매우 중요한 일입니다.

--죽음이라는 것은 공적인 것으로 역사의 일부, 누구의 것도

아니라는 말씀인가요?

　훌륭합니다. 말한대로라고 생각해요.

　--만약 고바 선생님이 세계의 문제 중에서 한가지 없애버린다고 하면 무엇을 없애버리면 좋은 방향으로 진행한다고 생각하시는지요?

　음… 어려운 질문이군요. 시간이 걸려도 무엇을 소중하게 여기면 좋을지를 생각하는 겁니다. 오늘 나온 말로 하자면 정치 시스템의 기반을 만드는 것입니다. 이것이 아무래도 모든 문제의 열쇠가 된다고 생각해요. 따라서 이번 수업에서 한 것처럼 모든 것을 고쳐 묻고 상상력을 연마할 필요가 있습니다.

　--처음에는 이걸 배우면 교양이 되지 않을까 하고 참가했는데요. 교양뿐만 아니라 가치관이 완전히 바뀌는 수업이어서 정말로 고맙습니다. 감사합니다.

　아뇨, 아뇨. 여러분들이 대단합니다. 여러분 각자가 반짝반짝 빛나는 말을 해주었습니다. 굉장하다고 생각합니다. 좀 놀랐습니다.

　--영화와 희곡을 통해서 가르쳐 주신 법의 원리가 지금 현실 사회에도 적용될 것으로 생각했는데요. 오늘 전부 연결되어서 놀랐습니다. 참가할 수 있어서 좋았습니다. 인생의 중요한 일부분이 되었습니다.

　--제가 말씀드리고 싶은 것은, 아주 재미있었다는 거예요.

　그래요. 저도 진짜 재미있었습니다. 여러분 정말 고맙습니다.

이번에는 이것으로 일단 마치는 걸로 하겠습니다. 해산.

--고맙습니다.

(박수)

저자후기

이 책은 2017년 9월 17, 8일, 10월 14, 22일, 11월 19일 총 5회 요코하마 시의 토인학원(桐蔭学園)에서 중고생을 대상으로 이루어진 수업을 기록한 것이다. 중학교 3학년부터 고등학교 3학년까지 약 30명이 응모해서 매회 몇 명의 학생이 클럽활동 때문에 결석을 할 수밖에 없었지만 대부분 마지막까지 참가했다. 첫 두 번은 오전에 영화를 보고 점심시간을 중간에 끼고서 오후에 재개했다. 그리고 다른 수업은 미리 텍스트를 학생들이 읽어와서 오후부터 시작했다. 책상을 ㄱ자로 나열해서 중간 스페이스를 내가 사용하는 소크라테스의 문답법(socratic method)이다. 다섯 번이라는 짧은 시간이긴 했지만 학생의 얼굴과 이름과 특징을 기억해서 대화하는 방식을 취했다.

학생들과 생생한 대화를 할 필요가 있었다. 다행히 다섯 시간을 넘는 수업 중에는 몇 바퀴가 돌기 때문에 잘못해서 크게 웃고 했지만 그래도 학생들과 빠르게 가까워질수 있었다. 지원 동기를 쓴 종이에 쓰인 소속 동아리는 큰 단서가 되었다. 국제연합부, 연극부, 그리고 축구부.

학생들은 활발해서 장시간임에도 열린 질문에는 곧 많은 학생들이 참여했고 수업 후의 질의응답 시간에도 계속 손이 올라갔다. 중학교 3학년 학생도 수업에서 한몫을 당당히 해서 학년 차이 같은 것은 전혀 느낄 수 없었다.

두 가지 귀중한 체험을 했다고 할수 있는데 첫 번째는 고전이 가져다주는 임팩트의 위대함에 고개가 숙여졌고, 두 번째는 10대 여러분이 가진 감각의 훌륭함이다. 이 두 가지만큼은 눈으로 보고 확인할 수 있었다. 즉 고전의 위대함과 젊은 학생들의 비범한 자질은 나의 '평범함'(범용함)에도 불구하고 기록할 만한 가치가 있을 것으로 생각했다. 이렇게 해서 학생들의 발언은 다소 문장으로서 완결되지 않았어도 가능한 한 그대로 채택했다. 나의 응답에는 손을 많이 대었다. 그럼에도 좀처럼 만족할 만한 수준은 되지 못했다. 수업 후의 질의응답은 분량 문제로 큰 폭으로 줄일 수밖에 없었다.

독자 여러분에게 부탁드리고 싶은 것은, 영화와 희곡을 꼭 읽고 봐 주셨으면 한다는 것이다. 대법원판례집(제5회)까지 읽어보면 좋겠지만 사실 학생들도 꽤 힘든 것 같았다. 그럼에도 나름 다 읽어냈고 비판도 할 수 있었던 것은 세4회까지 모두 작품의 힘 덕분이다. 학생들 자신이 그렇게 느꼈고 그래서 먼저 학생 여러분에게 깊은 경의를 표하고 싶다. 다음으로 이 기획에 전면적인 협력을 아끼지 않았던 토인학원(桐蔭学園)에 감사하고 싶다. 특히 여러 선생님은 무대 뒤에서 큰 역할을 해주셨을 뿐 아니라 수업도 참가해 주셨다. 이전 동료인 마쓰하라 겐타로(松原健太郎) 선생님도 모든 협력을 아끼지 않았다.

『법학재입문-비밀의 문』의 중심적 참가자인 아카이 유리(赤井有里) 씨는 매번 참석하셔서 유익한 코멘트를 해주셨다.

책 표지를 맡아주신 스즈키 세이이치(鈴木成一) 씨, 이와타 카즈미(岩田和美) 씨, 역작의 삽화를 제공해 주신 사사키 에이코(佐々木栄子) 씨는 언어 이외의 요소에 알레르기를 가진 내게도 새로운 세계를 열어주었다. 마지막으로 이러한 기상천외한 기획을 생각하고 실현해 주신 오츠키 미와(大槻美和) 씨, 그녀를 강력하게 지원해 준 스즈키 구니코(鈴木久仁子) 씨의 기초공사와 같은 공헌에 관해서 여기에 기록해두어야 한다.

2018년 5월

고바 아키라

이 책을 간행하는 데 다음과 같은 분들의 도움을 받았습니다.
깊은 감사의 말씀 드립니다.
-편집부

토인학원(桐蔭学園) 중학교 여자부
〈3학년〉 에비타니 히토미(蛯谷仁美) 양, 스즈키 하나코(鈴木華子) 양

토인학원(桐蔭学園) 고등학교 여자부
〈1학년〉 타마이 아미(玉井杏美) 양, 나가타 고마키(永田駒季) 양,
미야케 히마와리(三宅向日) 양
〈2학년〉 사카이 히로에(酒井啓恵) 양, 미나미 나츠미(南なつみ) 양
〈3학년〉 아사카와 유우나(浅川優菜) 양, 이시다 나쓰미(石田奈津実) 양

토인학원(桐蔭学園) 고등학교 남자부

〈1학년〉 이나다 유이토(稲田唯人) 군, 쿠로가와 사사토시(黒川智史) 군,
기쿠치 신노스케(菊池眞之介) 군, 고바야시 히로야(小林大也) 군,
고야나기 후우가(小柳風我) 군, 다무라 코타(田村幸大) 군,
요시다 하야토(吉田快達) 군

〈2학년〉 후지와라 히데아키(藤原英明) 군, 나카오 타케구(中尾丈流) 군

토인학원(桐蔭学園) 중등교육학교

〈3학년〉 아오키 마사키(青木雅樹) 군, 코 카소(高華聡) 군,
노자와 다쿠마(野澤拓馬) 군, 고야 다이이치(廣野大地) 군,

〈4학년〉 오쿠보 토라노스케(大久保虎之介) 군,
가와니시 코타로(川西幸太朗) 군, 하타 유키(畑悠貴) 군,
와타나베 다쓰유기(渡邊龍行) 군,

〈5학년〉 기류 유야(桐生裕哉) 군, 기무라 다이가(木村太河) 군,
시와쿠 마사노리(塩飽正典) 군

이상 29명과 토인학원 교사 아세가미 유리(畔上悠里) 선생님,
오카모토 노보루(岡本昇) 선생님, 타마다 히로유키(玉田裕之) 선생님,
하세가와 마사토시(長谷川正利) 선생님

※ 학년 등은 당시의 것입니다.

역자 후기

「트랙을 돌다가 만난 우연 아니 필연?」

이 책을 읽고 음미하고 번역하면서 내가 여전히 목표가 보이지 않는(혹은 알 수 없는) '트랙'을 계속 돌고 있음을 새삼 자각하는 시간을 갖게 되었다. 나는 오래전부터 어떤 목표를 향해 전진하는 것을 '트랙'을 도는 이미지로 그리고 있었다. 예컨대 다음과 같은 이미지다. 같은 출발선상에 사람들이 긴장된 모습으로 지금이라도 당장 뛰어나갈 듯 준비상태로 있다가 출발 총성이 울리면 전력을 다해 달려 나가, 같은 트랙 내에서 승부가 갈리는 그런 이미지 말이다.

이런 '트랙 돌기' 이미지는 중고등학생일 때는 좋은 대학 진학이라는 한 가지 목표를 향해 달리는 플레이어로서 나의 '정체성'을 확인해 주는 삿대가 되었다. 그러다가 대학생일 때는 연극에 빠져서 '트랙 돌기'라는 심상은 잠시 무대 뒤편으로 사라지긴 했지만, 예비 연구자인 대학원생이 되었을 때 이 심상은 슬그머니 다시 고개를 쳐들기 시작했다. 그리고 같은 트랙 내에서 같은 목표를 향해 달리는 '경주자' 중 한 명이라는 '정체성'은 연구자가 되어서도 변함없이 그 모습을 여지없이 드러내었다. 경쟁자들보다 논문을 한 편이라도 더 쓰려고 기를 쓰고 교수 임용에 도움이 되는 실적이라면 물불 가리지 않고 쌓으려는 삶 또한 '경주자' 중 한 명으로 나 자신을 자리매김했던 중고등학생 때의 연장선상이라고 할 수 있을 것이다. 나는 이 트랙을 '누구든지 할 수 있는 일을 다른 경주자보다 더 잘할 수 있는 것을 다투는' 트랙이라고 명명하고 있다.

그런데 어느 순간부터(아마도 독립연구자가 되고 나서부터라고 생각이 드는데) 그 '연장선상'에서 이탈한 새로운 나의 모습을 구축하기 시작했다. 한 가지 재미있는 사실은 과거의 '정체성'으로부터 완전히 이탈은 했지만, 여전히 나는 '트랙'을 돌고 있다는 사실이다.

나는 지금 번역일도 하고 있지만 대한민국에서 여전히 제대로 이해받지 못하는 러시아의 심리학자인 '비고츠키'의 사상을 장삼이사들도 알아들을 수 있는 말로 전파하는 일을 꾸준히 하고 있다. 그리고 국내에서는 연구자를 거의 찾아볼 수 없는 '에스노메소돌로지'라는 새로운 사회학과 '회화분석' 연구 또한 병행하고 있다. 나아가 나는 전 세계에 단 한 명뿐인 '우치다 다쓰루' 사상 연구자이기도 하다.

지금 내가 하는 이런 일들은 '같은 트랙 내에서 같은 목표를 향해 서로 경쟁하는 경주자들이 하는 일과는 상당히 동떨어져 있다. 번역일을 포함해서 내가 하는 일들은 그 가치와 의미를 공유하는 경주자가 한 명도 없고 애당초 이런 일들이 얼마큼 가치 있고 의미 있는 일들인지 수량화할 수 있는 기준 자체가 없기 때문이다. 아니 사회의 잣대 혹은 도량형으로 보자면 내가 하는 일들은 '무의미, 무가치'한 일로 평가받음이 틀림없다.

그럼에도 나는 여전히 '트랙'을 돌고 있다는 느낌을 지울 수 없다. 오해가 있을 것 같아 급히 말을 덧붙이자면 지금은 이전과는 달리 '복수'의 코스를 계속해서 갈아타는 트랙을 달리고 있다. 처음에는 같은 도량형과 잣대를 공유한 경쟁자들과 같은 트랙을 돌았는데, 어느 순간 그들로부터 이탈해서 한참 달리다 보니 어느샌가 '나 자신만을 위해 특별히 마련된 트랙'이 눈앞에 펼쳐지는 느낌이라고 해야 할까. 그래서 새로운 트랙으로 코스를 갈아타서 또 달리기 시작한다. 그러다가 어느 지점에 도달하다 보니 또 다른 트랙이 모습을 드러낸다.

그래서 또 코스를 갈아타고 달리기 시작한다. 그때마다 트랙은 각각 규모도 길이도 그리고 땅의 감촉도 다르고 나아가 각각의 트랙을 돌면서 펼쳐지는 풍경도 다르다. 애당초 '어디를 향하는지'가 전부 다르다. 어떤 트랙에서는 '의미'가 있다고 생각했던 일이 다른 트랙에서는 '무의미'한 것으로 바뀌기도 한다. 또 호기심에 이끌려 갈아탄 또 다른 트랙을 달리다 보니 애당초 '의미 vs 무의미'라는 이분법으로 세상을 보는 관점이 더는 의미가 없음을 깨닫게 된다. 그리고 그 사고의 변화 과정에서 문득 자각해 보니 아무도 없는 장소를 혼자서 달리고 있다. 거기에는 이미

같은 트랙을 질주하던 경주자들은 어디에도 없다.

　이 책의 번역 또한 코스를 몇 번 갈아타면서 혼자 달리게 된 트랙에서 우연히 만난 마르코폴로 대표님의 의뢰로 이루어진 것임을 여기서 밝혀두고자 한다. 어디까지나 사후적인 '이름 붙이기'이긴 한데 나는 이번 트랙을 혼자 '헤르메스 트랙'이라고 부르고 있다. 헤르메스는 그리스 신화에 나오는 신의 이름으로, 신과 사람 사이에 가교 역할을 한 신으로 알려져 있다. 즉 신의 말을 인간의 말로 바꾸어서 인간에게 전해 주는 역할을 담당한 것이 바로 헤르메스이다. 헤르메스가 그랬던 것처럼 나는 이번 트랙에서 '철학과 사상을 어떻게 읽고 어떻게 사용할 수 있는가'를 가능한 한 많은 비전문가에게 전하는 일을 목표로 삼고 달리기 시작했다. 그 달리는 과정에서 나온 나의 저작물과 번역서가 마르코폴로의 김효진 대표님 눈에 띄어서 이번 번역일을 의뢰했을 거로 생각한다(희망적 관측).

　여기까지 쓰면서 자각한 일인데, 그러고 보면 김효진 대표님과의 만남은 일견 우연인 듯하면서 '필연'으로 느껴진다. 만약 내가 코스를 바꾸어 '헤르메스 트랙'을 달리지 않았다고 하면 '중고등학생들에게 전하는 법과 민주주의' 강의인 이 책을 만나지 못했을 것이기 때문이다.

　"전생에 인연이 있다"는 말이 있듯이 '인연'이라는 말에는 '여기와는 다른 세계와 다른 시간에서 일어난 사건의 효과'라는 의미가 있다고 생각한다. 내가 존경하는 우치다 선생님의 말씀에 의하면 이번 생에서 함께 일을 하게 된 모든 사람은 '전생'에서 한 번 만난 적이 있다고 한다(정말일까?).

그런데 '인연'이라는 말에는 '지금 여기서 만들어진 관계'에는 '지금 여기서 보이는 이상의 함의가 있다'는 '수행적 해석'을 재촉하는 효과가 틀림없이 있다고 생각한다. 내가 지금 길게 그 수행적 해석을 하는 것처럼 말이다. 즉 "왜 하필 이 사람과 공교롭게도 지금 이 시점에서 다른 곳도 아닌 여기서 만나게 되었을까?"와 같은 물음을 자신에게 던져 보게 되는 것이다.

하나의 관계로부터 '지금 알고 있는 의미 이외의 또 하나의 의미'를 읽어내려고 하는 지향, 즉 '이중의 의미'를 읽어내려고 하는 지향이라고 바꾸어 말할 수 있을 것이다. 이것은 세계를 풍부한 의미로 채우는, 인간의 예지라고 생각한다. 그래서 나는 이번 김효진 대표님과 이 책의 저자와의 만남을 '트랙을 돌다가 만난 우연 아니 필연'이라고 의미 부여를 하고자 한다.

이 책과의 만남에 관한 이야기는 이 정도로 하고 저자의 가르치는 사람의 역할과 배움의 본질에 관하여 조금 이야기해 보고자 한다. 작금은 초중고등학교 그리고 대학교 모두 '맞춤형(on demand)배움'이 그것이라는 의식 없이 '배움'의 전부인 것으로 여기는 시대이다. '맞춤형 배움'은 메뉴를 보고 요리를 고르는 것에 비유할 수 있을 것이다. 그런데 이런 배움은 사신이 좋아하고 싫어하는 것 그리고 관심 여부에 따라서 만나는 기회를 스스로 한정해 버리고 만다. 독학의 경우는 대부분이 '맞춤형'에 기초해서 배움이 이루어진다. 물론 배움의 초기 단계에는 독학해도 상관없다. 그런데 독학에는 치명적인 약점이 있다. 그것은 배움이 '주문에 기초해서'(on demand)밖에 이루어지지 않기 때문이다.

"자신이 배우고 싶은 것이 있다. 그래서 그것을 배운다. 그것이 무엇이 나쁜가?" 하고 생각하는 사람도 있을 것이다. 그런데 자신이 배우고 싶은 것을 배우는 것은, 이른바 레스토랑에 가서 메뉴를 보고 그중에서 자신이 먹은 적이 없는 음식을 고르는 것과 같은 일이다. 먹은 적이 없는 것을 먹게 되는 셈이니 물론 지식과 경험은 늘어날 것이다. 그런데 이 경우 정해진 메뉴로부터 고르는 것밖에 할 수 없다. 어느 레스토랑을 갈 것이지 고르는 것은 자기 자신이다. 이탈리안 레스토랑에 갈지, 중화요리를 먹으러 갈 건지, 한식당에 갈 건지 정하는 것은 자신이다.

그런데 스승을 만나는 일은 자신이 아는 레스토랑에 가서 메뉴판에 나와 있는 요리를 고르는 것과는 전혀 다른 일이다. 갑자기 "자, 그럼 간다"라는 말을 듣고 어디로 가는지 모르는 채로 스승의 뒤를 쫓는다. 한 번도 가본 적이 없는 곳(심지어 겉으로 보기에는 전혀 레스토랑으로 보이지 않는 곳)에 가서 "자, 이걸 먹어라" 하고 스승이 내미는, 한 번도 본 적이 없는 모양을 한 음식이 들어 있는, 접시같이 보이지 않는 담을 것과 마주한다. 요리 모양도 그렇고 음식 냄새를 맡아보니 기묘한 냄새가 난다.

"이게 뭡니까?" 하고 물어봐도 "일단 설명은 됐고 먹어라"라는 말만 들을 뿐. 그래서 어쩔 수 없이 일단 먹을 수밖에 없다. 먹어 보니 태어나서 한 번도 맛본 적이 없는 희한한 맛이 난다. 그런데 스승을 믿고 묵묵히 그런 일을 반복하다가 보니 점점 맛에 적응하게 되어서 그 음식을 '맛있다'고 느끼게 된다. 급기야는 그 음식 덕분에 몸과 마음에 큰 변화가 일어난다는 것을 안다. 이런 과정을 거치는 것이 스승을 만나는 것이다. 반복해서 말하지만, 독학은 이런 여정이 불가능하다.

　스승을 만남으로써 우리는 '주문에 기초해서'가 아니라 '우연히'(by accident) 생각지도 못한 뭔가를 경험하게 된다. 배우는 측에게는 배움의 공정표와 지도 같은 것은 사전에 제시되지 않는다. 자신이 어디를 향하고 있는지도 가르쳐 주지 않는다. 그 단계에서는 어쩔 수 없다. 가르쳐 본들 소용이 없으니까. 제자가 그 이름도 모르는 곳이 목적지이고 그것이 여기서부터 어느 정도 멀리 떨어져 있는지, 거기에 도달하기 위해서는 어느 정도 시간이 걸리는지를, 제자는 그것을 잴 수 있는 '도량형'을 아직 갖고 있지 않다. 그렇다고 하면 가르쳐 본들 소용없다.

　그런데도 앞을 가는 스승의 발걸음은 확신으로 가득하다. 그래서 잠자코 따라간다. 스승은 때때로 뒤돌아보고 제자가 제대로 따라오는지 확인한다. 따라오고 있다는 것을 알면 또 걷기 시작한다. 그것이 스승에게 배우는 여정이다. 그런 스승을 찾지 않으면 안 된다. 이것은 물론 어려운 일이다. 여하튼 자신이 무엇을 배우는지 잘 모르는 것에 관한 전문가를 찾는 셈이니 어려울 수밖에. 그런데 희한하게도 그것을 할 수 있는 사람이 있다. '배우는 힘'이 있는 사람은 그것을 안다.

중고생을 위한 법과 민주주의 강의인 『누구를 위해 법은 존재하는가?』 이 책은 방금 내가 언급한 가르침과 배움의 역동적인 관계를 생생하게 잘 그려냈다고 생각한다. 본문에 나오는 저자의 사명감을 담은 말, 즉 "나는 자주 '궁지에 몰린 마지막 한 사람'이라는 말을 쓰고 있다. 법은 다름 아닌 이런 사람을 위해서 있죠"와 같은 강의는 우리가 태어나서 한 번도 맛본 적이 없는 '요리'를 먹는 것에 비유할 수 있을 것이다. 더불어 아무런 배움의 수요가 없는 공간에서 가르침이라는 '공급'만이 먼저 있는 '맨땅에 헤딩'이야말로 교육의 본질임을 저자는 몸소 우리에게 보여준다. 이 책은 '헌법'과 '민주주의'에 대해서 우리가 배우려고 시도해 본 적이 없는 '가르침'으로 충만해 있다.

저자는 '헌법'과 '민주주의'를 지키고 실천하기 위해서는 일정한 수의 성숙한 시민이 필요함을 중고등학생들을 대상으로 역설하고 있다. 본문에서는 민주주의 보루 중 하나인 '표현의 자유'를 왜 지켜야 하는지에 대해 다양한 사례를 들어 설명하고 있다. 그런데 많은 사람이 착각하고 있는 것 중 하나가 왜 '표현의 자유'를 지켜야 하는가와 같은 물음에 대한 대답은 헌법 본문에는 어디를 찾아봐도 나와 있지 않다는 사실이다.

쓰여 있지 않은 것은 그것이 자명하기 때문이 아니다(만약 자명하다고 하면 '표현의 자유'를 둘러싸고 논쟁이 일어날 리가 없다). 쓰여 있지 않은 것은 그 대답은 국민이 자신의 머리로 생각하고 자신의 말로 말해야 되는 일이기 때문일 것이다.

'표현의 자유'든 '공공의 복지'든 '민주주의'든 그것에 어떤 가치가 있는지를 자신의 말로 말할 수 없으면 "그런 것은 지킬 필요가 없다"고 은연중에 말하고 행동하는 사람들을 설득할 수 없다. 헌법이 정해 놓은 '표현의 자유'는 어떠한 '좋은 일'을 가져다 줄 수 있는가? 그것을 말하지 않는 한 민주주의를 말한 것이 되지 않는다고 저자는 보고 있다. 즉 '민주주의란 무엇을 목표로 해서 만들어진 제도인가?'를 우직하게 사고하고 정성을 다해서 말하는 노력이야말로 민주주의의 토대를 만드는 일이라고 힘주어 말하고 있다.

그래서 '민주주의는 무엇을 위해 존재하는가?'와 같은 물음을 손에서 놓은 사람들은 더는 민주국가를 유지할 수 없다. 나는 이 책을 읽고 번역하면서 저자가 일본에 느끼는 '민주주의에 대한 위기'를 똑같이 한국에서도 느낄 수 있었다. 물론 이 땅에서 제도로서의 '민주주의'는 살아 있다. 그러나 그것과는 대조적으로 '민주주의의 마음'은 계속 쇠퇴하고 있다. '민주주의의 마음'이란 말이 생소하면 이 땅에서 '민주주의를 계속 살게 하기 위한 노력'으로 바꾸어 말해 보기로 하자.

'민주주의'라는 제도는 살아있지만, 그 제도에 생명력을 부여하는 힘은 고갈되어 가고 있다. 다음과 같은 사태를 떠올려보면 제도는 살아 있지만 '힘'은 고갈되어 간다는 것의 의미가 좀 더

선명하게 다가올 것이다. 예컨대, 자동차는 있지만 휘발유는 없다. 조리기구는 있지만 식재가 없다. 컴퓨터는 있지만 OS가 없다. 그것과 똑같은 경우다.

그것이 내가 이 책을 번역하면서 자각하게 된 한국 민주주의에 대한 위기의식이다. 시험 삼아 지금 길을 걷고 있는 사람을 무작위로 붙잡고 '민주주의가 기능하기 위해서 가장 중요한 것은 무엇이라고 생각합니까?'라고 물어보기로 하자. 대부분 사람은 일단 놀랄 것이고 잠시 생각하다가 "다수결?"이라고 대답할 것이다. 드물게 '소수의견의 존중'과 같은 말을 하는 사람이 있을지도 모르겠지만 생각 끝에 그것 이상의 이야기 예를 들면 "모든 시민이 평등하다"라든지, "저항권, 혁명권이 보장되는 것"이라고 대답하는 사람은 1%에도 미치지 못할 것이다.

그런데 이런 현상은 어찌 보면 당연하다고 생각한다. '민주주의에 있어 가장 중요한 것은 무엇인가?'와 같은 질문을 우리나라 사람들은 평소에 받지 않기 때문이다. 부모로부터 학교의 교사로부터도 근무하는 직장의 상사로부터도 그 누구로부터도 '그런 질문'을 받지 않기 때문이다. 그런 의식상에 떠오른 적이 없는 질문을 갑자기 받았을 때 제대로 된 대답을 하는 것이 오히려 이상할 것이다.

당연한 말이지만 질문을 받은 적이 없으면 생각하지 않는다. 만약 질문을 받았다고 해도 그런 경우는 "민주주의가 뭐야. 그것 먹는 거야?"라든지 "가장 중요한 것이든 무엇이든 한국에는 민주주의 같은 것 없잖아?!"와 같은 냉소적인 반응을 취한다.

이 책을 번역하면서 느낀 '민주주의에 있어 가장 중요한 것은 무엇인가?'라는 물음에 대해서 내 생각을 말해 보기로 하겠다. 그것은 '사람들의 시민적 성숙'이다. 쉽게 말하자면 일정한 수의 국민이 '어른이 되는' 것이다.

민주주의의 정체(正體)는 '일정한 수의 어른'이 제도의 길목에 배치되지 않으면 기능하지 않는 구조이다. 왕정에서도 귀족정에서도 비민주적인 정체(政體)는 '어른'이 소수라도 존재하면 괜찮다. 극단적인 이야기이긴 한데, 독재자 한 명이 '어른'이면 나머지는 독재체제를 기반으로 해서 상명하달로 결정해 버리면 그 나라는 별문제 없이 잘 돌아간다. 아니, 이렇게 말하는 것이 더 적절할 것이다. 왕정이나 귀족정에서는 오히려 독재자 이외는 '일의 옳고 그름을 자신의 머리로는 판단하지 않는 것'이 낫다. 독재자가 효율적으로 통치하고 단기적으로는 국민에게 행복을 가져다주는 사례는 역사상 얼마든지 열거할 수 있다.

고대 중국의 전설적 명군인 요임금은 오십 년에 걸친 자신의 치세 성과를 알기 위해서 변장을 하고 성 밖을 걸어 보았다. 아이들이 '만백싱이 이처럼 생활할 수 있게 된 것은 황제가 나라를 덕으로 다스린 덕분입니다'하고 동요를 부르고 있었다. 그런데 밭에서는 어떤 노인이 "나는 그냥 내가 좋은 대로 살고 있다. 황제 같은 것 관계없다"며 잔뜩 먹고 배를 두드리고 있었다.

아마도 요임금은 아이들이 보여준 자신의 정치에 대한 예찬보다도 노인의 "황제가 무슨 일을 하든 내 알 바 아니다"는 무관심을 오히려 기뻐했을 것이다. 자신이 통치당하고 있다는 사실조차도 자각하지 못할 정도로 민중이 정치적으로 미숙하다는 것이야말로 요임금의 성공을 증명하고 있기 때문이다.

중요한 말이기 때문에 다시 한번 이야기해 보도록 하자. '민주제'는 효율적으로 기능하기 위한 시스템이 아니다. 효율적인 정체(政體)를 바란다면 독재밖에 방법이 없다. 시진핑의 중국도 푸틴의 러시아도 에르도안의 튀르키예도 두테르테의 필리핀도 보기에 따라서는 아주 효율적인 정체이다.

그런데 이런 정체는 '동시다발적으로 복수의 곳에서 시스템이 파탄하는 사태'에는 대응할 수 없다. 국민 중에서 자기 책임으로 그리고 자유재량으로 최적해로 사태에 대처하는 훈련을 받은 적이 없기 때문이다. 그 일을 하면 심한 처벌을 받는 것을 알고 있기 때문이다. 따라서 민주제는 '평시를 위한 시스템'이 아니라 '비상시를 위한 시스템'이다. '비상시야말로 중앙에 권한을 집중해야 한다'고 생각하는 사람이 있는데 이야기는 완전히 역이다. 평소에 중앙에 권한을 너무 집중시키고 있다 보니 일어나지 않아도 될 비상사태가 일어나게 된다.

시스템의 길목에 '제대로 된 어른'이 일정 수 배치되어 있어서 '트러블의 싹'을 재량으로 알뜰하게 제거하면 '대부분 비상사태'는 회피할 수 있다. 천재지변이라도 코로나 19같은 팬더믹이라도 원자력발전사고라도 그런 사태의 도래를 언제나 계산에 넣고 있는 '어른'이 있어서 가능한 한 준비를 해 두면 어떤 일이 일어나도 그것은 '비상'사태가 아니다.

'평상시'와 '비상시'는 디지털 선으로 경계를 그을 수 있는 것이 아니다. 그것은 아날로그적 연속체이다. '평상시'의 구조가 유연하고 자율적이고 다양한 사태에 대응할 수 있는 것이라고 하면 '비상시' 발생 가능성 그 자체가 억제된다.

'민주제'는 그러한 구조를 의미한다. 위기가 닥쳐왔을 때 자기 판단으로 움직일 수 있는 '어른'이 있어야 살아남는 구조이다. 정치사가 '전체'로서 독재제로부터 민주제로 이행해 온 것은 그렇게 이행하는 것이 집단의 생존 전략상 유리했기 때문이다.

스스로 생각하지 않는다. 판단하지 않는다. 행동하지 않는다. 그냥 상사의 지시에는 따른다. 그것이 자기 이익을 최대화하는 방법이라는 것을 많은 사람이 잘 알고 있다.

민주정은 따라서 시민에게 정치적 성숙을 요구한다. 처칠이 "민주정은 최악의 정체다. 지금까지 시도된 다른 모든 정체를 제외하면"이라고 말한 것은 민주정을 비꼬기 위함이 아니었다. 민주정은 깨지기 쉬운 제도이다. 자칫하면 중우정치(衆愚政治)로 추락해서 우둔하고 무능한 폭군을 동치자로 고르고 만다.

그러므로 민주주의 정체(政體)는 자신의 머리로 뭔가를 생각할 수 있는 성숙한 시민을 일정한 수 이상 확보할 수 없으면 독재체제로 퇴행한다. 그래서 민주주의는 "부탁이니까 제발 어른이 되어줘"라고 우리의 소매를 붙잡고 간청한다. 우리는 당연히 그

간청에 귀를 기울이지 않으면 안 된다. 독자들은 이 책을 통해서 그 간청의 목소리를 저자와 중고등학생들의 목소리와 함께 들을 수 있을 것이다.

끝으로 글쓴이의 '친절함'과 그 '친절함'을 대하는 우리의 자세에 대해 말해보고자 한다. '친절'이 배어나게 쓰는 것의 중요성은 아무리 강조해도 지나치지 않는다. 문장이 겉으로 친절한 것과 친절함이 배어 나오게 문장을 쓰는 것의 차이점을 이 책의 저자는 숙지하고 있는 듯하다. 표현을 하는 데 있어서 '친절'하다는 것은 일단 상투적인 어법으로 말해보자면 '성심성의껏 말하는 것'이긴 한데, 그 친절함의 정체는 꽤 복잡하다. 작가가 자신이 말하고 싶은 것만을 던지듯이 다 말하고 독자에게 '나머지는 스스로 생각해 보라'고 하는 것은 '불친절'한 행위이다. 그런데 친절한 작가는 독자가 알아들을 수 있도록 설명하는 시간을 아까워하지 않는다. 가능한 한 논리적으로 말하는 것도 설득력이 있는 근거를 다양한 매체를 활용해서 찾아오는 것도 나아가 다채로운 비유를 제시하는 모든 노력을 독자를 위해 아끼지 않는다.

그런데 곤란하게도 독자에게 친절하면 할수록 이야기는 복잡해진다. 차라리 단언하는 어법을 채용하면 이야기는 금방 끝난다. 그러나 그래서는 '다 하지 못한 말'과 '좀 지나친 말'이 남기 마련이다. 그런 의미에서 본다면 이 책의 저자는 '말의 힘'의 본질을 제대로 간파하고 있는 것 같다.

'말의 힘'은 그것이 달성된 성과와 그것이 발화자에게 가져온 이익으로 계측되는 것이 아니다. '말의 힘'이라는 것은 우리가 실제로 그것을 사용해서 자신의 사고와 감정을 진술 할 때의 말의 부정확함, 부적절함을 슬퍼해야 하는 능력을 가리킨다. '말의 힘'이라는 것은 말이 늘 과잉이든지 아니면 역으로 부족해서 아무리 해도 '자신이 말하고 싶은 것'에 닿지 못하는 것을 괴로워할 줄 아는 능력을 말한다. 따라서 '다 하지 못한 말'과 '좀 지나친 말'을 '떨어진 이삭'을 줍듯이 하나씩 주우면 이야기는 점점 길어지고 복잡해진다. 그러다 보면 이야기를 듣는 쪽도 그만큼의 인내와 관용이 필요하다. 즉 친절한 마음이 없으면 작가의 친절함에 대응할 수 없을 것이다.

2023년 3월 박동섭

누구를 위해 법은 존재하는가?

1판 1쇄 찍음 2024년 5월 30일

지은이	고바 아키라
옮긴이	박동섭
편집	김효진
교열	황진규
디자인	최주호
제작	재영 P&B
인쇄	천일문화사
펴낸곳	마르코폴로
등록	제2021-000005호
주소	세종시 다솜1로9
이메일	laissez@gmail.com
페이스북	www.facebook.com/marco.polo.livre

ISBN   979-11-92667-40-9 03300

책 값은 뒤표지에 있습니다. 잘못된 책은 교환하여 드립니다.